Paulo Cesar Sandler

O homem, o mito, o carro

São Paulo

Copyright © 2010 Paulo Cesar Sandler
Copyright © 2010 Alaúde Editorial Ltda.

Todos os direitos reservados. Nenhuma parte deste livro poderá ser reproduzida, de forma alguma, sem a permissão formal por escrito da editora e do autor, exceto as citações incorporadas em artigos de crítica ou resenhas.

1ª edição em fevereiro de 2011 – Impresso no Brasil

PRODUÇÃO EDITORIAL:
Editora Alaúde

CONSULTORIA TÉCNICA:
Bob Sharp

IMPRESSÃO E ACABAMENTO:
Ipsis Gráfica e Editora S/A

As imagens do livro pertencem ao arquivo do autor.

Dados Internacionais de Catalogação na Publicação (CIP)
(Câmara Brasileira do Livro, SP, Brasil)

Sandler, Paulo César
    Porsche : o homem, o mito, o carro / Paulo César Sandler. -- São Paulo : Alaúde Editorial, 2011.

    Bibliografia.
    ISBN 978-85-7881-065-8

    1. Automobilismo - História 2. Porsche (Automóveis) 3. Porsche (Automóveis) - História 4. Porsche, Ferdinand, 1875-W1951 I. Título.

11-01212   CDD-629.22209

Índices para catálogo sistemático:

1. Porsche : Automóveis : Tecnologia : História 629.22209

Alaúde Editorial Ltda.
Rua Hildebrando Thomaz de Carvalho, 60
CEP 04012-120 – São Paulo – SP – Brasil
Fone: (11) 5572-9474 / 5579-6757
www.alaude.com.br
alaude@alaude.com.br

AGRADECIMENTOS

Poucas pessoas no universo automobilístico foram capazes de nutrir amizades tão profundas e leais como Ferdinand Porsche – responsável central pela construção do Volkswagen e inspirador do veículo que levou seu sobrenome.

Nenhum livro é obra de apenas uma pessoa. "O homem é um animal político", disse o filósofo grego Aristóteles. Algo que interpreto como "o homem é um animal que tem amigos". Este livro existe em função dos amigos. Em alguns casos, foi escrito para eles. Principalmente os amigos leitores, que poderão usar o livro como informação e divertimento, para lembrar tempos e coisas que viveram ou mesmo não viveram.

Comecei esta obra fazendo uma pesquisa de campo, para elucidar certos dados da década de 1930 que permaneciam obscuros, em boa medida em função da incrível dificuldade dos tempos que tentarei descrever. Este trabalho guarda analogia com o dos detetives e cientistas. Para ele existir, os amigos se tornaram informantes. Contei com a ajuda de alguns herdeiros e familiares dos primeiros colaboradores de Ferdinand Porsche. Adotando a cronologia da própria história, iniciei a pesquisa com Klaus-Detlev von Oertzen, filho homônimo do barão von Oertzen. Os leitores que tiveram acesso ao meu livro sobre o DKW sabem que esse membro da nobreza alemã, na qualidade de diretor da Auto Union, havia sido o principal estimulador de Porsche no difícil início de sua empresa de consultoria mecânica. Apesar de acometido por doença, Klaus von Oertzen (filho), iluminou aspectos pouco conhecidos da vida de seu pai e de suas ligações com o escritório de Porsche e com a Volkswagen no pós-guerra. Pediu-me que não o chamasse de barão, título que lhe parece anacrônico.

O primeiro sócio e mantenedor financeiro do escritório de Porsche, Adolf Rosenberger, misto de negociante e piloto de competição, tinha um conhecimento intuitivo de mecânica automobilística. Não deixou herdeiros, mas seu temperamento de fazer amigos e prestar-lhes toda a ajuda possível deixou muitas pessoas queridas. Um deles, William Stoessel, diretor da Coachcraft, em Fillmore, Califórnia, especializada em restauração de autos clássicos de alto nível. Rosenberger desempenhou o papel de um verdadeiro pai para William (Bill) Stoessel, ensinado-lhe práticas de administração de negócios. Foi apenas quando Rosenberger apareceu que a já muito respeitada empresa fundada por Rudolph Stoessel, pai de Bill, tornou-se realmente lucrativa. O carinho de Stoessel pelo seu "segundo pai", além de esclarecer muitos pontos, colocou-me em contato com outros dedicados familiares: seu primo, Hugo Esslinger, e sua filha, Sandra Esslinger. Ambos deram detalhes inéditos sobre Adolf Rosenberger e seu trabalho com Porsche. Sandra Esslinger também é autora de artigos sobre o Volkswagen, colaborando em periódicos especializados.

Por intermédio de Hugo Esslinger, conheci Martin Walter, experiente e talentoso historiador de Rastatt, Alemanha. Martin Walter, que colaborou com meu livro sobre o DKW, foi um verdadeiro irmão na pesquisa conjunta a respeito de Adolf Rosenberger. Não tenho palavras para expressar minha gratidão por sua contribuição, que incluiu uma leitura dos manuscritos em português.

Ulf Veyder-Malberg, que trabalhou na Porsche nos anos 1970 e depois tornou-se radialista automobilístico, é filho do barão Hans Veyder-Malberg – que substituiu Adolf Rosenberger como diretor comercial e sócio de Porsche no início da ditadura nazista. Uma surpresa muito agradável, além do contato com Ulf, foram os esclarecimento de pontos importantes desta história, totalmente inéditos, e que permitem recolocar parte dessa lamentável época, tão plena de desumanidades, em uma perspectiva humana.

Para poder estabelecer as origens do desenho básico da linhagem Volkswagen-Porsche, houve outras personalidades fundamentais – talvez as mais importantes do ponto de vista automobilístico. O *designer* holandês John Tjaarda e os engenheiros Josef Ganz e Karl Rabe pareciam ocupar lugares muito especiais na concepção do Volkswagen e do Porsche. O herdeiro de John Tjaarda foi seu filho Tom, que também se tornou *designer* de sucesso mundial. São dele o Fiat 124 Sport, os De Tomaso Mangusta e o Pantera, por exemplo. Tom Tjaarda teve ligações com a Volkswagen através da Ghia e esclareceu as influências de John Tjaarda e da indústria norte-americana sobre a concepção do Volkswagen. Ganhei mais um amigo.

O contato com Heinz Rabe, filho de Karl Rabe que trabalha na Porsche, forneceu respostas a algumas questões. Os arquivos de Josef Ganz, divulgados pelo pesquisador holandês Paul Schipelroord, esclareceram outros aspectos. Sem seu trabalho, este livro estaria mais pobre em ilustrações inéditas. O conde Rudolf von der Schulenburg, filho do antigo proprietário das terras estatizadas para a fábrica do KdF-wagen, forneceu detalhes sobre sua família, que se relacionou com Porsche durante e depois da guerra.

Barbara Nordhoff Catacuzino e o decano jornalista automobilístico Arthur Railton, que trabalharam como relações públicas e assessores de imprensa da Volkswagen of America, contribuíram com a elucidação de fatos ocorridos nos anos 1950 e 1960. Através deles entrei em contato com Carl Horst Hahn, talvez o mais importante e competente empregado da Volkswagen, até hoje membro da Comissão Supervisora da Volkswagen AG. Seu livro sobre a Volkswagen, *Meine Jahre mit Volkswagen,* e seu franco contato por cartas forneceram vários detalhes fundamentais para a história.

Dentre os empregados e ex-empregados da empresa Dr. hc. F. Porsche, Anton Hunger (que depois trabalhou na Volkswagen) brindou-me com entrevistas pessoais e também por carta. Outros ex-empregados, como Wendelin Wiedeking e Hans Riedel, sempre foram extremamente cuidadosos e gentis em entrevistas pessoais. Os mesmos agradecimentos são devidos aos responsáveis pela divulgação na imprensa durante o tempo de criação deste livro: Klaus Stekkonig, Klaus Parr, Dieter Landenberger e principalmente Jans Torner – e, muito antes, Huschke von Hanstein. No Brasil, João Carlos Consolini, conhecedor único da marca, e Francisco de Barros Filho, que me abriu espaço para a publicação de originais no início da revista do Porsche Club Brasil, a *Clubnews*.

As ligações da Porsche com a Volkswagen foram íntimas, com períodos de estranhamento; hoje são umbilicais. Por isso foi fundamental a colaboração de outros amigos que trabalharam por décadas na Volkswagen do Brasil, como Friedrich Schultz-Wenk, fundador e primeiro presidente da empresa no Brasil e primeiro importador oficial da Porsche no nosso país; detalhes inéditos foram fornecidos por um de seus filhos, Axel Schultz-Wenk. Assim como Schultz-Wenk, adotaram nosso país Wolfgang Sauer e Frank Dieter Pflaumer, cuja experiência é inigualável, à semelhança dos detalhes fornecidos em entrevistas. O convívio com Pflaumer deu-me, entre outras coisas, a chave que faltava para estes agradecimentos. Providenciou uma reunião com o "grupo de amigos da engenharia da Volkswagen", formado, entre outros, por Carlos Menta, Uwe Kröger, Antonio Ferreira e Sergio Couto, especializados em produto, produção, testes e arrefecimento de motores. Graças a eles este livro ficou mais preciso.

Impossível agradecer satisfatoriamente as ações de Eduardo Berger, Waldemar Ortiz, Luiz Paulo Kowalski, Marcelo Ferraz Sampaio e Mauricio Ibrahim Scanavacca, e à paciência amiga de minha esposa e de meus filhos com meu interesse pessoal quase indistinguível do que poderia ser visto como doença contagiosa.

Finalmente, um agradecimento especial a Bob Sharp, cujo nome dispensa qualquer apresentação no meio automobilístico. É dele a apresentação do livro. Pouquíssimas pessoas contam com a experiência e a informação que o Bob tem nesta área, e sua contribuição muito me honra. Antonio Hermann, cujo nome também dispensa apresentações, gentilmente concordou em escrever o prefácio; suas experiências com a fábrica e as competições e seu afeto pela marca ainda não foram superados; é único em muitos aspectos, inclusive na campanha bem-sucedida em Le Mans.

E talvez seja oportuno parar por aqui. A história foi escrita por muitas mãos, mas o produto final é da responsabilidade do escriba, que tentou ser fiel aos fatos. E deseja alguns momentos de alegria, descoberta e entretenimento. Como ocorre com o produto industrial aqui descrito, o Porsche!

Paulo Cesar Sandler, fevereiro de 2011

SUMÁRIO

Prefácio 11

Introdução 13

Capítulo 1 – O jovem que tinha ideias 16

Capítulo 2 – Subindo na vida 22

Capítulo 3 – Da guerra à Daimler 28

Capítulo 4 – A questão dos carros populares 35

Capítulo 5 – O escritório de Porsche 47

Capítulo 6 – O carro popular volta à cena 54

Capítulo 7 – Sob a sombra de Hitler 67

Capítulo 8 – A fábrica 91

Capítulo 9 – A influência da Segunda Guerra 101

Capítulo 10 – O pós-guerra 117

Capítulo 11 – De Gmünd a Zuffenhausen 141

Capítulo 12 – O legado, a dinastia 154

Capítulo 13 – O mercado de carros moderno 196

Capítulo 14 – O reencontro entre irmãs 210

Capítulo 15 – O 356 e o 911 255

Posfácio 289

Referências bibliográficas 291

PREFÁCIO

Ferdinand Porsche foi sem dúvida uma das grandes personalidades do século XX. Sua inspiração criativa, sua disciplina e sua capacidade de realização nos deixaram um legado impressionante.

Porém, mais do que suas criações, Porsche nos deu um exemplo de vida e superação. Graças à capacidade empreendedora e a uma grande determinação, superou todos os obstáculos em um dos períodos mais conturbados da história da humanidade. A origem do mito Porsche está, portanto, impregnada desse gênio criativo e combativo.

Para além da personalidade e das capacitações de Porsche, o mito foi também alimentado por seus familiares, amigos e colaboradores, que sob sua inspiração sempre tiveram a força de seguir adiante, não importando as dificuldades que se apresentavam.

Paulo Cesar Sandler nos traz uma visão sobre o homem que transcende suas realizações revolucionárias. Tomando partido de sua formação profissional como médico psicanalista, foi buscar a essência da alma de Ferdinand Porsche, suas motivações e as justificativas para os seus atos.

O resultado é um delicioso mergulho na história de um personagem excepcional, que, acima de suas qualidades técnicas e inventivas, dispunha de uma insuperável capacidade de catalisar atenções e liderar pessoas. Ferdinand Porsche foi um maestro no sentido mais amplo da palavra, tendo sido circundado por virtuosos colaboradores.

Nesse aspecto o autor empreendeu um monumental trabalho de pesquisa, ouvindo pessoas e analisando documentos que jogassem luz sobre os acontecimentos. Os fatos abordados neste livro fazem parte de uma história recente, que influiu e ainda irá influir na indústria automobilística mundial.

As relações entre Porsche e a Volkswagen, explicada aqui desde sua origem, sempre foi pontuada por nuances e interesses pessoais, familiares e "oficiais". Modernamente, mais um ingrediente foi adicionado a essa epopeia: os "magos das finanças" e a complexidade do mercado de capitais, além da exigência dos acionistas. Ao final, os exemplos do passado e as raízes que alicerçam o mito nos dão a certeza de que mais uma vez todos os obstáculos serão superados.

Um aspecto que a mim merece uma menção especial é a sempre presente ligação com as competições automobilísticas, que desde o início foram o foco de todas as iniciativas dos Porsche. Mas há aqui uma diferença fundamental com relação a diversas outras marcas que obtiveram sucesso nas pistas de corrida: a Porsche sempre privilegiou a relação com seus clientes aficionados, que conduziram seus carros a inúmeras vitórias mundo afora. Pilotos profissionais ou amadores, equipes grandes ou pequenas, campeonatos de maior ou menor relevância; todos foram e são acompanhados pelo departamento de competições de Weissach, tornando essa relação quase familiar.

Muito já se escreveu sobre a dinastia Porsche, e Paulo Sandler tem o mérito de, beneficiando-se de iniciativas anteriores, aprofundar-se de forma destemida e percuciente, trazendo novas interpretações e relatos que complementam essa história.

Antonio Hermann Dias Menezes de Azevedo

INTRODUÇÃO

Porsche não é só o nome que designa o homem, é também o carro, a empresa, a marca e o mito. Hoje uma grife como pouquíssimas no mundo, mesmo quem não conhece automóveis sabe o valor que tem um Porsche. Beleza, design, tecnologia, qualidade, velocidade, vitórias e uma trajetória singular, que se iniciou com um homem extraordinário: a soma disso tudo, no entanto, não exprime a extensão de seu êxito, que perdura há décadas. Há que se rever essa história para se ter uma percepção tênue de seu significado e legado.

Ferdinand Porsche, o iniciador dessa saga, foi uma pessoa notável. Brilhante técnico, aprendeu tudo na prática, assim como Santos-Dumont, Karl Benz e muitos dos grandes técnicos de sua época. Trabalhou com motores elétricos e a explosão, aplicou aerodinâmica ao automóvel, desenvolveu chassis e compressores, criou a primeira tração mista (híbrida), com motores elétricos nas rodas dos carros conjugados a um motor a gasolina que movimentava um gerador de corrente para os motores elétricos, eliminando transmissões complicadas (tecnologia depois aplicada na indústria ferroviária e até nos veículos lunares, retomada atualmente devido à crise de combustíveis fósseis). Até piloto de competições foi. Tornou-se parte indelével da história da engenharia automobilística e aeronáutica.

Dono de uma personalidade marcante, buscava sempre a perfeição em assuntos profissionais. Acreditava sempre estar com a razão, tornando-se irascível quando contrariado. Tinha modos bruscos e desprezo por burocratas, além de não se preocupar em medir os gastos. Amealhou fortuna pessoal e ganhou três títulos honorários sem defender teses nem frequentar universidades, por reconhecimento ao seu saber: ostentava, orgulhoso, o título de professor doutor *honoris causa*.

Não foi um criador, e sim um dos aplicadores de inventos mais eficiente de todos os tempos. Sabia muito bem como utilizar o talento de seus funcionários e colaboradores, que complementavam suas virtudes e supriam suas falhas. O designer-chefe Karl Rabe conseguiu dar forma às intuições de Porsche. Negociantes, banqueiros e governantes disponibilizaram-lhe o financiamento e a assessoria de administradores que todo técnico precisa para realizar seus engenhos. Porsche lutou muito por capital. Por contigências da época e pelo lugar em que viveu, conseguiu-o de modo peculiar, desastroso e por vezes até trágico.

Diferentemente de boa parte dos engenheiros alemães, "metia a mão na massa". Por isso, dava-se bem com os mais famosos engenheiros estrangeiros, informais como ele. Sir Henry Royce, Louis Renault e Ettore Bugatti sempre o procuravam para conversar nos salões do automóvel. Para eles, engenharia e política não se misturavam.

Henry Ford e Ferdinand Porsche foram parcialmente responsáveis pela popularização do automóvel, com o desenvolvimento do Ford Modelo T e do Volkswagen, respectivamente. Porsche, notadamente, inspirou-se em Ford. Os trabalhos mais famosos de Porsche, o Volkswagen Sedan e o Porsche, são célebres em todo o Ocidente. O Volkswagen tornou-se um dos ícones do século XX. Depois, ostentando seu próprio nome, o escritório Porsche baseou-se no Volkswagen para criar outra marca universal, sobre a qual falaremos neste livro.

O Volkswagen e seu produto-irmão, o carro esporte Porsche, foram o triunfo do esforço humano sobre a razão e têm em sua origem uma certa dose de irracionalidade, como qualquer produto humano. No entanto, a ideia popular de que o Volkswagen Sedan e o Porsche são inventos de Ferdinand Porsche, sofrerá uma atualização, já que a história aqui contada coteja versões diferentes de fatos históricos, técnicos e de mercado. Estaremos em terreno menos movediço que as impressões pessoais e oficiais, e isso ajuda, mas não resolve, a tentativa de falar sobre os tempos em que Ferdinand Porsche viveu e sobre seus produtos.

Não obstante, nenhuma das soluções propostas para o Volkswagen e para o Porsche foram inventadas por Ferdinand Porsche, e não há evidência histórica de que ele mesmo se achasse um gênio. Como invenção própria, Porsche apresentou apenas uma: colocou motores elétricos no cubo de roda dos veículos, solução jamais aplicada ao Volkswagen ou ao Porsche. O fato mostra que ambos os carros foram criados por uma orquestra, não por um solista. Porsche tinha excepcional qualificação técnica e, mais ainda, talento para organizar uma equipe: seria o que hoje se espera de um engenheiro com pós-graduação em administração de empresas, com um olhar clínico para escolher auxiliares. Seus dotes para mantê-los extremamente devotados foi maior que sua criatividade técnica. A liderança e o carisma exercidos por Ferdinand Porsche provocaram respeito, evocaram lealdade e mantiveram fidelidade em uma legião de colaboradores competentes e sinceros em sua amizade, que era retribuída na mesma moeda por Porsche.

Seu maior colaborador, e por mais tempo que nenhum outro, foi Karl Rabe. Sem ele, a marca Porsche jamais existiria. Outros colaboradores foram Josef Ganz, que pela primeira vez reuniu as ideias sobre um carro popular; Adolf Rosenberger, que financiou Porsche e foi um grande amigo em tempos muito difíceis, quando Ferdinand estava desempregado e resolveu montar um escritório de consultoria de engenharia; Klaus-Detlev von Oertzen, diretor da Auto Union, que deu trabalho a esse escritório; Franz Xaver Reimspiess, que engendrou a forma final do motor do Volkswagen; Josef Kales, especialista em motores que deu a primeira forma ao motor do Volkswagen; John Tjaarda, holandês radicado nos Estados Unidos que idealizou as linhas gerais da carroceria, depois aplicadas ao Volkswagen; Erwin Komenda, o designer-chefe do escritório;

e, segundo certos autores, Hans Ledwinka, um engenheiro. Como administradores, contou com o genro, o doutor Anton Piëch, e o barão Veyder-Malberg. Dentre seus inspiradores, constam Edmund Rumpler e Henry Ford.

Seus principais carros surgiram em um período tenebroso da história ocidental, de políticas e economias até criminosas. Acabou submetido a uma nuvem de silêncio durante mais de quarenta anos, também por fatores político-econômicos. Nos anos 1980, sob solicitação de Carl Horst Hahn, ex-presidente da Volkswagen e atual membro de sua comissão supervisora, a empresa abriu seus imensos arquivos para serem estudados por uma das maiores autoridades na história daquela época, o professor Hans Mommsen, que foi auxiliado por Manfred Grieger, hoje responsável pelo departamento de história corporativa da Volkswagen alemã.

Porsche teve uma oportunidade única, que no início lhe pareceu excelente e que se provou ser fatal, abreviando sua vida, manchando eticamente sua história, nas palavras de Mommsen e Grieger. No turbulento caminho que seguiu para fazer o Volkswagen, Porsche sofreu pressões políticas e, ao mesmo tempo, pressionou pela ajuda de políticos, que se impunham pela violência em detrimento de qualquer outra elite (cultural, financeira e industrial). Podemos usar uma analogia automobilística: Porsche procurou e aceitou caronistas, entre os quais políticos, que se aproveitaram de suas habilidades técnicas e qualidades pessoais: Adolf Hitler e alguns colaboradores – Robert Ley, Bodo Lafferentz e Heinrich Himmler. De certa forma, Adolf Hitler e Ferdinand Porsche viveram vidas paralelas, que acabaram se cruzando por interesses políticos do primeiro e financeiros do segundo.

Os dois carros mais populares da saga de Porsche andaram juntos por alguns anos e separaram-se, para consternação de todos os aficionados. Acabaram juntos outra vez, realizando, em condições surpreendentes, o sonho original de Ferdinand Porsche: depois de meio século de sua morte, seus herdeiros concretizaram o projeto de juntar as empresas.

A história ligada ao nome Porsche descreve, além de uma biografia, uma mitologia. O desenvolvimento da carreira de Ferdinand Porsche em meio a negócios de enorme proporção financeira foi criando um mito em torno de sua pessoa, centrado na ideia do gênio criativo, e em torno de seus produtos, um de viés mais popular, o Fusca, e outro tido como objeto de desejo, o Porsche.

A pesquisa que conduziu este livro revela fatos que dão forma mais humana e real aos sucessos e percalços de Porsche, tanto de sua pessoa quanto de seus produtos. Além disso, mostra seu legado e a continuação da dinastia através de seu filho, Ferry Porsche, e de herdeiros que ainda hoje têm a vida pautada pela marca emblemática de seu sobrenome. O mito Porsche, que transcendeu ao homem, ao carro e à empresa, hoje marca o imaginário coletivo como um símbolo quase arquetípico do desejo pela excelência estética e tecnológica que a inventividade humana é capaz de atingir.

A história de Porsche será contada de acordo com as denominações dos projetos do novo escritório. Parte dos arquivos deste perdeu-se durante a Segunda Guerra Mundial, e por isso alguns projetos, como os de número 11 e 15, não aparecem neste texto. Os detalhes foram fornecidos pelo doutor Anton Hunger, chefe de relações públicas da Porsche até bem recentemente (julho de 2009), e pelo senhor Dieter Landenberger, seu substituto na chefia do Museu Porsche nos anos 2000. Vários esclarecimentos vieram das biografias de Ferry Porsche, Ghislaine Kaes e dos livros de Paul Frère e Karl Ludvigsen.

CAPÍTULO 1
O JOVEM QUE TINHA IDEIAS

Uma família de nome eslavo, Borislav, por volta do ano de 1300, estabeleceu-se em um pequeno vilarejo chamado Maffersdorf, na época parte da cidade de Reichenberg (atual Liberec), na região em que hoje fica a República Tcheca, no antigo Império Austro-Húngaro. Sua origem étnica se perdeu, já que muitas famílias alemãs tinham nomes eslavos, apesar de descenderem de povos germânicos. No local, o sobrenome era pronunciado como "Pôr-chaf". Com o tempo, acabou sendo grafado como "Porsche".

O centro de Maffersdorf, em 1875.

De origem católica, acostumada a valores como fraternidade e obediência à autoridade, a família havia passado pela Revolução Protestante de Martinho Lutero sem que isso mudasse seus valores. Nessa época, viveu Wenzel Porsche, que era escudeiro do dono das terras de Maffersdorf. Em 1845, nasceu seu bisneto, Anton Porsche, que trabalhara como encanador, além de comercializar carvão e alugar carroças. Pessoa respeitada, ex-vice-prefeito, empregava cerca de vinte pessoas e fundou a brigada anti-incêndio e o comitê educacional da cidade. Em 1871, casou-se com Anna Ehrlich, com quem teve cinco filhos: Anton Junior, Hedwig, Ferdinand, Oskar e Anna.

O pequeno Porsche e família, em 1899.

No costume desse povo, homens primogênitos assumiam os negócios do pai. Um dia, na carvoaria Porsche, uma correia motriz rompeu-se, ocasionando um grave acidente com Anton Junior, que logo veio a falecer. Ferdinand, apelidado carinhosamente de Ferdl (Ferdinandinho), tornou-se então, a contragosto, herdeiro dos negócios. Tinha a mentalidade revolucionária dos românticos da nascente civilização industrial. Não ia nada bem na escola, mas queria construir coisas.

Das calhas à eletricidade

Certa vez, seu pai, de temperamento impaciente, exigiu que Ferdl fosse consertar as calhas da fábrica de tapetes do senhor Ginzkey, um homem progressista. Chegando lá, Ferdl ficou maravilhado com a instalação elétrica de Maffersdorf: havia fiação, lâmpadas, interruptores e até mesmo um gerador! Em Reichenberg, por não haver linhas de força, poucos sabiam da existência de uma tal de "corrente elétrica". Faltou à escola para assistir a um curso sobre como dominar aquela coisa misteriosa. As surras que levava do pai só não terminavam em tragédia por interferência da mãe, Anna. Em uma ocasião, em 1893, o senhor Anton começou a ouvir uns barulhos no sótão, foi verificar e flagrou o filho fazendo experiências com uma pilha. Chutou a engenhoca e tudo foi para o ralo: ácido da pilha, sapatos, calças e até pedaços de sua pele. Depois de umas cintadas, Ferdl, devidamente protegido pela mãe, resolveu parar de consertar calhas e prosseguir seus experimentos com eletricidade fora de casa. A decisão se mostrou acertada, pois ganhava mais dinheiro instalando campainhas nas casas da cidade que quando era encanador.

Algum tempo depois, a irmã mais velha de Ferdl, Hedwig, casou-se com o filho do senhor Ginzkey, que era muito rico e adquirira um dos primeiros automóveis fabricados pela Daimler. Ao ver o carro, Ferdl ficou magnetizado. Iniciou, então, um projeto para tentar fazer um veículo de três rodas, e depois mais outro, elétrico, empreitada um tanto pretensiosa para as ferramentas e conhecimento de que dispunha, característica que Ferdinand manteve durante a vida e que o levou longe.

Em uma atitude rara para a época, Ginzkey filho interveio em favor de Ferdinand, dizendo a seu pai que ele era muito talentoso e que ninguém em Reichenberg poderia ensinar-lhe mais nada. Escreveu, então, uma carta a seu amigo Bela Egger, que morava em Viena e fora o pioneiro da indústria elétrica da cidade, dono da União de Companhias Elétricas Ltda. (que viria a se tornar a atual gigante Brown Boveri), em busca de alguma oportunidade para o cunhado. Viena, a capital do Império Austro-Húngaro, era na época um dos mais desenvolvidos centros urbanos do mundo, rivalizando com Paris como polo de atração tanto de talentos como de carreiristas. Era habitada por todos os tipos de pessoas, oriundas de todos os lugares da Europa Oriental.

No alto, à esquerda: Porsche, aos 25 anos, se casa com Aloisia Kaes. No alto, à direita: o primeiro protótipo de Lohner-Porsche. Embaixo, à esquerda: a fábrica Lohner. Embaixo, à direita: o emblema do sistema Lohner-Porsche.

Aos 18 anos, Ferdl foi trabalhar na usina de Bela Egger, conquistando o posto de chefe do departamento de testes e ajudante de cálculos de custos em quatro anos. Participou de conferências e aulas na Escola Técnica de Viena para aprender física e conhecer os avanços técnicos de geradores e motores. Não pôde, no entanto, se matricular: nem sequer tinha o diploma do curso primário. Mas frequentava as aulas. Escondendo-se atrás de alguma coluna, observava o semblante de um bedel e a lista de alunos que ele portava, e repetia algum nome ao vigilante mais desatento. De vez em quando, Ferdl acabava sendo expulso da sala. Uma vez, até saiu puxado pelas orelhas.

Andando pelas ruas de Viena, ficava fascinado com os carros dos banqueiros e da nobreza, os franceses Panhard-Levassor, DeDion-Bouton, Mors e Renault; os italianos Fiat e Itala; os alemães Lützmann, Benz, Daimler e, maravilha das maravilhas naqueles tempos de exacerbado nacionalismo, um carro austríaco, o Gräf und Stift!

Aos 21 anos, começou a namorar Aloisia Johanna Kaes, secretária de seu patrão. Certo dia, o filho de Bela Egger teria surrupiado os desenhos de Ferdinand sobre um motor octogonal e seu rotor. Aloisia revoltou-se ao perceber a assinatura de Porsche nos planos. Ferdl a acalmou: "Tenho um monte de outras ideias no meu bolso suficientes para muito tempo!"

O trabalho com Lohner

Um dos amigos de Bela Egger era Ludwig Lohner, o fabricante oficial de carruagens da realeza austro-húngara. Ele queria expandir seus negócios e se interessou pela coqueluche do momento: o automóvel. As ruas de Viena estavam infestadas do odor fétido dos excrementos de cavalos, mas os mais conservadores reagiam contra o barulho ensurdecedor e a fumaça do novo invento. Lohner decidiu, então, fazer seus carros movidos a eletricidade, limpos e silenciosos, mas tinha um problema: não entendia absolutamente nada de motores elétricos, nem contava com engenheiros conhecedores do assunto. Bela Egger lhe contou que seu jovem estagiário poderia ajudá-lo. Aos 24 anos, Porsche tornou-se chefe de projeto do Departamento Automobilístico de Lohner. Segundo ele mesmo diria muitos anos depois, com gratidão, se não fosse essa oportunidade, jamais teria se dedicado ao automobilismo.

Na Lohner, Porsche teve uma solução genial, pela simplicidade, para transmitir a potência do motor às rodas motrizes: descartou os problemáticos sistemas de transmissão por eixos, correntes e correias, e criou um motor elétrico, colocando-o nos cubos das rodas dianteiras. Estava inventado o motor nas rodas. Enormes grupos de baterias forravam o chassi do carro, logo chamado de "cadeira de Lohner", pela aparência dos assentos. Porsche manteve-se fiel a esse princípio, mesmo reconhecendo, um tanto tardiamente, que não havia (e parece ainda não haver) solução para o problema de peso e para a limitação de alcance das baterias químicas com placas de chumbo. Carros a petróleo e a vapor eram igualmente pesados e não apresentavam diferenças perceptíveis

Modelo de produção aerodinâmico de Lohner-Porsche. Foto tirada em 1984.

de desempenho: andavam a 16 km/h, com autonomia de 45 km. Silencioso e rápido para a época, o carro causou furor na Exposição Mundial de Paris, em 1900.

Outra ideia de Porsche já não era tão original, pois alguns físicos haviam-na introduzido anteriormente: a propulsão híbrida. Ela unia o melhor daquele tempo, ou seja, o complicado motor a explosão com motores elétricos a bateria. O motor a explosão não funcionava para propulsão, mas acionava geradores que recarregavam as baterias, que por sua vez faziam funcionar os motores nos cubos de roda. Como ainda não havia o termo "híbrido", o veículo foi chamado "misto".

Depois do sucesso na França, Lohner causou sensação na Inglaterra. O carro misto de uso diário atingia a velocidade de 80 km/h. Em 1898, o recorde de velocidade foi obtido por um automóvel Jenatzy-Rothschild movido a eletricidade: 100 km/h. Em 1900, outros carros, inúteis para uso diário, alcançaram 130 km/h.

O primeiro carro aerodinâmico do mundo, produzido por Jenatzy com carroceria do barão de Rothschild.

A filosofia Porsche, válida ainda hoje, já se estabelecia: rapidez útil para o cotidiano da nobreza. A arquitetura do Lohner-Porsche deu fama mundial ao jovem Ferdinand. Ele ficou amigo dos grandes pioneiros da indústria automobilística, principalmente do inglês Henry Royce, chegando a testar pessoalmente seus inventos. Apegado à família e à sua terra natal, fez a longa viagem de Viena até Maffersdorf para mostrar o veículo aos pais e aos irmãos.

O jovem que tinha ideias

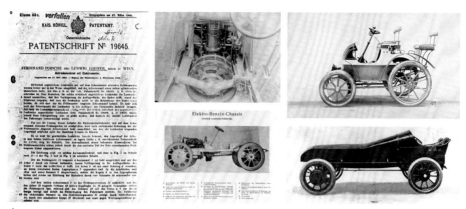

À esquerda: registro de patente do sistema híbrido de motores. No centro, acima: o motor do Lohner-Porsche. No centro, embaixo: o quarto chassi. À direita, no alto: o modelo que deu fama mundial à Porsche, na exposição de Paris, em 1900. À direita, embaixo: um estudo aerodinâmico por Lohner-Porsche.

Poucos anos depois, o carro passou a ser considerado antiquado por seus problemas de dirigibilidade e peso, mas Porsche jamais achou que fosse obsoleto. Sonhava com o dia em que poderia voltar a aplicar aquele princípio, quando os problemas de peso das baterias químicas pudessem ser solucionados. Não havia, do ponto de vista da engenharia, motor mais eficiente que o elétrico, que dissipava pouca energia sob a forma de calor. O motor de combustão interna, a álcool ou a derivados de petróleo, como a gasolina e o diesel, progredia a passos largos e chegava, na época, a um rendimento de 30 por cento, ou seja, 70 por cento do combustível se transformava em calor. Com a aposentadoria do carvão (com eficiência de 17 por cento), as ferrovias sobreviveram graças ao princípio misto. No futuro, vinte anos após a morte de Ferdinand Porsche, seria aplicado aos veículos lunares e, no século XXI, voltaria à ordem do dia, com o nome de híbrido. Porsche estava correto: não era obsoleto, mas à frente de seu tempo!

Outro desenvolvimento de Porsche na época foram os minimotores nos cubos de roda traseiros, que deram origem aos primeiros veículos com tração nas quatro rodas. Ele não criou a ideia, mas, por ser um homem prático, formado na vida e não em faculdades, deu um jeito de aplicá-la pela primeira vez na indústria automobilística.

CAPÍTULO 2
SUBINDO NA VIDA

O motorista do príncipe

Graças às suas habilidades técnicas e aos seus feitos, Porsche, que era oriundo da classe média baixa, entrou para a aristocracia, para o mundo do grande capital e da nobreza, aos 24 anos. Ele detinha o saber tecnológico mais importante daquele tempo. Os compradores dos confiáveis e eficientes Lohner-Porsche pertenciam à elite da época. A compra, a manutenção e o abastecimento desses carros equivalia ao que hoje custa um jato executivo de alto luxo. Porsche angariou fama em Paris, em Londres e em sua terra natal, o Império Austro-Húngaro. E quanto à Alemanha, considerada a pátria do automóvel? Porsche falava alemão, tinha uma cultura tipicamente alemã, mas havia enorme rivalidade entre alemães e austríacos, embora alguns achassem que ambos deveriam se unir. Isso teria consequências desastrosas para Porsche vários anos depois.

Àquela altura dos acontecimentos, Porsche teve de se submeter ao serviço militar compulsório do Império Austro-Húngaro e foi designado para servir, nada mais, nada menos, que o príncipe herdeiro, o arquiduque Francisco José, que adotara o Lohner-Porsche como condução imperial. Para um príncipe, ninguém mais adequado para servir como motorista e mecânico que o próprio criador do veículo!

O arquiduque Francisco Ferdinando era primo do imperador, que não tolerava máquinas e modernismos e andava de carruagem pelas ruas de Viena. Mas o príncipe, *bon vivant*, logo adotou a modernidade. Um dos auxiliares de Porsche no serviço militar foi Josip Broz, nascido na Croácia, que ficou conhecido anos depois como o ditador Tito da Iugoslávia, primeiro dirigente comunista a se livrar do império soviético. Certo dia, Porsche recebeu uma carta:

"Vossa alteza imperial, o sereníssimo arquiduque Francisco Ferdinando, envia-lhe mui graciosamente uma lembrança das manobras na Hungria Oriental. O desempenho de seu automóvel e sua segura condução, por conseguinte, proveram a mais completa satisfação à vossa alteza imperial."

O arquiduque Francisco Ferdinando e seu motorista, ninguém menos que Ferdinand Porsche.

Enquanto Porsche se ocupava de seu "carro misto", em Syracuse, nos Estados Unidos, Herbert Franklin, engenheiro norte-americano recém-formado pela Universidade de Cornell, empregava o inventor do arrefecimento por ar, John Wilkinson. Franklin projetou então um triciclo com motor arrefecido a ar com dutos e válvulas no cabeçote que se tornou muito popular, vendendo quatrocentas unidades em 1904, o que era muito bom, haja vista que, no mesmo ano, Ford, que começara em 1896, vendeu mil carros e a Oldsmobile, que estava no mercado desde em 1897, campeã mundial de vendas, desovou 4.000 unidades. Carros com esse tipo de arrefecimento eram comuns naquela época, mas logo saíram de moda, persistindo apenas na Franklin.

Porsche conhece Rumpler

Em 4 de janeiro de 1872, nasceu em Viena Edmund Rumpler. Seguindo a tradição de sua família judaica, ele foi estudar na Escola Técnica Superior de Viena, o mesmo lugar em que Ferdinand Porsche assistia às aulas como "penetra". Ambos conheceram-se em 1903, e Rumpler, como tantos pioneiros naquela época, era inventor e especialista em motores, e viria a ser o criador do primeiro sistema de semieixos oscilantes para rodas motrizes, o que influenciaria futuramente o projeto do Volkswagen. Rumpler trilhou um caminho parecido ao que Porsche faria dezesseis anos depois: achou que o fu-

O engenheiro Rumpler com o modelo que inspirou Porsche.

turo estava na Alemanha e rumou para Berlim em 1906, estabelecendo um "escritório técnico" (ainda não se usava o termo "consultoria"), que se especializou em projetos aeronáuticos. Talvez tenha sido o primeiro escritório dessa natureza; em 1908, Rumpler construiu seu primeiro avião, desenvolvido em 1910 com o nome de Taube ("pombo", em alemão), o mais eficiente da época.

A saída da Lohner

Bombeiros na Áustria, usados pela tecnologia Porsche.

Depois de prestar o serviço militar, Porsche retornou para a Lohner, passando a projetar carros de bombeiros e ônibus de tração mista. Em 1904, encontrou compradores na Inglaterra por intermédio do representante Otto Kaes, seu cunhado. Porsche visitou a Inglaterra e adorou o país, sempre cheio de novidades. Venceu corridas com seu Lohner-Porsche e passou a usar casacos Burberry e chapéus *trilby*.

Para solucionar o problema do acionamento do gerador de baterias, Porsche experimentou usar um motor a explosão importado da França, o Panhard. Uma explosão aconteceu de fato, nas finanças da empresa, o que gerou desentendimentos entre Porsche e Lohner, pois o industrial achava que a limpeza de seus veículos elétricos eram suficientes para a nobreza, dispensando o uso de tração mista. Porsche gastou tanto em pesquisa e desenvolvimento que Lohner resolveu dispensá-lo dois anos depois. A demissão aconteceu em uma hora imprópria para Ferdinand, pois, em 1904, um ano depois do casamento com Aloisia, nascia sua filha, Louise. Depois da saída de Porsche, Lohner caiu no ostracismo, como todos os que negam os avanços do progresso. Afundaria com a guerra, evento que a Áustria achava improvável, mas que levaria apenas cinco anos para acontecer.

Porsche na Austro-Daimler

Porsche não ficou muito tempo desempregado. Levou a tecnologia de tração mista para a Austro-Daimler, maior indústria automobilística da Áustria. Dirigida por banqueiros austríacos, utilizava as patentes do engenheiro alemão Gottlieb Daimler, um dos dois inventores do automóvel. Ferdinand Porsche substituiu o engenheiro-chefe Paul Daimler, filho de Gottlieb, e passou a morar dentro da fábrica, localizada na Wiener Neustaadt, em um lúgubre subúrbio militar de Viena, desprovido da atmosfera de requinte e cultura da capital. Em apenas seis semanas na empresa, Porsche modernizou a fábrica, protegendo o operariado ao erigir um edifício arejado e iluminado por telhas de vidro. Integrou no mesmo ambiente os burocratas e os mecânicos, para irritação dos primeiros e alegria dos outros.

Jellinek e suas filhas

Em 1909, nasceu seu filho homem, Ferdinand Anton. Logo apelidado de Ferry, adotou esse nome para o resto da vida para diferenciar-se do pai. Nesse mesmo ano, na cidade mediterrânea de Nice, na França, Ferdinand Porsche conheceu Emil Jellinek, cônsul austro-húngaro naquele país e o maior vendedor de carros Daimler em toda a costa do Mediterrâneo. Jellinek vendia tantas unidades que Gottlieb Daimler e seu filho, Paul, mudaram a marca do produto, adotando o nome de uma das filhas de Jellinek: Mercedes. Como em alemão a palavra "automóvel" é do gênero feminino, a ideia pegou muito bem, tanto que Jellinek encomendou a Porsche outro carro e deu a ele o nome de sua outra filha, Maja.

Ferdinand Porsche e seu filho, Ferry.

Jellinek e Porsche introduziram o Maja em competições. Porém, depois que ele bateu em uma árvore em decorrência de sérios problemas de dirigibilidade, Porsche passou a adotar princípios menos exóticos, como tração por cardã em vez de motores nas rodas, mesmo sem usar correntes. Alguns até pensaram que se tratava de uma confissão de erro com o sistema misto, mas, na verdade, Porsche era um homem prático e viu que seu sistema precisaria de mais desenvolvimento.

Austro-Daimler Maja.

Ele continuou, entretanto, envolvendo-se em outras trombadas: não compareceu às comemorações oferecidas pela fábrica. Em um coquetel, após uma competição, o diretor, Eduard Fischer, encontrou-o em um canto fazendo cálculos em folhas de papel e comendo um *schwarzbrot* (pão preto) que sempre levava no bolso. Fischer indagou: "O que o senhor

Austro-Daimler Tulpenform Prinz Henry: faróis invertidos e carroceria tipo barco.

A imprensa local prestigia o engenheiro Porsche.

está fazendo?" E obteve como resposta: "Ora, diabos, o que mais eu poderia que estar fazendo? Projetando outro motor! O senhor acha que vai vencer com 32 cv?" Resultado: mais um inimigo e um carro vencedor para o ano seguinte, o aerodinâmico Tulpenform, um Austro-Daimler 1910 de 5,7 litros, com 86 cv a 3.000 rpm e carroceria diferente de tudo que se conhecia até então. Suas curvas suaves formavam um cálice lateral e traseiro, os faróis eram invertidos para diminuir o arrasto aerodinâmico e a velocidade máxima foi aumentada em 10 km/h. O carro venceu o *trial* Príncipe Henrique a 140 km/h, contra os 125 km/h de seu concorrente mais rápido, e com três pessoas a bordo: Porsche como piloto, o mecânico e sua esposa, Aloisia! A aplicação da aerodinâmica aos automóveis de série é uma criação de Porsche, pois não há indícios de que alguém tenha feito isso antes dele. Em um dia no qual Porsche testava um dirigível, ao lutar contra um vento cruzado, aproximou-se perigosamente da espira de uma igreja. A tripulação evitou o desastre soltando o lastro, mas isso lançou a aeronave a uma altitude insegura. A válvula de combustível emperrou, o motor perdeu potência e não conseguiu aterrisar, mas Porsche, sempre calmo em situações difíceis, conseguiu desengripar a válvula. Uma pessoa observava o quase-acidente: o imperador Francisco José, que quis conhecer Porsche e convidou-o para uma audiência.

O motor boxer

Uma das marcas mais admiradas por Porsche era a francesa De Dion-Bouton, que patenteou um desenho alternativo para resolver alguns problemas muito comuns em motores. Nos modelos com cilindros verticais, há um problema físico relativo ao seu equilíbrio dinâmico; é necessário usar contrapesos no virabrequim

O motor boxer aeronáutico projetado por Porsche.

para contrabalançar o momento de força criado pelo movimento. A primeira proposta foi de motores radiais, com cilindros dispostos em forma de estrela, o que criou novos problemas, como o de espaço. O nome saxão, boxer, descreve seu funcionamento, pois lembra o movimento dos punhos dos boxeadores. Esse tipo de motor foi aproveitado por Karl Benz em 1898.

Ferdinand Porsche não ligava a mínima para carros populares, mas adquiriu experiência com eles, o que viria a ser importante anos depois. Projetou para a Austro-Daimler um motor aeronáutico de 90 cv, com quatro cilindros, tipo boxer, arrefecido a ar e com válvulas no cabeçote (a configuração era quase idêntica à que

Os aviões projetados por Porsche, para a Austro-Daimler.

seria empregada vinte anos depois no Volkswagen). Usado em alguns protótipos de avião, assumiu formas em V-12, com 360 cv e arrefecido a água, e W-12, que depois foram vendidas para a fábrica inglesa Beardmore. Os ingleses achavam que os motores Porsche eram os melhores em potência e durabilidade. Porsche imaginou também um dirigível-helicóptero operado por cabos fixos na terra, mas não teve sucesso em resolver os problemas com o rotor.

Karl Rabe

Porsche e Rabe.

Certo dia, em 1913, um jovem de 19 anos, tímido mas seguro, procurou emprego na Austro-Daimler como desenhista industrial. Depois de poucos minutos de conversa, Porsche o contratou, e juntos projetaram diversos veículos militares com a tecnologia de tração mista. A partir daí, Karl Rabe passou a ser seu maior colaborador. Quando Porsche saiu da Austro-Daimler, Rabe o substituiu. O jovem projetou modelos famosos, como o ADR, que competia de igual para igual com os Mercedes e os Horchs alemães, e brilhou em corridas. Rabe tornou-se amigo de pilotos, principalmente do barão Hans von Vayder-Malberg e de Hans Stuck von Villiez (pai do piloto Hans Stuck, que correu nos anos 1990), pessoas fundamentais na história da Porsche e da Volkswagen. O ADR pode ser considerado uma das origens do Volkswagen, pois ele adotava o desenho inglês do chassi com tubo central, criando uma forquilha para sustentar o motor.

CAPÍTULO 3
DA GUERRA À DAIMLER

Em 1914, o afável arquiduque Francisco Ferdinando, a quem Ferdinand Porsche havia servido como motorista dez anos antes, andava em um Austro-Daimler (projetado por Porsche) na cidade de Sarajevo quando foi assassinado por um nacionalista sérvio. O episódio desencadeou a Primeira Guerra Mundial: o Império Austro-Húngaro declarou guerra à Sérvia; a União Soviética, aliada da Sérvia, declarou guerra à Áustria; a Alemanha, aliada da Áustria, declarou guerra à União Soviética; a França, aliada da União Soviética, declarou guerra à Alemanha; a Inglaterra, aliada da França, foi arrastada para a guerra, e a Itália envolveu-se esperando resolver disputas com a Áustria por regiões do Tirol. Posteriormente, em 1917, os Estados Unidos acabaram também se envolvendo no conflito. Nesse dominó, em duas semanas 2 milhões de europeus mandaram seus filhos para a luta orgulhosamente, sem saber o que os esperava.

Numa época em que a Europa florescia em todos os campos do conhecimento, o continente quase se destruiu. A tecnologia desenvolveu e criou aviões, submarinos, encouraçados, tanques, canhões e morteiros de poder de destruição nunca vistos. A guerra, a despeito de tudo o que é indiscutivelmente desfavorável, foi importante para o desenvolvimento de automóveis populares, pois conjugava uma situação econômica das mais precárias com um ambiente desenvolvido cultural e tecnologicamente. A população altamente educada mantinha aspirações coerentes com essa educação, e ideias sociais que desejavam estender bens para parcelas desfavorecidas da população, incluindo o automóvel, foram reacesas.

Como sempre em sua vida, por contingências puramente práticas, Porsche deixou de lado suas preocupações aerodinâmicas. Durante quatro anos, além de motores para aviões, projetou, com seu amigo Rabe, tratores para canhões, resolveu problemas de transmissão de força do motor para as rodas, até então feita por ineficazes correias sujeitas a todo tipo de desgaste, contribuiu para a maior eficiên-

Os mastodontes da Primeira Guerra Mundial, veículos mistos movidos a eletricidade e a vapor ou a eletricidade e a gasolina.

cia térmica dos motores a explosão ao descobrir que não era apenas uma ignição adequada, mas uma combustão completa, que definia o desempenho. Fez também canhões motorizados de 80 e 100 cv, com rodas de borracha e de ferro para terrenos mais acidentados, verdadeiros trens sem trilhos com motores elétricos nas rodas, como os Lohner-Porsche, e motores a vapor ou a gasolina para carregar as baterias. Fez alguns veículos arrefecidos a ar, com tração nas quatro rodas, para caminhões e canhões motorizados, responsáveis pela tomada da fortaleza belga de Namur, o maior feito do exército austro-húngaro. Pouco tempo depois, a Austro-Daimler se juntou à Škoda, tradicional metalúrgica de armamentos tcheca.

Honra e riqueza

Por seus vários projetos de artilharia e de motores aeronáuticos, Ferdinand Porsche foi agraciado em 1917 com seu primeiro título de professor *honoris causa*. O Colégio Técnico Imperial de Viena, por ordem direta do imperador Francisco José, atestou que Porsche era "líder de um grande empreendimento austríaco", tendo prestado "serviços inestimáveis ao desenvolvimento da tecnologia aeronáutica e de motores".

Com o fim do conflito, quatro anos depois, a Alemanha e a Áustria estavam esmagadas pela imposição do pagamento de reparações de guerra. George Clemenceau e Raymond Poincaré, dois líderes políticos franceses, exigiram 226 bilhões de marcos-ouro, iniciando, na Europa Central, o período inflacionário mais violento que jamais

Invenções para fins militares trouxeram o reconhecimento a Ferdinand Porsche, que recebeu do imperador Francisco José o título de doutor.

se conheceu. Os austríacos viveram uma inflação de 50.000 por cento ao ano. Em 1914, 1 dólar valia 4,2 marcos; em janeiro de 1923 passou a valer 17.972 marcos. Em julho, já valia 354.000 marcos; em agosto, 4,6 milhões de marcos; em outubro, eram necessários 25 bilhões de marcos para comprar 1 dólar. Em novembro, 168 milhões de marcos compravam 1 kg de manteiga.

Nessa época de crise, as classes mais ricas lucravam. Após 25 anos de trabalho, Porsche era um homem rico: tinha um iate, uma casa confortável e bem decorada, uma casa de campo à beira do lago Woether no Tirol austríaco, amizades com aristocratas e a alta burguesia. Tinha amigos leais, esposa dedicada, dois filhos saudáveis. Fazia pequenos carros elétricos e a gasolina em miniatura para seus filhos, Louise e Ferry, e era tão conhecido em Viena que as crianças podiam trafegar sem licença e sem serem incomodadas pela polícia. Mesmo assim, a família Porsche não passou ilesa pela crise. Ferry Porsche tinha de ir para a escola de bonde e certo dia pagou 10 milhões de marcos pela passagem. Na volta, a passagem havia subido para 19 milhões e ele teve de voltar a pé.

O Sascha

Nas primeiras décadas do século XX, os carros de corrida eram gigantescos. A engenharia refinada sempre procura eficiência, e, naquela época de dificuldade econômica, Porsche sentia-se compelido a buscá-la com mais afinco. Inspirado em Bugatti, insistiu com a Austro-Daimler para construir um pequeno carro de corrida, e a empresa aceitou fazer o automóvel. Porsche não gastou um centavo, já que a empresa financiou quase tudo. Para complementar o projeto, o engenheiro usou seu seguro de vida.

Em apenas cinco semanas, o carro de 1,1 litro, quatro cilindros e válvulas no cabeçote estava pronto. Logo depois, ficaram prontos mais três, que receberam o nome de seu financiador, o conde Sascha Kolowrat, magnata do cinema. O batismo do carro foi vencer a Targa Florio, em sua classe: 1.500 km de buraqueira e curvas. Porsche e a equipe tornaram-se reis da Targa Florio: antes da guerra, com o Maja, e depois, com o Sascha. Depois da corrida, como não havia dinheiro para caminhões de transporte, os quatro carros da equipe Sascha retornaram por seus próprios meios da

Sicília à Áustria – outros 1.500 km – sem problemas. Assim como a história de uma pessoa começa a se formar na infância, o mesmo ocorreu com a história da Porsche.

Ter um carro de corrida que se comportava igualmente bem como um carro de passeio foi um fato que se repetiu durante os sessenta anos seguintes nos trabalhos de Porsche, tornando-se uma das marcas registradas de seus automóveis. Versões de 1,5 litro com comandos de válvulas no cabeçote suficientes para alcançar 150 km/h venceram 43 de 51 corridas, ficando em segundo lugar nas outras oito.

À esquerda: o conde Kolowrt e seu carro feito por Porsche. À direita: o Sascha vence prova.

Problemas na Austro-Daimler

Naqueles anos difíceis, na penúria do pós-guerra, Porsche enfrentava muitos problemas na Austro-Daimler e sabia que a situação poderia piorar. Uma ocasião complicada foi a de uma greve na empresa, com a qual os funcionários reivindicavam melhores condições de alimentação. Para resolver o problema, Porsche se enfiou no meio dos 6.500 operários, subiu em uma bancada e deu uma bronca, tão alto que todos voltaram ao trabalho. Ao mesmo tempo, ele recomendou que a Austro-Daimler fizesse um carro menor, de até 2 litros, aproveitando a boa experiência com o Sascha. Porsche estava motivado não só pela necessidade prática, mas também porque o projeto significava mais um desafio de engenharia, pois queria baratear o produto. De sua cabeça, borbotavam ideias; quando davam errado, ele desistia e começava do zero novamente.

A Austro-Daimler se recusou à aventura de um carro menor, pois só carros de luxo davam mais lucro por unidade. O maior acionista da Austro-Daimler era o banco Creditanstalt am Hof, e seu dono, Camillo Castiglioni, austríaco de origem italiana, ocupava o cargo de diretor nos dois negócios, mantendo divisas em moeda forte (dólar, libra e franco). O executivo tomava a receita que a Austro-Daimler fazia com exportações e *royalties* pelo uso das patentes de motores de avião projetados por Porsche, transformava-a em xelins austríacos e jogava com a inflação: o lucro obtido pela manhã havia sumido à tarde, mas o banco crescia exponencialmente embolsando a moeda estrangeira. Ferry Porsche, filho de Ferdinand, diria anos depois: "Castiglioni estava mais interessado na saúde financeira do banco que na saúde da empresa".

Em um determinado dia, o banqueiro convocou uma reunião: "Despeçam 2.000 empregados". A força de trabalho, que chegara a 6.500 pessoas, reduziu-se a 800 instantaneamente, e elas nem sequer receberam seu salário. Porsche vociferou, pois esperava que os financistas fossem competentes como ele era na área técnica. Agarrou um pesado cinzeiro e o arremessou sobre a mesa, encolerizado. Ficou novamente desempregado, mas não por muito tempo.

Era o ano de 1922, e o velho amigo de Porsche, o ex-cônsul Emil Jellinek, ainda muito influente na Daimler, indicou-o para trabalhar como diretor técnico na Daimler Motoren Gesellschaft, em Stuttgart, cidade que já era um importante polo automobilístico.

A mudança para a Alemanha

Ferry Porsche deu uma entrevista na década de 1980 à revista *Panorama*, do Porsche Club dos Estados Unidos, na qual disse que seu pai queria abrir uma pequena fábrica de carros esportivos e de competição, como Ettore Bugatti fizera em Molsheim, na Alsácia, território francês dominado por muitos anos pela Alemanha. Mas ele não tinha capital para tanto e aceitou a indicação de Jellinek para ir para a Daimler. Maior que a Austro-Daimler e menos afeita a banqueiros, a empresa estava em estado pré-falimentar, enfrentando uma série de greves. Paul Daimler, justamente quem Porsche havia substituído na Áustria, criou carros que não funcionavam e foi para a Horch. Para Porsche, foi um começo nada promissor: parte dos engenheiros da Daimler, uma espécie de monstro sagrado do automobilismo alemão, não aceitou a indicação de Jellinek, feita de fato com forte base técnica, e não apenas por amizade.

A imprensa alemã saudou a vinda de Porsche.

Porsche fez questão de ser fotografado junto ao busto de Gottlieb Daimler, considerado o "inventor" do automóvel moderno.

Porsche contratou, então, um renomado arquiteto, Bonatz, para projetar e construir uma espaçosa *villa*, verdadeira mansão, na qual pudesse morar em Stuttgart, marcando em grande estilo sua entrada na Alemanha. Situada na Feuerbacher Weg, próximo à montanha de Killesberg, ela viria a ser, dez anos depois, o berço do Volkswagen.

Ferdinand Porsche sofreu na mudança da Áustria para a Alemanha. O preconceito, traço tão típico dos europeus, e dos alemães em especial, era um exacerbado hábito de centenas de anos. Os alemães julgavam outros povos como inferiores. Ferry Porsche tinha, à época da mudança, 14 anos, e passou por maus bocados. O dialeto suábio lhe era difícil de compreender, e a crueldade dos adolescentes não poupava seu sotaque austríaco, mas ele usou isso como estímulo para manter seu jeito de falar até o fim da vida. Porsche o matriculou em uma escola técnica, a Escola Gottlieb Daimler, em Bad Cannstatt, em um reflexo de outra tradição alemã: escolas técnicas ligadas às fábricas que rapidamente preparavam os jovens para o trabalho.

Doutor honoris causa

As autoridades alemãs não permitiram que Porsche usasse o título de professor obtido na Áustria, mas isso mudou depois do desenvolvimento que fez nos projetos de Paul Daimler. Porsche voltou, de bom grado, para manter o prestígio da marca, a participar de competições, aperfeiçoando projetos convencionais de até 2 litros, corrigiu enganos e desenvolveu um compressor para os carros projetados por Paul Daimler, trazendo soluções que durariam mais de vinte anos. O compressor deu-lhe a vitória na Targa Florio de 1924, com o piloto Christian Werner. Porsche não podia ser dono de uma fábrica, como Bugatti, mas podia vencê-lo nas pistas! Era o primeiro símbolo que permitiu à Alemanha, derrotada em 1918, sair da humilhação: uma substituição civilizada da guerra entre nações pela guerra no esporte.

A casa da família Porsche em Feuerbach Weg, Stuttgart. Feita pelo maior arquiteto da região, sobreviveu a bombardeios de todas as espécies e se mantém até hoje.

O feito lhe valeu um segundo título de *Doktor Ingenieur* (doutorado em engenharia) *honoris causa*, outorgado pelo Colégio Técnico de Würtenberg, em Stuttgart. Diminuíram os preconceitos contra o austríaco Porsche, que, aliás, tinha nacionalidade tchecoslovaca desde 1918. Isso também manteve Porsche na empresa, que dispensara seus principais engenheiros em função da crise econômica.

Uma das primeiras incumbências de Porsche na nova empresa foi providenciar uma eventual entrada da Daimler no mercado motociclístico, em decorrência da penúria econômica do país. DKW, Zündapp, NSU e outras marcas estavam indo bem. Essa foi uma volta às origens, pois Gottlieb Daimler, considerado um dos inventores do automóvel moderno, começara com uma motocicleta. Porsche, para obter um motor pequeno e potente, usou a arquitetura do boxer aeronáutico de 1912 para a Austro-Daimler. Não sendo mais um projetista em si, mas um chefe de equipe experiente e intuitivo, dependia de um dos seus engenheiros, Frederick Hans "Fritz" Nallinger, que finalizou e detalhou um dois-cilindros de 500 cm^3 arrefecido a ar. No final, a Daimler desistiu de entrar no mercado de motocicletas e vendeu o projeto para a Bayerische Motoren Werke (BMW). (Isso explica por que o motor que vai equipar o Volkswagen no futuro ficará com arquitetura semelhante ao das motocicletas BMW, mantida até hoje na série R.)

Porsche também reavivou seu sonho, abandonado desde os tempos do Sascha: miniaturizou o modelo Stuttgart, dotando-o de um motor de 1,3 litro e 38 cv. Três protótipos, seguidos de 27 unidades de uma pequena série, feitos contra a vontade da diretoria, muito ligada a Paul Daimler, produziram apenas novos atritos.

CAPÍTULO 4
A QUESTÃO DOS CARROS POPULARES

Em 1923 e em todo o período pós-guerra, as centenas de empresas automobilísticas perdiam os mercados nobres. Na realidade, não havia mais nobres, e as elites estavam aterrorizadas com isso. E se o povo tomasse o poder, como ocorrera na União Soviética? Mudanças sociais iniciadas com a Revolução Francesa explodiam com o marxismo. A pergunta, tanto para os negócios quanto para a estabilidade social, era como viabilizar o acesso a bens e serviços das antigas elites aos menos favorecidos sem cair no terrorismo de Estado do tipo leninista-socialista. As respostas vinham de novos mercados de tamanho nunca imaginado, da preocupação com o bem-estar social e, acima de tudo, do exemplo americano de economia em escala. Em várias frentes, diversos avanços abriram o caminho para o que, mais adiante, se configurou como o legítimo carro do povo, que atenderia as aspirações de prover bens aos menos abastados.

O Tropfenwagen

Em 1923, Hans Nibel e Willy Walb, da Benz & Cie., conseguiram, com enorme dificuldade por causa da crise econômica, adaptar alguns chassis excedentes do Rumpler para carros de competições, criando o que viria a ser o grande precursor do Fórmula 1 moderno e a maior influência no design de dois carros da equipe de Ferdinand Porsche: o Auto Union P-Wagen e o Volkswagen. Com aerodinâmica tridimensional, a carroceria do Rumpler que o originou parecia mais uma cabine de dirigível, e o Benz aparentava como o próprio dirigível. Havia recebido o nome de Tropfenwagen (carro-gota, em alemão).

Uma suavização dos cantos vivos deu-lhe a forma de projétil. Outra grande inovação nesse projeto foi encapsular o piloto na estrutura para diminuir o arrasto, pois, até então, os pilotos iam como que montados sobre a carroceria. O nome Tropfenwagen não era oficial. A Benz o chamava de Benz série RH, iniciais em alemão de "carro de corrida de motor traseiro". Os pilotos Fernando Minoia, Fritz Nallinger, Hans Nibel, Max Wagner e, principalmente, dois jovens amigos, Adolf Rosenberger e Rudolf Caracciola, causaram sensação com essa máquina sem rival.

Adolf Rosenberger dirige o Mercedes de motor traseiro, modelo que inspirou os carros depois projetados por Porsche.

O engenheiro-chefe da fábrica de dirigíveis Zeppelin de 1914 até 1920, Paul Jaray, começou a corrigir problemas da aplicação dos princípios aerodinâmicos para automóveis usando, pela primeira vez, um túnel de vento. Criou um perfil quadridimensional: na linha de cintura, em vez da forma do dirigível, adotou um perfil de meia-asa, diminuindo a distância até o solo. Encapsulou não apenas o piloto, como no Benz, mas também as rodas. Engastou um semifuso no centro do carro, como nas carlingas de avião, deixando toda a traseira afilada. A patente foi logo negociada para Adler, BMW, Maybach, Škoda e Tatra, que não a utilizou, pois seguiu um caminho próprio. A meia-asa de Jaray foi logo usada pelos franceses no Bugatti Tank e no Chenard & Walker.

Alguns carros aerodinâmicos com patente Jaray: Tatra 77, Audi, Maybach e Peugeot.

O San Giusto

No mesmo ano dos Saschas de Porsche, apareceu um carro chamado San Giusto, feito por um pioneiro, o engenheiro Guido Ucelli de Nemi. Como todo pioneiro, ele era quase desconhecido. Natural de Milão, capital da Lombardia, em sua região natal a engenharia alemã se casou com o estilo italiano. Se o "avô" do Volkswagen foi o Rumpler Tropfenwagen, a "avó" foi italiana. O carro tinha suspensão independente com semieixos oscilantes e motor traseiro, como o Rumpler, aplicados ao chassi inglês de tubo central, arrefecido por ar, com 748 cm^3.

Josef Ganz

Um engenheiro austro-húngaro nascido na Hungria e que vivia na Alemanha, chamado Josef Ganz, criou, em 1922, a fórmula tecnológica para o verdadeiro carro do povo. Desenvolveu e divulgou a necessidade de um carro popular e propôs um carro completo, com carroceria. Ninguém menos que Heinrich Nordhoff (que viria a ser o maior responsável pelo sucesso do Volkswagen) reconheceu o papel de Ganz no estabelecimento do conceito do carro popular.

Guido Ucelli de Nemi cria o San Giusto: motor traseiro de 748 cm³ arrefecido a ar.

Aproveitando a incrível plasticidade da língua alemã, Ganz criou o termo "Volkswagen". Até então, a palavra em alemão para carro popular era "Volksauto". Ambos significam carro do povo, mas o termo "wagen" ("vagão", em alemão) especifica melhor a função de transporte, enquanto o termo "automobil" se refere a um veículo genérico, que se move por si mesmo, sem tração animal. Ganz integrou ideias da Inglaterra, dos Estados Unidos, da Áustria, da Itália e da Alemanha:

- chassi de tubo central
- motor traseiro
- semieixos oscilantes
- suspensões transversais independentes
- motor boxer de 500 cm³ arrefecido a ar, que até então impulsionava motocicletas
- carroceria de pouco arrasto aerodinâmico, permitindo potência e consumo menores

À esquerda: o engenheiro e editor Josef Ganz foi teórico do carro popular na Alemanha. À direita: a *Motor-Kritik*, influente revista de Ganz.

Seis anos depois, em 1928, Ganz fundou a revista *Motor-Kritik*, que usou para divulgar ainda mais suas ideias sobre a motorização do povo. Em 1929, Ganz sugeriu à Zündapp, segunda maior fábrica de motocicletas da Alemanha, que fabricasse o carro popular que vinha defendendo desde 1922. Ernst von Falkenheim, seu diretor, repassou os desenhos de Ganz para a Ardie, que fez um protótipo com motor de 175 cm³ e semieixos traseiros oscilantes. O carro acabou sendo construído com o nome de Maikäfer, ou seja, "joaninha". A produção em série ocorreria apenas em 1946, após a guerra, na Suíça, com o nome de Rapid. O Maikäfer pode ser considerado um dos precursores do Volkswagen, em uma época em que Porsche ainda estava ocupado com gigantescos Mercedes-Benz e Steyr.

À esquerda: o chassi do Maikäfer. À direita: Ganz testa o Maikäfer.

O carro de Ledwinka

Novas sementes do motor que faria a fama de Porsche eram lançadas por europeus centrais e orientais, que prosseguiam na busca por carros de tecnologia revolucionária. Hans Ledwinka foi o sucessor de Rumpler na Nesselsdorfer, a empresa tcheca da qual se originou a Tatra. Amigo pessoal de Ferdinand Porsche, nascera em 1878, também nos Sudetos, região de cultura alemã.

Ainda como Porsche, Ledwinka também tinha, até então, projetos absolutamente convencionais para a Steyr e para a Nesselsdorfer. Ainda antes, e como Porsche, logo passou para projetos não ortodoxos, por influência de Rumpler. E ainda como Porsche, não falava uma palavra em tcheco. Para onde ia, levava seus colaboradores, que tinham por ele uma adoração tão intensa quanto aqueles que cercavam Porsche.

A Tchecoslováquia, um dos países desmembrados do Império Austro-Húngaro pela Primeira Guerra Mundial, tinha uma democracia modelo, arquitetura e arte modernistas, e era altamente industrializada. Ledwinka adotou parte da fórmula de Ganz e do San Giusto, mas com motor dianteiro. Lá estavam o chassi de tubo central, a suspensão traseira independente com feixe de molas transversal, o motor boxer bicilíndrico arrefecido a ar, que deslocava 1,06 litro e desenvolvia 12 cv. Desenhado entre 1921 e 1922, foi lançado em 1923. Diferentemente do San Giusto, o ar não era conduzido por dutos, mas forçado por meio de palhetas no volante do motor. Apresentava integridade na construção, resistência, manutenção simples e desmontagem fácil. Era um carro valente e polivalente, especial para as estradas sinuosas das montanhas Tatra, na fronteira da Polônia com a Tchecoslováquia. Estava criado o Tatra 11. Com uma produção em série típica de uma Europa ainda desprovida de economia de escala, foram feitas 3.450 unidades, com muitos tipos de carrocerias.

Tatra 11: o carro preferido de Adolf Hitler durante sua ascensão política, pela solidez e confiabilidade.

Ledwinka não chegou a criar um carro popular, pois faltava-lhe a característica fundamental: o preço. Assim como Porsche, estava interessado em diminuir custos de construção para viabilizar um produto de engenharia inovador em tempos difíceis. Em 1925, o Tatra 11 foi substituído pelo 12, com freios nas quatro rodas. Muito mais durável que o DKW, poderia ter sido um competidor mortal, mas faltava-lhe um preço razoável. Ledwinka, diferentemente de Porsche, não acreditava no valor de competições para o desenvolvimento do produto, mas um dos diretores da Tatra inscreveu os Tipos 11 e 12, em 1924 e 1925, na Targa Florio. Os dois, como o Sascha de Porsche, venceram em sua classe.

Carros de Hans Ledwinka: Tatra 12 (à esquerda) e Tatra 57 (à direita).

Em 1928, os Tatras passam a ter quatro cilindros.

As ideias teóricas de Josef Ganz ganharam, por meio de Ledwinka, a prática. Provaram que um projeto de um carro pequeno não precisava e não deveria ser uma miniaturização, caminho seguido pelos franceses, pelos ingleses e pelos ciclocarros com motor de dois tempos. Porsche adotaria essa ideologia, anos depois. Esses homens criaram uma engenharia de ponta não convencional, típica da Europa Central, mas que desapareceria nos anos 1960.

O Claveau e o Voiture Minimum

Motor de quatro cilindros boxer arrefecido a ar, montado na traseira, com suspensão independente, que desloca 1,1 litro. Soa familiar? Não se trata ainda do Volkswagen, nem mesmo do Porsche 356, que só nasceriam dali a 6 e 22 anos respectivamente, mas de uma marca francesa, a Autobloc, desenhada pelo engenheiro Émile Claveau. O Claveau, já em 1926, integrava, com exceção dos métodos construtivos norte-americanos, os mesmos princípios mecânicos e aerodinâmicos dos produtos que seriam feitos por Porsche. Foi um sucesso no Salão do Automóvel de Bruxelas, usando um chassi perimetral, monobloco, extraído do Lancia Dilambda.

O Claveau não tinha preocupações populares, mas um arquiteto belga, como tanta gente daquele período, tinha visões revolucionárias e humanitárias de levar conquistas tecnológicas para o povo. Usando a aerodinâmica do Claveau, conferiu-lhe o equilíbrio que só um arquiteto poderia dar. *Voilà!* Estava pronto o Voiture Minimum, do fundador da escola modernista, Le Corbusier, "Le Corbu", como era conhecido. Adepto incondicional do taylorismo, como Ford, gostava tanto de automóveis que um dia batizou seu primeiro projeto de produção em série de residências de Citroan, em homenagem a André Citroën. O design da carroceria do "automóvel mínimo" poderia ser visto como a grande inspiração da proporcionalidade do Volkswagen: ambos desenhados sob um plano arquitetônico de volumes e espaço interior que determinavam a

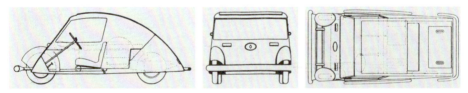

O Voiture Minimum de Le Corbusier.

forma externa, e com padronização estrutural para baratear a construção, empregando um mínimo de material sem perder resistência. A distância entre-eixos seria de 2,34 metros. O desenho final foi dos irmãos Jeanneret, colaboradores de Le Corbusier. O motor era traseiro. Os bancos do carro de Le Corbusier transformavam-se em camas e havia um generoso espaço para bagagens. O Voiture Minimum, entretanto, não chegou nem à fase de protótipo.

Porsche e o carro do povo

As ideias de um carro popular influenciaram Porsche, principalmente as de Josef Ganz. Se os Estados Unidos tinham um automóvel para cada seis habitantes, em contraste a Alemanha possuía um automóvel para cada 226 pessoas. A Daimler entendia que seu mercado era o de consumidores com alto poder aquisitivo, mas as pessoas a quem Porsche queria providenciar um carro estavam sem ter o que comer.

Porsche já havia se entregado aos ideais românticos de um carro para o povo.

Um jovem engenheiro húngaro de 18 anos, Béla Barényi, partindo das propostas de Ganz e da prática de Ledwinka, defendeu uma tese na Universidade de Viena na qual detalhava o design de um motor boxer montado na traseira de um chassi com suspensão independente e tubo central. Isso conferia respeitabilidade à ideia, em meio a um povo que idolatrava a formação universitária. Naquele momento, Porsche deu uma guinada em seus interesses: mencionou sua simpatia pelo carro popular em conversas e aprovação às ideias de Ganz, Ledwinka e Barényi.

O Rumpler em formato de dirigível.

Ferdinand Porsche tinha dois colaboradores principais na Daimler: os engenheiros e pilotos que haviam construído e testado o Rumpler Tropfenwagen em competições, Willy Walb e Adolf Rosenberger. A influência de Rosenberger derivava de sua experiência com o Benz Tropfenwagen de motor traseiro, que pilotara com sucesso no Circuito da Solitude; ao mesmo tempo, Rosenberger adquiriu de Porsche um compressor para seu carro de corrida particular, o mesmo Mercedes que havia trazido, com Christian Werner, muitas vitórias para a Alemanha anos antes. Ficaram amigos, e Rosenberger sugeriu a Porsche a adoção do motor traseiro e do chassi de tubo central em seus projetos. Porsche jamais havia experimentado isso até então. Seus três protótipos iniciais, antes do contato com Rosenberger, tinham motor dianteiro de 1,2 litro arrefecido a ar ou a água. Na tradição Mercedes, o tipo era referente à cilindrada: 120. No 120 H, a letra H significava Heck, traseira, e representava

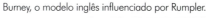

Burney, o modelo inglês influenciado por Rumpler.

o Heckmotor, ou motor traseiro. Havia protótipos com carroceria convencional, mas todos foram rejeitados pela diretoria.

Muitos desenvolvimentos tiveram importância fundamental naquilo que viria a ser o carro do povo de Porsche. Pode-se afirmar que o Franklin, o Rumpler, o Benz, o San Giusto, o Kettering, a fórmula de Ganz, o Claveau, o Voiture Minimum de Le Corbusier e os carros da Tatra influenciaram Porsche, embora não pareça haver registro escrito disto. Sabemos que Porsche estava sempre atualizado, era frequentador assíduo dos salões de automóveis, conhecido de Rumpler e amigo de Ledwinka e de Ganz, e seria natural todas essas informações fervilharem em sua cabeça e resultarem no que viria a ser o Volkswagen.

Daimler e Benz unidas

À esquerda: Adolf Hitler adorava o Mercedes-Benz. No centro: a inflação na Alemanha de Weimar. Com esse dinheiro comprava-se um pão, por algumas horas. No alto, à direita: Partido Nazista nas ruas de Berlim. Embaixo, à direita: a esquerda colaborava com o clima de tensão política.

As famílias Porsche e Piëch durante o casamento de Louise Porsche e Anton Piëch.

Para enfrentar a situação econômica, sabia-se que a união entre a Daimler e a Benz era iminente. Porsche estava um pouco longe de seu projeto de um carro popular quando finalmente formou-se uma sociedade anônima, a Daimler-Benz Aktiengesellschaft, em 1926. Seus produtos conjuntos passaram a ser conhecidos como Mercedes-Benz. Benz era o sócio júnior, com situação financeira ruim e produtos mais convencionais, mas dominava a diretoria por ter melhores conexões com os banqueiros. Porsche foi designado para aperfeiçoar projetos da Benz. Entraram em produção o 8/38 de 2 litros, o 10/50 de 2,5 litros, chamado de Stuttgart, e o Manheim de 3 litros, todos com seis cilindros, além do luxuoso Nürburg, de oito cilindros.

Nessa época, a filha de Porsche, Louise, casou-se com o advogado vienense Anton Piëch, oriundo de uma famosa família católica de advogados, famosa por um temperamento bastante combativo e ardiloso.

Rivalidades e destemperos

As vitórias nas pistas prosseguiam com os carros projetados por Porsche. Pilotados por Rudolf Caracciola, Manfred von Brauchitsch e Adolf Rosenberger, tinham mecânica convencional e eram cada vez mais potentes, leves e curtos. As séries S, SS e SSK (Sport, Super Sport e Super Sport Kurz) desenvolviam de 110 até 300 cv. Porsche delegou boa parte do trabalho mecânico a Hans Nibel e a Fritz Nallinger. Ele tinha o hábito de fazer visitas surpresa e observou que seus gerentes nunca resolviam os problemas: ficavam devidamente paramentados com aventais imaculados, mantendo distância segura dos veículos. Certo dia, Porsche escorregou para baixo de um carro, sujando seu avental de graxa. Um dos engenheiros cometeu o desatino de perguntar: "O senhor conseguiu fazer alguma coisa?" A resposta: "Seu cabeça de bagre! Vá ver você mesmo!"

À esquerda: Rosenberger no Benz-Tropfenwagen de motor traseiro. No centro: Von Brauchitsch (carro 1), Caracciola (carro 2) e Rosenberger (carro 3) – campeões absolutos nos anos 1920, com os Mercedes projetados por Porsche. À direita: o Benz-Tropfenwagen.

Porsche se desentendeu com o engenheiro Kissel, que havia vindo da Benz, pois queria equipar os carros com comandos de válvulas no cabeçote e tuchos para acionar as válvulas, ao que Kissel se opunha. Ele e seus engenheiros prepararam então uma vingança. Queriam provar que Porsche não era tão bom quanto parecia. O Stuttgart era um modelo cujo motor se recusava a pegar em tempo frio. Quinze Stuttgarts foram dispostos no pátio e Porsche foi desafiado a fazê-los funcionar. Nenhum pegou, e o destemperado Ferdinand Porsche arrancou o próprio chapéu e pisou em cima, afundando-o na neve. Era a despedida traumática que faria da Daimler-Benz.

Com este modelo, Porsche se despediria traumaticamente da Daimler-Benz.

Novas funções

Porsche e os diretores da Daimler-Benz criaram uma situação de tensão de tal ordem que ficou insustentável sua permanência por lá. No final de 1928, a empresa rescindiu unilateralmente o contrato, mas, tentando manter algum relacionamento, a poderosa companhia ofereceu compensações: uma viagem de aprendizado aos Estados Unidos e um pequeno salário como consultor independente. Aconselhado por seu jovem genro, Anton Piëch, recusou-se a aceitá-la e processou os ex-patrões.

Anton Piëch, o enérgico advogado vienense genro de Porsche, defendeu-o em uma causa trabalhista contra a Daimler-Benz.

O competente Piëch, com quatro anos de formado, ganhou o processo, mas Porsche refreeou a veemência de seu genro, ponderando que a quantia em dinheiro a ser ganha poderia comprometer algum relacionamento posterior, que, afinal, a empresa oferecera. Para Porsche, bastava a compensação moral. A atitude sem mágoas de Porsche surtiu efeito: dez anos depois ele voltaria a servir a Daimler-Benz como consultor.

Fábricas como Adler, DKW, Audi, Gutbrod, Hanomag, BMW, Stöwer e Wanderer respeitavam-no, mas sua fama de rude, irascível, teimoso e autoritário significava que ele não voltaria a ser empregado na Alemanha. Porsche ficou oito anos na Daimler/Daimler-Benz e deixou um legado impressionante:

- Reabilitação e glória para os carros alemães nas pistas, pilotados por Adolf Rosenberger, Rudolf Caracciola e Manfred von Brauchitsch.
- Desenvolvimento de compressores para carros convencionais cada vez mais potentes, leves e curtos. Porsche delegou boa parte do trabalho técnico a Hans Nibel e a Fritz Nallinger.
- Os motores de seis e oito cilindros em linha que projetou foram usados até os anos 1970 em suas linhas básicas, tendo sido adaptados para automóveis de quatro cilindros.
- O desenvolvimento de caminhões, que salvariam a Daimler-Benz após a Segunda Guerra Mundial e a deixariam ainda mais famosa que pelos carros de passeio.
- O projeto, conduzido secretamente, de um motor V-12 de 1.000 cv para uso aeronáutico, movido a gasolina ou a óleo diesel.

Porsche só conseguiu um novo emprego na Áustria. Seu amigo Hans Ledwinka, que atuava como consultor da Steyr, indicou-o para o cargo de diretor. A Steyr queria intensificar a produção de automóveis luxuosos, frente ao desaparecimento de seu mercado cativo, os militares. Porsche assumiu as funções de diretor técnico, engenheiro-chefe e membro do conselho, e foi recebido com grandes honras. Os jornais noticiavam a "volta do grande engenheiro ao seu país natal".

A questão dos carros populares

Durante dois anos, desenhou carros grandes e luxuosos. Um deles, o Austria, serviu-lhe para ir ao Salão do Automóvel de Paris e para ser deixado em exposição no estande da Steyr. Apesar de interessada em carros de luxo, a Steyr também pediu a Porsche que pensasse na alternativa de um carro popular. Porsche estava fascinado pelo recém-lançado DKW e por motores de dois tempos. Fez, então, esboços para um carro popular chamado Steyr 30.

Um motor de oito cilindros mais efetivo do que o adotado na Fórmula 1 (1962) tornou-se a menina dos olhos de Ferdinand Piëch. Equipou algumas versões interinas do Carrera 6 e da série 908. Piëch fez questão de dotar seu próprio 914 de passeio com uma versão mais civilizada. Criou o 916, do qual se fizeram doze unidades, inicialmente distribuídas aos membros das famílias Porsche e Piëch.

No alto: o Steyr Austria na casa de Porsche, em Stuttgart. Embaixo: o Steyr Austria – luxuoso sedã exposto em Paris.

Um colaborador de Porsche na Austro-Daimler, que havia sido contratado por ele, Josef Kales, desenhara um carro a partir das sugestões de Ganz, de dois cilindros contrapostos e arrefecido a ar, para a pequena fábrica vienense Avis. Em 1929, Kales foi para a Steyr, novamente com Porsche. Junto com Kales, estudou o motor Puch, de motocicletas austríacas, de cilindros duplos, para o Steyr 30. Começaria aí a função fundamental de Kales na viabilização do Volkswagen, anos mais tarde, nas fábricas de Porsche.

A crise atinge Porsche

Certo dia, em Paris, durante o Salão do Automóvel, Ferdinand Porsche estava lendo seu jornal no saguão do hotel George V, ícone da elite financeira e política mundial, um dos mais caros e cobiçados do mundo. Como de costume, com sua figura baixa e carrancuda, mas ao mesmo tempo atenciosa, era tratado com o maior respeito pelos porteiros e pelos funcionários. Ao ler uma das manchetes, estremeceu: um dos mais antigos bancos austríacos, o Boden Kreditanstalt, acabara de falir. O que restou dele foi absorvido pelo Creditanstalt am Hof.

Isso significaria o desencadeamento da quebra econômica na Europa, seguindo Wall Street. Para a vida de Porsche, o problema era que o banco Boden Kreditanstalt era o maior acionista da Steyr, e o Creditanstalt am Hof era o banco acionista da Austro-Daimler. Porsche, anteriormente, havia se desentendido com a orientação financeira da Austro-Daimler, dada por Camillo Castiglioni, justamente o acionista majoritário do Creditanstalt am Hof! Traduzindo em miúdos: a Steyr era, agora, propriedade da Austro-Daimler. A primeira ação foi cortar o programa do Austria. À Austro-Daimler não interessava investir em um carro que ameaçasse seus próprios produtos.

Porsche, novamente desempregado, voltou para a Alemanha. Reencontrou-se com seu amigo dos tempos da Daimler-Benz, Adolf Rosenberger, que o apoiou psicológica e materialmente na decisão de "parar de dar lucros aos outros". Na realidade, nem sequer havia mais "outros": nenhuma grande empresa queria saber dele, apesar de respeitá-lo tecnicamente.

Porsche iria estabelecer-se por conta própria. Iniciaria, pela primeira vez na vida, seu próprio negócio. Tinha problemas, ainda que temporários, de moradia, pois ao mudar-se para a Áustria, alugara sua confortável *villa* de Stuttgart para Hans Nibel, ex-colega na Daimler-Benz. Em meio a esse turbilhão, a dinastia Porsche ganhava uma promessa de continuidade. Louise Porsche dera à luz um homem, Ernst, o primeiro neto de Ferdinand.

CAPÍTULO 5
O ESCRITÓRIO DE PORSCHE

Um Natal esperançoso

Com a saída da Steyr, Porsche estava em dificuldades, mas, com sua imensa capacidade, poderia satisfazer qualquer tipo de cliente. Em 30 de agosto de 1930, vendeu um projeto de virabrequim para o motor Hesselman, que equipava o Steyr, desenhado por Josef Kales, o jovem engenheiro de 29 anos da fábrica.

Von Oertzen e Porsche em encontro com representantes do governo alemão.

No Natal de 1930, Ferdinand Porsche, Anton Piëch e Adolf Rosenberger decidiram começar uma nova empresa. O local seria na Kronenstrasse, em Stuttgart, que era, ao mesmo tempo, paradoxalmente esperançoso e temeroso. Rosenberger garantiria o aporte financeiro para que começassem os trabalhos. As ações seriam 70 por cento de Porsche, 15 por cento de Rosenberger e 15 por cento do doutor Piëch. Rosenberger entraria com dinheiro vivo. Nos primeiros meses, ele garantiu 3.000 marcos, o suficiente para arcar com o salário dos funcionários. Porsche não entraria com dinheiro, mas era incalculável o valor de sua experiência e prestígio.

O nome que a empresa ganhou, nos dias de hoje seria um desastre de marketing. Bem ao gosto alemão, ninguém poderia dizer que não era bem informativo: Doutor Honoris Causa em Engenharia Ferdinand Porsche Limitada, Escritório de Design para Motores, Automóveis, Aviões e Navios (Dr. Ing. h.c. F. Porsche GmbH Konstruktionen und Beratungen für Motoren und Fahrzeugbau).

Rosenberger deu a seus amigos mais um presente de Natal, além da sociedade na nova empresa. Reencontrou-se com um amigo prussiano, o barão Klaus-Detlev von Oertzen, de seus tempos da Luftwaffe (Força Aérea Alemã), durante a Primeira Guerra Mundial. O barão perguntou por Porsche e Rosenberger contou que iriam ser sócios em um escritório de consultoria. Coincidentemente, Von Oertzen era o diretor comecial de uma das mais respeitadas fábricas de automóveis da Alemanha: a Wanderer. Era brilhante em sua função, e diversificou os produtos da empresa: bicicletas, motocicletas, utensílios domésticos, máquinas de escrever e automóveis. Von Oertzen sonhava contratar Porsche desde que o temperamental engenheiro saíra da Austro-Daimler. A perspectiva de terceirizar o setor de projetos caía-lhe como uma luva. A Wanderer, prudente e conservadora, ouvia o aviso de Von Oertzen: sua sobrevivência dependia de carros maiores com projetos modernos.

A notícia era boa, mas não havia muito tempo para comemorações. Sintonizados com o espírito de Porsche, todos começaram a trabalhar para colocar o escritório para funcionar: uns desempacotaram seus pertences, outros montaram pranchetas, a cozinheira foi para a cozinha e a faxineira seguiu limpando tudo. O escritório não tinha encomendas firmes, apenas a promessa de Von Oertzen. Rosenberger delineou o desejo de seu amigo: um carro de 2 litros para a classe média. As ideias fervilhavam na cabeça daqueles homens, e Porsche adaptou seu último projeto para a Steyr, o Tipo 30, dando soluções avançadas para a época, como a suspensão independente e o comando de válvulas no cabeçote.

O escritório abre as portas

Em 25 de janeiro de 1931, fundou-se oficialmente o escritório. Ferdinand Porsche era o diretor-geral, Adolf Rosenberger cuidava da diretoria financeira e comercial, e Anton Piëch era o diretor jurídico. Porsche tinha uma qualidade afetuosa, paternal, que resvalava para o nepotismo. O primeiro empregado do escritório foi Ferry Porsche, então com 22 anos e despreparado para a função. Ferry jamais fora muito dedicado aos estudos formais e Porsche submeteu-o a um estágio intensivo com um engenheiro que perdera seu emprego na Steyr: Walter Boxan. Tinha

O escritório de Porsche

À esquerda: Rua da Coroação (Kronenstrasse), onde ficava o escritório Porsche. No centro: o cartão de visitas do novo escritório e a marcação dos andares. À direita: os jornais noticiaram o início do escritório Porsche.

diariamente aulas de matemática, física e de outras matérias de engenharia. Ferry também teve mentores práticos: Adolf Rosenberger e Wilhelm Sebastian.

Outros empregados de primeira hora foram dois primos de Ferry, Ghislaine e seu irmão Herbert. Eram filhos de Otto Kaes, irmão da esposa de Porsche, que vendera os gigantescos Lohner-Porsche de motor elétrico nos cubos de roda para empresas de transporte urbano e brigadas de incêndio. Além de Ferdinand Porsche, Karl Rabe e Adolf Rosenberger, quem teve importância fundamental na história da Porsche foi o advogado vienense doutor Anton Piëch.

Uma empresa em família

Anton Piëch usufruiu da predileção que Porsche tinha pela filha Louise. Gozava de prestígio na cultura europeia por exercer a carreira de direito e era bastante querido por Dorothea, a Dodo, namorada de Ferry. Ferry era muito apegado à sua irmã. Como acontece com os irmãos, havia relações muito estreitas de amor e ódio entre todos eles. Dodo se desentendia facilmente com o sogro, mas Piëch frequentemente acalmava os ânimos. Muito cedo, turbulências sérias aconteceram entre o casal Piëch. Segundo algumas fontes, Louise discordava de quase tudo que o marido fazia, e, dentro de casa, ele acabava fazendo apenas o que queria. O imutável interesse de Piëch em dinheiro talvez tenha contribuído para desatinos e ruína pessoal. De qualquer modo, diferenças de opinião eram sempre resolvidas com a autoridade de Porsche, e Anton Piëch sempre foi sinceramente dedicado ao sogro.

O clã dos Porsche, Anton parece ter sido a única pessoa a se filtrar ao Partido Nacional-Socialista austríaco por livre e espontânea vontade. Havia advogados para alguns dos homens violentos do partido, mais conhecido com Partido Nazista. Nazi é uma abreviatura retirada das sílabas fortes de duas primeiras palavras do termo em alemã, *Nationalsozialistische Deutsche Arbeiter Partei*.

Sem laços de sangue, a lealdade que um grupo considerável de pessoas dedicou a Porsche formou uma espécie de família em torno dele. Adolf Rosenberger seria beneficiado por esse modo de ser de Porsche. Uma das secretárias do escritório, Anne Junkert, viria a se casar com Rosenberger em 1950. Outra secretária, que servia a Anton Piëch, casou-se com outro empregado austríaco, Karl Abarth, tirolês de Merano que teve de fugir da Alemanha nacional-socialista jurado de morte pelo fato de ter se recusado a apoiar o Partido Nazista austríaco na época da anexação da Áustria à Alemanha.

Os primeiros projetos

Von Oertzen cumpriu sua palavra, um alívio para o escritório, que trabalhara nesse primeiro projeto nos quatro meses anteriores e sem contrato. Em março, projetos detalhados do motor, do chassi, da caixa de marchas e dos freios foram feitos na Wanderer para um carro denominado W21. Tinha seis cilindros, 1.692 cm³, válvulas no cabeçote e desenvolvia 35 cv. Era o Tipo 7 do escritório de Porsche. Ferry Porsche depois diria: "Começamos pelo número 7 para que ninguém soubesse que não tínhamos encomendas". O 7 ganhou, a seguir, um irmão maior, o W22 na denominação da Wanderer, de 1.950 cm³ e 40 cv, feito para competir com os Mercedes-Benz de 2 litros. Porsche, sempre interessado em modelos de luxo e alto desempenho, ofereceu depois para Von Oertzen um desenvolvimento do Tipo 7 com oito cilindros em linha, que deslocava 3,2 litros e foi denominado Tipo 8.

No escritório, o ritmo de trabalho era árduo, das 7 horas ao meio-dia, com duas horas de almoço, e depois das 14 às 22 horas. Aos sábados, das 9 horas às 13 horas e 30 minutos. Alguns, como Ghislaine, trabalhavam aos domingos também. Sendo quase todos católicos praticantes, pode-se avaliar o que isso significava. O pessoal se acotovelava no pequeno espaço quase todo ocupado pelas nove pranchetas. Ferdinand Porsche circulava, olhando por cima dos ombros dos projetistas, sem dizer nada. De repente, soltava: "*Quatsch! Noch einmal anfangen!*" ("Besteira, precisa começar tudo de novo!"). Trabalhar com Porsche e tolerar seus modos bruscos era só para os devotados.

No alto: um carro para a classe média, desenhado pela equipe Porsche para Von Oertzen. Embaixo: interior do salão de desenhos, uma miniatura especial 1938.

Porsche, que tinha uma queda toda especial por compressores, adotou-os para o Tipo 9. As linhas do carro seguiam as tendências francesas e americanas da época. Von Oertzen continuou ajudando, e encomendou a Porsche uma suspensão de semieixos oscilantes para o Horch. Nascia o Tipo 10. Em 25 de abril de 1931, o escritório instalou-se oficialmente, com um capital registrado de 3.000 marcos. Ferry Porsche, recém-chegado de um estágio de desenho técnico na Bosch, participou do projeto da caixa de direção do

Wanderer, um sistema de setor dentado e rosca sem-fim que seria depois utilizado no P-Wagen e no Volkswagen. Por vezes, acompanhava Rosenberger, a pedido de seu pai, nos contatos com a Wanderer. Acabaram desenvolvendo uma amizade que a guerra praticamente destruiria.

A linha básica da Komenda, depois adotada no Volkswagen.

Komenda e Tjaarda

Em novembro de 1931, um austríaco de 27 anos, cabelos bastos e baixa estatura foi admitido no escritório: Erwin Franz Komenda. Nascido em Spital, uma cidade do Tirol, perto de Merano, na Itália, região que iria abrigar a sede da casa Porsche nos difíceis tempos do pós-guerra, seu pai era operário em uma empresa de eletricidade – como Porsche havia sido – e percebeu que o filho poderia alçar voos maiores. Enviou-o para aprender o ofício de trabalhar em metais e aço na Steyr, com um estágio na construção de vagões no Museu de Tecnologia Manufatureira de Viena. Pela atenção aos detalhes, que chegava ao perfeccionismo, foi encaminhado à Fábrica de Carrocerias Vienense de Zeichner. Tornou-se um construtor de carrocerias de um modo que já estava ficando raro, em que a ênfase era na rigidez e na segurança estrutural.

Da esquerda para a direita: Komenda, Ferry e Porsche em 1949.

Voltou para a Steyr, como jovem especialista em carrocerias e recebeu Ferdinand Porsche quando ele acabou indo para lá em 1929. Ligou-se imediatamente a Porsche, mas não foi admitido no escritório. Saiu da Steyr direto para a Daimler-Benz, ascendendo à posição de subchefia da construção em série de carrocerias. Naquela época a construção em série na Europa diferia das práticas dos Estados Unidos, sendo feita em nível artesanal. Só em 1931 foi admitido como especialista em estruturas de carroceria do escritório para equipar o Wanderer Tipo 8 com uma carroceria aerodinâmica.

Komenda faria parte da cúpula da casa Porsche até o lançamento do 911, mais de dez anos depois do falecimento do doutor Porsche. Komenda foi mais um mentor de Ferry Porsche – além de Boxan, Rosenberger, Sebastian e Rabe – e, depois da guerra, ensinou técnicas de produção de carrocerias para Ferdinand Alexander "Butzi" Porsche, um dos filhos de Ferry. Entretanto, acabaria se desentendendo com os dois.

Além das influências de pessoas da Inglaterra, dos Estados Unidos, da França, da Itália e da Tchecoslováquia no trabalho de Porsche, agora um holandês radicado nos Estados Unidos iria dar sua contribuição: John Tjaarda. Um dos mais criativos estilistas da história do automóvel e mais um cuja competência técnica sobrepujou a comercial ou política,

John Tjaarda.

seu filho, Tom Tjaarda, acabou sendo responsável pelo De Tomaso Pantera e pelo Fiat 124 Spider, entre muitos outros projetos.

John Tjaarda nasceu em 1903 na Holanda, em uma fazenda chamada Tjaarda van Sterkenborg, em Friesland do Norte. Formou-se em arquitetura, fazendo pós-graduação na Inglaterra. Foi piloto e instrutor na Força Aérea Holandesa, trabalhando na hoje extinta, mas na época respeitada, Fokker. Aventureiro, emigrou em 1923 para Los Angeles, para desenhar automóveis, e de lá foi a Rochester, no estado de Nova York, um centro industrial de autopeças e ferramentas. Admitido na Locke and Company, desenhou carrocerias especiais para Stutz, Chrysler, Pierce-Arrow, Packard, Hispano-Suiza e Duesenberg, nas quais colaborou também no desenho de chassis. De volta, em 1926, iniciou uma busca pelo "carro ideal": motor traseiro "para abolir o calor, sons, gases e odores". Montado sobre uma forquilha, à frente do eixo, em chassi de tubo central e suspensão independente, com carroceria convencional. Chamou o projeto de Sterkenburg.

O Sterkenburg 1931 para o qual Tjaarda adotou transmissão semi automática e o conceito aerodinâmico tridimensional de Paul Jaray. O carro ganhou o segundo lugar no concurso Auto Carrosserie, em Paris.

Para se ter uma ideia de seu pioneirismo, demoraria ainda dois anos para que Porsche, instigado por Rosenberger, sugerisse a dotação de motor traseiro para o pequeno carro que desenhou para a Daimler-Benz. Cinco anos depois, em 1932, Hans Ledwinka criou um protótipo de motor traseiro, com carroceria convencional, em desenvolvimentos independentes, ambos influenciados por Rumpler. Harley Earl, então o mais prestigiado estilista de automóveis, com um bom "olho" para colaboradores talentosos, admitiu em 1930 Tjaarda para seu departamento, o Art and Colour Study, da General Motors. Tjaarda ofereceu-lhe o Sterkenburg, mas Earl achou-o excessivamente radical para a GM.

Ainda que restrito a ilustrações e modelos em escala, seus desenhos precediam em alguns anos modelos que depois seriam feitos por Hans Ledwinka e Porsche, mostrando um vínculo mais palpável entre as ideias de Tjaarda e desses construtores.

Briggs: um dos maiores nomes da carroceria monobloco. Hoje esquecido, deu uma mão a John Tjaarda.

Uma série de detalhes mecânicos, todos de Tjaarda, como a colocação central do motor, parecem ter vindo das ideias de Rumpler e Ganz. Outros, como as rodas fixadas diretamente no tambor de freio, são originais e realmente precederam o Volkswagen. O carro tinha ainda carroceria monobloco e um inovador radiador circular. Novamente, Tjaarda não conseguiu convencer Duesenberg e nem a GM a fabricar o Sterkenburg, mas, persistente, procurou a enorme fábrica de carrocerias Briggs.

William Briggs talvez tenha sido o mais importante pioneiro da construção de carrocerias de automóvel. Estabeleceu princípios de estrutura e fabricação em aço estampado que são usados até hoje. Fabricava carros inteiros para GM, Chrysler, Packard, Ford, entre outras. Briggs contratou John Tjaarda para recuperar suas boas relações com a Ford. No final de 1931, Edsel Ford, o educado filho do rude Henry Ford, se entusiasmou com as maquetes do Sterkenburg e iniciou longa amizade com Tjaarda, mas longe dos olhos de seu pai, um homem turrão e reacionário, que infernizava a vida do talentoso e suave Edsel. O projeto virou um protótipo: linhas suaves, cheias de curvas compostas, assumindo o formato de gota, com 3,15 metros de distância entre-eixos, motor Ford V-8 traseiro de 80 cv e pequena barbatana dorsal. Atingiria 165 km/h, algo jamais obtido com essa potência, além de possuir suspensão independente, quatro portas que abriam no sentido "suicida", interior *art déco*, bancos com estruturas tubulares que lembravam a mobília Bauhaus, inteiriços, aproximando-o mais do Voiture Minimum de Le Corbusier, com exceção do tamanho, tipicamente americano. Também vinha equipado com rodas cromadas, faróis em formato de projétil, como depois apareceram nos carros da GM, e janelas traseiras em forma de escotilha de navio. Resultados: visibilidade traseira muito ruim, problema solucionado com pequenos periscópios no teto (e a aparência de um enorme Volkswagen como o conhecemos hoje). Durante a época da exibição desse protótipo, Porsche afirmou: "Este é o único engenheiro norte-americano que merece respeito", opinião compartilhada por Ledwinka, Mathis e outros europeus.

Testes de protótipos

No final de 1931, começaram os testes dos protótipos do Tipo 7, construídos em Chemnitz pela Wanderer. A carroceria foi feita pela Reutter, de Stuttgart, iniciando longa cooperação com Porsche. Em cinco meses, rodaram 100.000 km sob a direção de Ferry Porsche. Apesar de jovem e pouco experiente, saiu-se bem. Naqueles tempos, o dinheiro era tão escasso que Rosenberger economizava combustível aproveitando as viagens de testes do Wanderer para trazer 50 marcos de Pforzheim a Stuttgart para pagar os salários.

Ferry se revelou um talentoso generalista, aprendendo a corrigir erros dos projetos originais e a se embrenhar nos aspectos comerciais, tutorado por Rosenberger. Participou de corridas de automóveis até ser proibido pelo pai de seguir uma carreira tão perigosa. "Só tenho um filho homem, mas muitos pilotos", teria dito. Von Oertzen não aproveitou os modelos Wanderer 8 e 9. Com a formação da Auto Union, apenas a Horch faria carros de luxo, e Audi e Wanderer cobririam o mercado de carros médios. Até 1939, Porsche usou o protótipo do Tipo 9 como transporte pessoal. O escritório continuou produzindo inúmeros projetos, mesmo sem contratos. Desafios de engenharia e corridas de automóvel estavam no sangue de Porsche, que desejava um carro de corridas que derrotasse todos os outros com o uso de novidades tecnológicas.

No alto: os 100.000 km em cinco meses de testes, sob direção de Ferry Porsche. Embaixo: o Wanderer 7 pronto.

CAPÍTULO 6
O CARRO POPULAR VOLTA À CENA

Interesse até então menor para Porsche, o carro popular volta à cena. Rosenberger argumentava que conseguir fazer um bom carro popular europeu seria o acontecimento mais importante da história do automóvel, como havia sido nos Estados Unidos, com o trabalho de Henry Ford, que ambos admiravam. Além do interesse comercial, Porsche queria soluções radicais de engenharia aeronáutica. A refrigeração a ar, advogada por Ganz, estava ali, bem à mão. Bastava usar sua experiência com o motor aeronáutico de 1912, e depois com a motocicleta Mercedes. Diferentemente de Ganz, não pensava em um motor boxer, mas sim em um radial de três cilindros, 1 litro, 25 cv, em um chassi de tubo central com duas plataformas de madeira. Porsche instruiu Komenda a miniaturizar o Wanderer 9.

O Tipo 12

Fritz Neumeyer era dono da Zündapp, grande fábrica de motocicletas. Não queria mais colocar seus ovos em uma cesta só e, como quase todos os grandes fabricantes de motocicletas, queria subir de categoria e explorar o filão dos carros

À esquerda: Josef Ganz em 1930.
À direita: Rosenberger, (com troféu na mão), no final dos anos 1920.

O carro popular volta à cena

À esquerda: o chassi tubular, as barras de torção e o motor radial do Tipo 12. No centro e à direita: o Porsche Tipo 12, encomendado pela Zündapp, ancestral do Volkswagen.

pequenos, inspirado no exemplo do DKW. A Alemanha, um país muito frio, era inadequado para motocicletas. Por isso o maior sonho de consumo das pessoas era ter um carro. Esportistas eram poucos, a esmagadora maioria usava a moto como meio de transporte barato. A pequena, porém notável, recuperação econômica da Alemanha no final da década de 1920 estava encolhendo o mercado de motocicletas e aumentando o de carros.

Fritz Neumeyer procurou Josef Ganz e o contratou para projetar seu carro. Rosenberger, bem-informado, viajou para Nuremberg e disse: "Senhor Neumayer, temos pronto o projeto de que o senhor precisa". Assim, celebraram um contrato. Em 1966, a *Güte Fahrt*, revista oficial da Volkswagen, entrevistou Adolf Rosenberger, que disse: "O carro possuía muitas das características que, mais amadurecidas, resultaram no Volkswagen. Já era dotado de uma carroceria monobloco, suspensão por barras de torção e motor traseiro. Todas as discussões sobre o desenvolvimento ocorreram entre o doutor Porsche e eu, e o que mais importou foi a influência do construtor-chefe, Karl Rabe".

Em janeiro de 1932, Porsche deu 90 dias a seus empregados para o preparo das plantas operacionais do Tipo 12, que deveria ficar pronto em abril. Três protótipos foram feitos, um deles conversível. Levados para Nuremberg, Neumeyer chamou-os de Volksauto. O carro pesava 900 kg, tinha distância entre-eixos de 2,5 m, 26 cv, 1,2 litro de cilindrada e um depósito de problemas: após 10 km, o óleo do motor entrava em ebulição e os pistões fundiam nos cilindros. Melhoras rápidas no sistema de refrigeração resolveram o problema, mas logo surgiu outro, as engrenagens da transmissão se desmanchavam. Em novo teste, produziu um ruído que parecia um tiro de rifle, e um dos lados do carro cedeu: as barras de torção se quebraram. Conclusão: faltava desenvolvimento metalúrgico.

Neumeyer insistiu com Porsche para que o motor tivesse cinco e não três cilindros, discordou da refrigeração a ar, a seu ver excessivamente barulhenta. Surpreendentemente, Porsche fez o gosto do freguês sem brigas e pediu a Josef Kales que desenhasse o motor radial, em forma de estrela, de cinco cilindros. O cinco-cilindros criava um problema de espaço, mas Porsche inclinou o motor para a frente, solução que seria adotada pouco tempo depois no Volkswagen definitivo. Na época, Ferdinand Porsche estava com 56 anos. Teria ele amadurecido ou ficado assustado com as portas que estavam se fechando para ele ao manter suas rígidas posições?

Neumeyer pagou 85.000 marcos ao escritório de Porsche e desistiu de financiar um projeto tão complicado e caro. Ironicamente, o Tipo 12 provou ser um carro confiável. Um deles permaneceu em uso contínuo para o escritório de Porsche até 1944, quando um bombardeio aliado o destruiu. Os dois outros protótipos desapareceram sem deixar vestígio.

O Standard Superior: motor traseiro arrefecido a ar.

Ganz gozava de uma condição financeira mais favorável que a de Porsche. Tinha um bom emprego em outra empresa motociclística, a Adler. Embora não tenha trabalhado com Neumeyer, outra indústria se interessou por seu projeto, a empresa fundada por Wilhelm Gutbrod. Ex-torneiro mecânico e ferramenteiro da Bosch, posteriormente diretor da Karl Kälble, uma fábrica de rolos compressores que ainda hoje faz caminhões e máquinas de construção civil, Gutbrod trabalhou arduamente. Juntou-se à fábrica de motocicletas Klotz, em Stuttgart, e três anos depois criou sua própria fábrica de motocicletas, a Standard Fahrzeugfabrik GmbH (Fábrica de Veículos Standard Ltda.), na região altamente industrializada de Ludwigsburg. Logo adquiriu uma fábrica de motocicletas na Suíça, a Zehnder.

À esquerda: havia versões esportivas do carro de Ganz. No centro: a primeira propaganda do Standard, em 1932. À direita: Kommisbrott da Gutbrod, logo transformado em bom veículo de trabalho.

Em 1930, Gutbrod fazia pequenos veículos comerciais. Aventurou-se a fazer um minicarro meio tosco, que logo recebeu o nome de Kommissbrot, nome de um pão típico do exército, cuja forma se parecia com a do carro. Em 1932, adquiriu o projeto de Ganz, que finalmente realizava seus projetos de mais de dez anos. Elementos que defendera por tanto tempo se materializaram sob o nome de Standard Superior Volkswagen, com opções de motor traseiro de 396 cm^3 e 12 cv ou 496 cm^3 e 16 cv, ambos de quatro tempos. Ágil e resistente, transportava duas pessoas. Um pequeno modelo esportivo completava a linha. O chassi era tubular, com túnel central e suspensão independente. Era um projeto menos ambicioso que o Porsche Tipo 12. Foi o primeiro carro a usar a designação Volkswagen (carro do povo, em alemão), criada por Ganz como marca registrada.

Plágio ou inspiração?

Porsche nunca deixou de ter contatos cordiais com Josef Ganz e com Hans Ledwinka. Historiadores como Paul Schilperoord, I. Margolious, J. Henry e um técnico famoso, Felix Wankel (o inventor do motor de pistão rotativo que leva seu nome), acusaram-no de plagiá-los. No entanto, ambos jamais fizeram, pessoalmente, tais acusações, e mantiveram Porsche em alta conta. Josef Ganz sempre guardou respeito pessoal por Porsche. Imigrou para a Suíça e depois para a Austrália, trabalhou na Holden, uma subsidiária da General Motors, e faleceu em 1961. Ledwinka passou alguns anos preso na Tchecoslováquia e morreu em Munique em 1956.

Ganz, no entanto, disse em duas entrevistas que outras pessoas do governo nazista teriam passado seus planos para Porsche, que não sabia sobre sua origem. Porsche deixou registrado algo sobre Ledwinka ao ser inquirido sobre as semelhanças de seus projetos: "Por vezes eu dava uma espiadinha sobre os ombros dele, e por vezes ele sobre os meus". O fato é que o projeto idealizado por Ganz era bem conhecido. Ele mesmo o divulgara na revista que editava, a *Motor-Kritik*.

Porsche, Elizabeth Junek e Hans Ledwinka, em Le Mans, 1926.

Outro fato é que Ledwinka estava preparando um novo Tatra, agora com motor traseiro, e uma carroceria muito semelhante à do Tipo 12 de Porsche. Como o Tatra saiu vários meses depois do Porsche Tipo 12, dificilmente Porsche o teria copiado. E também é fato que os projetos de Porsche para o pequeno Mercedes 120 H contemplavam motor traseiro e opção para refrigeração a ar, e isso em 1926, anos antes de Ledwinka. Um dos escritores que acreditam no plágio usou como "prova" uma foto do estacionamento da fábrica da Volkswagen, em Wolfsburg, em que aparece um Tatra 77, mas esse automóvel havia sido pilhado por um oficial do exército alemão e, na época da foto, era usado pelo major Ivan Hirst, um oficial inglês de ocupação que se apaixonara pelo carro e pela fábrica: foi seu primeiro dirigente de 1946 a 1948!

Pouco divulgado é o fato de Ferdinand Porsche estar muito influenciado pelo DKW. Deu preferência para o ciclo de dois tempos para o motor radial de três cilindros, o que beirava a teimosia. O motor boxer era a preferência de Karl Rabe e de Josef Kales. A equipe desenvolveu os dois, ambos com duas versões, de dois e quatro tempos. Porsche desejava uma suspensão mais simples e barata, e pensou que o caminho a seguir era o das barras de torção. Mas quem financiaria tal projeto?

A maior influência sobre Porsche: o DKW de dois tempos.

Alemanha conturbada e proposta soviética

Naquela época, parecia haver na Alemanha lugar para todo e qualquer experimento. Centenas de minicarros pretendiam conquistar o mercado de uma classe média empobrecida, pois davam mais conforto ao comprador que uma motocicleta, embora menos rendimento. Havia também um conturbado clima político. Até esse momento, porém os dedicados engenheiros e administradores do escritório Porsche pensavam em política apenas quando ela atrapalhava as questões financeiras, e continuavam trabalhando, tentando se isolar do ambiente turbulento.

Em maio de 1932, Porsche e Rosenberger se viram obrigados a diminuir em 20 por cento o salário de todos os empregados. Aconteceu, então, um dos vários episódios obscuros na história da Porsche, resultado de fatores sociais e individuais em tempos de totalitarismos. Havia uma colaboração secreta entre a União Soviética de Stálin e os militares alemães. Por motivos diferentes, a Alemanha e a União Soviética eram párias do mundo ocidental. Os alemães estavam proibidos de fazer exercícios militares, e os soviéticos eram boicotados comercialmente por terem espalhado o comunismo pelo mundo. Havia um casamento de interesses: militares alemães se exercitavam na URSS, e os soviéticos obtinham tecnologia. Do ponto de vista individual, Porsche tinha merecida fama civil e militar, com seus motores aeronáuticos, artilharia móvel e automóveis. Stálin, como todo ditador, ungia técnicos oficiais do país.

Três emissários de Stálin procuraram Porsche na Kronenstrasse. Rabe e Rosenberger tinham certeza de que desejavam o projeto de um trator. A União Soviética era um país agrícola, com milhões morrendo de fome, e o escritório de Porsche, por sua vez, estava em situação difícil, sem se beneficiar da melhora econômica da Alemanha, e faliria em poucos meses se nada fosse feito. Além disso, havia um limite para Rosenberger continuar investindo em um negócio que não lhe dava nem mesmo um pró-labore. Os três souberam que Stálin achava que a história de seu país era uma sucessão de batalhas sempre perdidas por causa do atraso tecnológico e decidira desenvolver um parque industrial moderno.

Rosenberger aconselhou Porsche a aceitar uma viagem oferecida por Stálin, e os dois, de trem, foram visitar Kiev, Kursk, Nijni-Novgorod e Odessa, assim como indústrias secretas além dos montes Urais. Apesar de ter destroncado uma perna, o que o colocou fora de ação por quase três semanas, Porsche viu fábricas de automóveis, tanques, tratores, aviões, metalúrgicas, fundições e turbinas hidrelétricas. Os técnicos soviéticos eram altamente sofisticados, com formação na Alemanha, na França e na Inglaterra, mas o maquinário era obsoleto, e a mão de obra primitiva.

Os anfitriões se desdobravam para seduzir Porsche. Ao perceber que ele não tomava vodca, apareceram no dia seguinte com uma caixa de cerveja, para que o engenheiro se sentisse em casa. Não queriam apenas projetos, mas a pessoa de Porsche. Além da cerveja, ofereceram-lhe poderes de ministro de Estado: seria responsável pela indústria automobilística, inclusive militar, e pelas usinas elétricas. As dificuldades econômicas teriam fim, pois os comunistas lhe ofereciam um remuneração invejável. O pacote incluía uma casa de veraneio na ensolarada Crimeia, carro particular com motorista, verbas ilimitadas para as pesquisas, com duas exceções: carros de corrida e carros populares. Apesar das duas proibições, Porsche ficou tentado. Havia outra proibição: teria passe livre apenas no território da União Soviética; nada de viagens, a não ser que o governo quisesse. Teria de cortar todos os seus contatos anteriores na Alemanha e na Europa, o que implicaria na mudança de toda sua família. Por falar em família, ela crescia mais uma vez: Louise e Anton Piëch recebiam outro rebento, dessa vez uma menina. Não houve muita dúvida quanto ao nome: dentro da tradição, chamou-se Louise, como a mãe.

Apesar de a oferta ser muito tentadora, Porsche não se intimidou e diria depois: "O trabalho na fábrica ia ser impossível. Dependeria de intérpretes. Eu estava muito velho (57 anos) para aprender outra língua. Recusei a mudança, mas não por razões políticas". Que efeitos tiveram essa viagem na mente de Porsche? Seu primeiro contato direto com ditadores já abria a perspectiva de se livrar de entraves financeiros. Estava empobrecendo, e seu futuro não era róseo. Ferdinand Porsche havia acessado segredos militares de um país que os novos líderes alemães viriam a considerar como o pior inimigo. Teria essa visita alguma importância em seu futuro na Alemanha?

Novos projetos do escritório Porsche

Depois do Tipo 12, não houve mais nenhuma encomenda para veículos completos. Enquanto era desenvolvido o Tipo 12, Fröhlich e Rabe entregavam mais uma encomenda feita por Von Oertzen: um overdrive, mecanismo para alongar as marchas, para o Wanderer Tipo 7, o que foi chamado de Tipo 14. Depois veio o Tipo 16, com motor de oito cilindros e 3,3 litros desenvolvido para a fábrica de caminhões Rohr. Os Tipos 18 e 19 tinham a mesma configuração mecânica e foram feitos para Gustav Hiller, que produzia automóveis, triciclos e caminhões da marca Phänomen desde 1907 (que se restringiu a caminhões a partir de 1927, foi nacionalizada depois da Segunda Guerra Mundial e durou até 1990). Encomendou a Porsche um motor para seus caminhões de 2,5 e 3,5 toneladas. A ideia de um motor radial dominava a mente de Porsche, que entregou duas versões de um cinco-cilindros de 3,5 litros arrefecido a ar.

Porsche sugeriu a Rabe, Zadnik e Fröhlich um sistema de direção mais preciso que os bamboleantes dispositivos acionados por varetas e alavancas disponíveis na época. Baseado no Tipo 7, o sistema de setor e sem-fim viria a equipar o P-Wagen, chamado de Tipo 22, e um dos protótipos do Volkswagen, que viria a ser o Tipo 32. Alfred Teves, que ficaria famoso após a Segunda Guerra Mundial por seus freios Ate, encomenda a Porsche uma suspensão de eixo traseiro rígido flutuante. Os projetistas se inspiraram no DKW e criaram o Tipo 21.

As encomendas continuavam: o Tipo 29 era um caminhão de seis rodas para a Phänomen. Voltando da França, Rosenberger iniciou negociações com a suspensão dianteira com barras de torção para um carro de classe média da Hanomag, concorrente do Wanderer, do Audi e do BMW, que teria forte semelhança estilística com o Volkswagen. O modelo só ficaria pronto em 1938 e foi chamado de Tipo 30.

Os carros de corrida

Em agosto de 1931, a equipe Porsche encontrou um refúgio para a intranquilidade financeira que vivia no sonho do potente carro de corrida. O escritório Porsche era um dos raros grupos no mundo que podia trabalhar nesse projeto. Por insistência de Rosenberger, que considerava o Benz Tropfenwagen o melhor carro que ele já pilotara, optaram pelo motor traseiro.

"Nosso Tipo 22 terá um motor invencível: dezesseis cilindros", resolveu Porsche. O chassi tubular tinha a mesma função que exercia nos carros populares: redução de peso e maior rigidez torcional. A casa Porsche foi pioneira no assunto e sempre se notabilizou pela preocupação de diminuir o peso dos carros. A suspensão traseira tinha semieixos oscilantes, na época considerado o melhor sistema.

 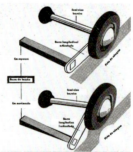

À esquerda: o primeiro chassi do Tipo 22.
À direita: projeto de Karl Rabe, cuja patente ficou em nome de Porsche.

Ninguém fazia a menor ideia de como e quem iria se interessar pelo ousado projeto. A esperança era que a economia melhorava. Rabe e Rosenberger chamaram um amigo para avaliar o projeto, o talentoso piloto austríaco Hans Stuck von Villiez, que ficou absolutamente entusiasmado. Os tempos pareciam melhorar. O Automóvel Clube da Alemanha (ADAC) resolveu conferir a Rosenberger o maior prêmio da agremiação, o Certificado de Ouro Esportivo ADAC, pelos seus méritos nas competições e pela contribuição ao automobilismo.

O Tipo 24 foi um projeto encomendado por Neumeyer, que pediu um triciclo leve para competir com o Framo e o Borgward. Em agosto de 1931, Porsche ficou tentado a usar o sistema de suspensão tradicional, com feixe de molas transversal, como no Tatra e no DKW, mas acabou voltando às barras de torção. A versão popular, influenciada pela propaganda, é que Porsche inventou esse sistema, mas isso não é verdade. As primeiras patentes vieram da França, de 1917 e 1919, associadas a feixes de molas, constituindo um sistema misto. A solução de Porsche favoreceu apenas a barra. Os franceses restringiram-se a planos, "sonhos de um engenheiro", como disse Ferry Porsche em seu primeiro livro de memórias. A patente do produto, do início de 1932, pertence a Karl Rabe, e não a Porsche. O projeto ficou conhecido como Tipo 26.

O Mathis era um carro francês convencional mas bem vendido, com a barra de torção Porsche. O desenho era de Karl Rabe.

Os bons contatos de Rosenberger conseguiram-lhe o terceiro pedido para um carro inteiro, o Tipo 27. Um próspero fabricante de Estrasburgo, Émile Mathis, fazia carros antiquados, resistentes e populares, mais vendidos até que o Renault em certas regiões. Porsche lhes deu inovação e criatividade. Pouco depois, houve o Tipo 31, a adaptação da suspensão dianteira do Hanomag para o Wanderer.

O projeto 32

Porsche, irrequieto, modificava constantemente os projetos. O de hoje já era ultrapassado; o de ontem, esquecido. Rosenberger apareceu na empresa com um pedido do segundo maior fabricante de motocicletas, a NSU, de Neckarsulm. Fritz von Falkenhayn sentiu-se estimulado com a melhoria da condição econômica promovida pelo ex-chanceler Heinrich Brüning. Tinha uma licença para fazer apenas carros da Fiat, o que permitia à NSU fabricar somente motocicletas, mas, secretamente, contratou o projeto com o escritório Porsche. Era setembro de 1932 e aquele seria o projeto Tipo 32. Rabe e Komenda desenvolveram alternativas para o extinto projeto 12, para compor o Tipo 32. Alguns historiadores acham que o número do projeto era uma referência ao ano 1932, embora correspondesse à numeração sequencial da Porsche.

O Tipo 32 foi o primeiro motor boxer de quatro cilindros arrefecido a ar do escritório, e foi inspirado no dois-cilindros aeronáutico de 1912 e nos projetos para a Mercedes. A tarefa foi dada a Josef Kales,

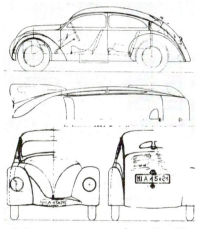

O Fusca começa a tomar forma: Tipo 32 para NSU.

Um conversível mais convencional foi fabricado pela Reutter: o segundo teste de Ferry Porsche para o escritório.

À esquerda: o conversível NSU 32, com carroceria Reutter, de design bem convencional para 1932. No centro: o motor NSU 1,5 de Kales. À direita: o interior do NSU 32, carro que inspirou o Volkswagen.

que fizera o projeto para o Ardie austríaco pouco tempo antes e foi afastado do motor do P-Wagen. Emergiu um "superquadrado", de diâmetro maior que o curso, o contrário da tendência da época (essa seria uma das principais características do futuro Volkswagen), o que permitia menos desgaste e evitava a necessidade de contrapesos no virabrequim, pois o equilíbrio era obtido pela própria disposição dos cilindros. O virabrequim era apoiado em três mancais e, na extremidade externa, uma polia com correia acionava um ventilador, forçando o ar em dutos de metal. Esse motor apresentava já um dos calcanhares de Aquiles do Fusca: o cilindro número três ficava sempre mal arrefecido. Com 1,47 litro, rendia 20 cv, e o carro pesava de 750 a 790 kg, conforme a carroceria. A distância entre-eixos era de 2,6 metros, bitola de 1,2 metro. Diferia do Zündapp no modo de fixação do motor e na transmissão: tinha uma forquilha aplicada ao tubo central igual à do Tatra, o que causaria um processo judicial anos depois. Foram feitos três protótipos, dois construídos em lona, como o DKW, pela Reutter. Uma versão de alto desempenho com oito cilindros não passou da fase de desenhos.

O Tipo 32 da NSU.

A suspensão por barras de torção beneficiava-se dos erros do Zündapp. Na frente, havia duas barras transversais em forma de feixe de lâminas, contidas cada uma por um tubo; barras traseiras transversais maciças eram ligadas a semieixos oscilantes. O historiador Arthur Railton julga questionável Porsche trabalhar em projetos parecidos para dois concorrentes, Zündapp e NSU, e não é possível saber se havia contrato de exclusividade (há pontos confusos e obscuros nessa história, com registros errôneos na historiografia oficial da Volkswagen e declarações contraditórias de Ferry Porsche e Von Falkenhayn).

Os dois motores compartilhavam a concepção aeronáutica, sendo do tipo radial no Zündapp e boxer no NSU. A diferença na carroceria deve-se às tendências da época. Não se pode saber, a não ser que surjam documentos ainda desconhecidos, se Porsche e Komenda se inspiraram em outros dois desenhos americanos. As semelhanças com o Volkswagen podem apenas indicar que pesquisadores diversos chegaram às mesmas so-

Na *villa* de Porsche, Feverbacher Weg: o Wanderer Tipo 9 com compressor, o NSU 32 e o Wanderer 22.

luções. Um dos projetos era de Vincent Bendix, um dos grandes inovadores da história do automóvel, que ficou famoso pelo sistema de freios, que fornecia para praticamente toda a indústria: 3,6 milhões de unidades de 1922 até 1928. Seu império abrangia os aviões Curtiss e os carburadores Stromberg. Um de seus diretores, Victor Kliesrath, que havia vendido a própria fábrica de servofreios para Bendix, sugeriu que fabricassem um carro que incorporasse todas as novidades da época. Alfred Ney fez a mecânica e Bill Ortwig, ex-empregado da Fisher Body, adotou a tração dianteira, câmbio semiautomático e formas quase idênticas às do Chrysler Airflow.

As mudanças estéticas do NSU em relação ao Zündapp podem estar relacionadas ao projeto do Bendix e do Chrysler, pois de julho a dezembro de 1932 o engenheiro Breer convocou Fred Zeder e Owen Skelton para ultimar o Airflow, que logo entraria em produção. Em princípio, o projeto Airflow era secreto, feito em outro continente. Em 1934, Bendix apresentou seu protótipo para a Alvis e para a Rolls-Royce na Inglaterra; para a Citroën, a Renault e a Bugatti na França; e ainda para a Alfa Romeo na Itália. Citroën foi quem mais se interessou, apesar de estar trabalhando com tração dianteira – ou por causa disso. Parece praticamente impossível que Porsche, por intermédio de Rosenberger, não tenha tido notícias do carro.

Protótipo criado por Vincente Bendix, semelhante aos projetos de Tjaarda, Ledwinka e Porsche.

Um sonho vira realidade

Em outubro de 1932, a Comissão Desportiva Internacional (CSI) da Federação Internacional do Automóvel (FIA), sediada em Paris, reformulou os regulamentos técnicos para os carros de corrida: peso máximo de 750 kg, sem limite de potência ou restrições a métodos de obtê-la. Ou seja, compressores eram permitidos. A nova regra deveria entrar em vigência em 1934, tempo mínimo de desenvolvimento de projetos. Parecia feita de encomenda para o Tipo 22, de 1931. Houve reunião extra na Kronenstrasse até tarde da noite, com Rosenberger, Porsche, Kales e Rabe, para concluir o plano.

Rosenberger procurou Von Oertzen e, em junho de 1932, havia sido criada a Auto Union. Von Oertzen se interessou, mas não sabia se poderia custeá-lo. A Auto Union era uma junção de quatro fábricas, duas delas quase falidas – Horch e Audi – uma em estado complicado – a DKW – e apenas uma rentável pelos negócios extra-automobilísticos – a Wanderer. Rosenberger e Ferdinand Porsche viajaram muitas vezes para Chemnitz. A juventude, os modos sorridentes e a disposição de Von Oertzen não eram muito apreciados por Richard Bruhn, presidente da Auto Union, mas ele obteve apoio de Carl Hahn, chefe de vendas.

Finalmente, havia um contrato suficiente para custear os trabalhos no escritório de Porsche, mas não se sabia se, e quando, o carro seria construído. Na opinião de Peter Kirchberg, historiador oficial da Auto Union, o sucesso se deveu, uma vez mais, a Rosenberger e à sua amizade com Von Oertzen. A decisão foi feita, como de costume, no sofisticado Rotary Club de Berlim, que os dois frequentavam. Em outubro, apareceu um documento, que só foi divulgado no Salão do Automóvel de Paris, no qual o

Rosenberger (quarto à direita) e alguns amigos esportistas, inclusive Caracciola (segundo à direita).

diretor-geral da Wanderer, Wilhelm Klee, dava oficialmente uma missão para Porsche: construir o Wanderer Rennwagens (carro de corrida Wanderer, em alemão). O protocolo assinado em 15 de novembro de 1932 ditava um "motor de dezesseis cilindros em V, de 4,4 litros, com compressor Roots", descrito em termos matemáticos por meio de uma planilha de cálculos de Karl Rabe. O Tipo 22 teria dezesseis cilindros em duas bancadas de oito, separadas em um ângulo de 45 graus, que poderia produzir 300 cv a 4.500 rpm, com ampla margem de desenvolvimento. Teria velocidade máxima teórica de 300 km/h, diâmetro dos cilindros e curso dos pistões de 68 x 75 mm, cilindrada de 4.358 cm³, taxa de compressão de 7:1. Komenda projetou a carroceria do carro, minimalista, com reduzida área frontal.

O P-wagen já concluído (1937-1938).

Os nazis em ação

Entrementes, a "histeria" (como via Ferry Porsche) voltava a tomar conta das ruas e das mentes alemãs, como em 1930, quando o escritório havia sido fundado. Como tudo na Alemanha naqueles dias, o escritório de Porsche não ficou imune ao incessante e bem-sucedido trabalho do Partido Nacional-Socialista e de seu líder, Adolf Hitler, e colaboradores. Criaram uma complexa mistura de terror, com promessas de felicidade eterna para a população empobrecida. Ofereceram liderança forte pela violência, explorando o temor dos capitalistas e cristãos frente a uma revolução comunista e o tradicional antissemitismo do povo alemão, presente também em toda a Europa.

O doutor Anton Piëch e o barão Von Oertzen, simpatizantes do Partido Nazista, não endossavam boa parte de suas ações políticas. Minimizavam a violência, considerando-a medida eleitoreira fugaz. Von Oertzen, amigo pessoal de Rudolf Hess, o auxiliar mais importante de Hitler, participara do apoio financeiro de parte dos industriais ao Partido

Adof Hitler (em primeiro plano, segundo à esquerda) com amigos não esportistas.

Nacional-Socialista. Adolf Rosenberger, que era judeu, se preocupou: intensificava-se nas ruas o perigo de agressão por gangues de crime político organizadas contra minorias. Se Hitler chegasse ao poder, teria de vender sua parte no escritório. Os três diretores, Rosenberger, Porsche e Piëch, decidiram constituir uma nova empresa, independente do escritório de consultoria, na qual Rosenberger seria um sócio oculto: não constaria, por escrito, da Companhia de Construção de Veículos de Alto Desempenho Ltda.

Porsche não participava de política partidária, pois desconfiava dos políticos. Por via das dúvidas, os trabalhos com o Tipo 32 prosseguiam. Toda a parte mecânica era usinada na moderna fábrica de Falkenhayn. Em dezembro, três protótipos – um conversível e dois sedãs – estavam rodando. Persistiam as quebras nas barras de torção, o carro era menos ágil do que se esperava, com refrigeração a ar, extremamente ruidosa, além de ter preço de carro médio, e não de popular. Falkenhayn, com certo humor, dizia que o barulho do motor parecia o de uma britadeira quebrada e cancelou o projeto.

O nobre alemão arranjara um processo legal por quebra de acordo com a Fiat: a NSU podia fabricar motocicletas a seu bel-prazer, mas carros apenas sob licença de Turim (posteriormente, a Volkswagen e a Porsche divulgariam que Falkenhayn teria "se esquecido" dessa cláusula, mas o historiador Arthur Railton acha impossível a hipótese do esquecimento numa indústria desse porte, em um país em que documentos legais possuem detalhamentos por vezes cansativos).

Mais uma vez, Porsche se frustrou quanto a um carro popular. Depois de dois Natais que pareciam ruins e ficaram bons, um Natal que parecia bom ficou ruim, sem dinheiro ou grandes contratos, em um ambiente político dos mais conturbados, e, para piorar, com dúvidas sobre a continuidade da participação do financiador, Rosenberger. Ferry Porsche escreveu: "Isso era muito natural, pois Rosenberger, como judeu, sabia o que lhe estava reservado". Porsche e Piëch não tinham como pagar os 15 por cento de Rosenberger, cujo pró-labore era de 1.000 marcos por mês, retorno ínfimo para o aporte que fizera. Precisavam continuar injetando dinheiro na empresa: o pagamento da Zündapp, 85.000 marcos, havia sido gasto, em boa parte, na construção dos protótipos, que acabaram se tornando propriedade de Porsche.

Karl Rabe trouxe a solução: um amigo em comum de Porsche e Rosenberger, o barão Hans von Veyder-Malberg, entraria no lugar de Rosenberger, que sairia de cena. O barão assumiria a diretoria comercial apenas como fachada. Em dezembro de 1932, o contrato social da empresa foi modificado, e Rosenberger continuou atuando como diretor "de fato". Bastante temerosos, os funcionários da casa Porsche só podiam, como todo o povo, aguardar.

CAPÍTULO 7
SOB A SOMBRA DE HITLER

A partir desse momento, a história de Porsche e de suas obras mais populares, o Volkswagen e o Porsche, tornou-se intimamente ligada à conjuntura política da época, de uma forma ainda maior do que ocorre com outras invenções e indústrias.

Ao acompanhar as notícias que chegavam por um rádio instalado no escritório de Porsche, Rosenberger ficou muito temeroso, assim como a família Porsche. De acordo com Karl Ludvigsen, o maior historiador da Porsche, Hitler tinha grande obsessão por automóveis, sempre arranjando tempo para ler revistas sobre o assunto, e não perdia um Salão do Automóvel ou uma corrida. Um dos seus primeiros atos como chanceler foi visitar o Salão do Automóvel de Berlim, inaugurado em 11 de fevereiro de 1933, onde fez o discurso de abertura no lugar do presidente, oportunidade que usou para apresentar ao público sua plataforma política.

Hitler proferiu sobre um palanque improvisado um discurso surpreendente, lúcido e ainda isento de antissemitismo, anunciando que sua primeira meta seria reviver a arruinada economia alemã e estimular a venda e a circulação de automóveis. As medidas adotadas para tal objetivo seriam a isenção de impostos sobre a fabricação e a circulação de veículos; a continuidade da construção de um sistema de autoestradas, projeto iniciado na República de Weimar sob a direção de Fritz Todt; e a subvenção ao desenvolvimento de carros de corrida. Nesse discurso, nada foi dito sobre um carro para o povo.

O chanceler só aparece em roupas civis; a foto reproduz sua ascensão ao poder, junto com o presidente Hindenburg.

Terminado o discurso, a impressão geral sobre Hitler era positiva: tinha chegado seu salvador, pensou boa parte do povo, inclusive os principais integrantes do escritório de consultoria de Porsche. No Salão do Automóvel de Berlim, Hitler estendeu a mão ao capital e à iniciativa privada, até mesmo com verbas estatais para carros de corrida, e o escritório de Porsche já tinham um, prontinho. Mesmo Rosenberger pensou que poderia trabalhar em paz. Nesse mesmo salão, a Standard lançou o Standard Superior Volkswagen, a realização do sonho de Josef Ganz. Nesse mesmo evento, Hitler conversou com Hans Ledwinka no estande da Tatra e elogiou o Tatra 11, dizendo: "Este é o carro para minhas estradas".

Rosenberger deixa o escritório de Porsche

No alto: Hitler cumprimentando Caracciola, o grande corredor. Embaixo: Rosenberger, campeão em sua época, acabou esquecido.

Além de prometer apoio à indústria automobilística e a extinção de impostos, em poucos meses Hitler centralizou e estatizou o controle da atividade esportiva em um departamento, a ONS – Oberste Nationale Sportbehörde (Autoridade Suprema de Esportes), que tinha como subdepartamento o NSKK – National Sozialistisches Kraftfahrer Korps (Corpo Nacional-Socialista de Pilotos), que organizava corridas de automóveis e motocicletas.

Konrad Hühnlein, chefe do NSKK, ordenou que a fotografia e o nome de Rosenberger fossem apagados das listas de homenagens, registros de corridas e funções exercidas. Porsche sabia que o regime nacional-socialista espoliava seu amigo Rosenberger, apagando sua fama e retirando-lhe o direito de trabalhar.

Rosenberger decidiu então abandonar a sociedade com Porsche, mas antes passou sua experiência e seus contatos ao novo diretor financeiro, Von Veyder-Malberg, que saberia ser-lhe grato. A relação amigável de Porsche com Rosenberger continuou, mas o futuro do escritório de consultoria seria inviável se Rosenberger continuasse sócio: sofreria boicotes, seria proibido de obter novos contratos e créditos – apenas para começar. Seria o fim do subsídio oficial que Hitler prometera, poucas semanas antes, para construir o revolucionário carro de corrida de dezesseis cilindros.

Sem dinheiro, Porsche e Piëch não puderam comprar as ações de Rosenberger, mas lhe ofereceram a representação para a venda dos produtos do escritório no estrangeiro. Porsche assumiu um risco considerável, mas parecia desconhecer a magnitude do problema.

O encontro entre o engenheiro e o político

Através de seu amigo dos tempos da aeronáutica, Rudolf Hess, então o número dois na hierarquia nacional-socialista, Von Oertzen, diretor da Auto Union, conseguiu uma reunião com Hitler no Hotel Kaiserhof, então seu quartel-general, e levou Porsche consigo.

Durante a reunião, tanto Porsche como Von Oertzen provocaram antipatia e indisposição em Hitler, que preferia ser chamado de "meu líder" (*mein Führer*).

Hitler ouviu impacientemente o pedido de subsídio e no início se negou a concedê-lo, dizendo que a Alemanha estava muito bem representada pela Mercedes-Benz e que a Auto Union acabara de ser fundada e não tinha condições econômicas ou técnicas comparáveis às da Mercedes.

Von Oertzen insistiu, baseado na insegurança e ambivalência de Hitler nas decisões, dizendo que a condição pré-falimentar não era só da Auto Union, mas de toda a indústria. Sendo um nacional-socialista convicto e colaborador financeiro do partido,

Em primeiro plano: Stuck e Porshe.

sentiu-se à vontade para utilizar também a história do Partido Nazista, que um dia quase havia sido extinto e conseguira se reerguer. Essa argumentação só irritou o futuro ditador, que a custo se conteve. Von Oertzen prosseguiu, dizendo que fora justamente Ferdinand Porsche quem fizera todos os Mercedes vitoriosos e que a Daimler ia apenas melhorar os projetos de Porsche, sem a capacidade de criação.

Nesse momento, Porsche aproveitou a deixa de Von Oertzen e desviou o assunto para questões técnicas, ciente do fascínio de Hitler por automóveis e engenharia, demonstrado no início da reunião. Porsche passou a descrever o P-Wagen, satisfazendo-o. Disse Ferry Porsche:

> Meu pai já tinha a ideia de construir um carro de corrida alemão capaz de ganhar reconhecimento e superioridade internacionais. Seguiu uma linha de raciocínio lógico, sem nunca perder de vista a motivação política de Hitler. Meu pai argumentou que, do ponto de vista de prestígio político, poucas conquistas que apelassem aos instintos esportivos das pessoas, no mundo inteiro, levariam a nova ideologia alemã para o exterior.

Era essa justamente a ideia inicial de Hitler, de modo que não se pode saber se Porsche de fato o aconselhou nesse ponto. Pareciam pensar do mesmo modo. Prossegue Ferry Porsche:

[...] ainda que meu pai nunca tenha tido o menor interesse em política, pois preocupava-se apenas com automóveis e engenharia, sua aposta deu certo. Muitos anos depois (no final dos anos 1960) o mundo prendeu a respiração para ver quem ia colocar pela primeira vez uma pessoa na Lua – os Estados Unidos ou a União Soviética. Por que isso era tão importante? Porque o público de algum modo identificava a ideologia política dos Estados Unidos com sua engenharia sofisticada. O melhor regime político (democracia, livre-iniciativa etc.) teria o melhor know-how técnico. E, na mente confusa das massas, as coisas não mudaram muito desde os tempos de meu pai. O país que produzisse o carro de corrida mais rápido, mais eficiente e mais impressionante também teria o sistema político superior – naquela época, o nazismo. O absurdo desse tipo de raciocínio é digno de dar risada, mas a Alemanha hitlerista amarrou essas duas coisas e assim nos ajudou a realizar um objetivo automobilístico puramente técnico, com o qual sonháramos durante anos.

No entanto, embora pareçam sábias, as considerações acima foram feitas por um Ferry Porsche maduro. Não é possível, pelas fontes atualmente disponíveis, saber qual a hipótese verdadeira. Seriam os Porsche ingênuos a ponto de não enxergar o uso ideológico de um invento científico? Ou para eles importavam os fins e não os meios? Fariam parte do grupo que pensava poder usar Hitler para suas finalidades financeiras? Apoiavam a ideologia nazista? Achavam que aquilo era apenas um fenômeno passageiro, para sanear o ambiente degradado politicamente e corrupto de então? De qualquer modo, parece que estavam cegos para as implicações desse encontro, pensando estarem envolvidos apenas em assuntos técnicos. O que sabemos é que o contrato estava garantido: Hitler resolveu dar dois terços da verba de 600.000 marcos para a Mercedes e um terço para a Auto Union. Porsche e Hitler se despediram como dois bons amigos.

Logo depois, Hitler percebeu, no Salão do Automóvel de Berlim, o interesse do público pelas empresas que ofereciam carros populares. Nenhum documento mostra que ele tenha tido esse interesse antes. Durante uma conversa entre Hitler, Hjalmar Schacht, Göring, Jakob Werlin e Hühnlein, na qual levantaram todos os engenheiros disponíveis para a futura idealização do carro do povo, foi decidido que Porsche seria o escolhido, em detrimento de Wilhelm von Opel, Hans Ledwinka, Edmund Rumpler e Josef Ganz.

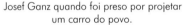

Josef Ganz quando foi preso por projetar um carro do povo.

Quem indicou Ferdinand Porsche para tal posição foi Werlin, que era bem informado sobre automóveis e sabia que ele tinha projetado recentemente dois carros populares, para os senhores Neumeyer e Von Falkenhayn.

Werlin mantinha um relacionamento amigável com Porsche desde os tempos em que havia sido vendedor da Mercedes-Benz. Hopfinger, um dos primeiros historiadores da Volkswagen, diz que Werlin sempre ficou a favor de Porsche nas encrencas com a diretoria da Daimler-Benz. Ambos haviam saído de lá em condições traumáticas: Porsche tivera seu contrato cancelado e, segundo os historiadores Railton e Nelson, Werlin fora despedido por suspeita de corrupção. Ferry Porsche afirma que a razão da demissão seria sua íntima ligação com Hitler, algo malvisto em certos meios até 1933. O que é unânime entre todos os historiadores é que Werlin foi apressadamente recontratado e promovido a membro da diretoria da Mercedes assim que Hitler foi nomeado chanceler.

Werlin e Hitler conversaram sobre um modo de novamente trazer Porsche à sua presença. Nesse período, Rosenberger trabalhava para o escritório de Porsche na França, na Inglaterra e na Itália. Depois do Tipo 32 (NSU), o único negócio que surgiu foi a venda de uma suspensão dianteira completa, de barras de torção, o Tipo 33, para a Morris inglesa. Alec Issigonis, um talentoso projetista nascido na Turquia, que a utilizaria anos depois no Morris Minor, queria também dotá-lo de um motor boxer. Fechou também um negócio com a Fiat: um sistema de direção igual ao do P-Wagen. É o Tipo 34. E pouco depois criou um Phänomen (Tipo 29) adaptado para todos os terrenos (Tipo 39).

Porsche circulou intensamente nas pranchetas onde o dezesseis-cilindros de competição foi tomando forma. Era muito complexo, com dezenas de tuchos, virabrequim roletado, balancins e materiais leves: tudo tinha que ser projetado a partir do zero.

No dia 16 de setembro de 1933, Werlin visitou Porsche, depois de cinco anos sem contato, desde sua expulsão da Daimler-Benz. Porsche, surpreso, ficou sabendo que Werlin voltara para a empresa que o demitira como membro do conselho diretor e suspeitou que Werlin viera espionar o carro de corrida a serviço da Daimler-Benz. O verdadeiro objetivo de Werlin era apenas falar sobre o carro popular. Porsche mostrou-lhe o Zündapp e o NSU, que acabara de ficar pronto. Um Jakob Werlin entusiasmado elogiou a disposição do novo chanceler de incentivar a motorização na Alemanha. Werlin não era espião da Daimler-Benz. Era emissário de Hitler.

Volkswagen, ideia de Hitler?

Apenas uma semana depois, Porsche foi convocado por Werlin para ir a Berlim, outra vez no Hotel Kaiserhof, o mesmo que Hitler usava como quartel-general. Werlin começou a conversa dando alguns detalhes do carro da Auto Union – para surpresa de Porsche, pois o projeto era secreto. Poucas pessoas fora do escritório sabiam do P-Wagen: funcionários da Auto Union, rival da Mercedes, e Hitler e seus colaboradores. Quem, entre esses, poderia ter revelado os dados? Porsche sabia que Werlin era nacional-socialista, mas não sabia da profundidade da sua ligação com Hitler, nem que o intuito da reunião no hotel era apenas levá-lo secretamente à presença do chanceler.

Frente do Hotel Kaiserhoff, após bombardeio dos russos: símbolo da destruição em Berlim.

Teatralmente, Werlin saiu do aposento por uma porta e Hitler adentrou imediatamente por outra, feliz por falar novamente com Porsche, a quem admirava tanto. A conversa fluiu fácil, pois ambos tinham o mesmo sotaque, austríaco. Após cumprimentos afáveis, Hitler informou a Porsche seus planos para um carro popular alemão: motor traseiro, arrefecido a ar, três cilindros, radial, a gasolina ou a diesel, velocidade de cruzeiro de 100 km/h e quatro lugares. Hitler teria dito: "Não podemos separar os pais dos seus filhos".

Todas as versões indicam que Werlin havia passado para Hitler as linhas mestras do projeto do escritório de Porsche. No monólogo que Hitler fez a Porsche – era melhor evitar qualquer conversa, à luz dos resultados da reunião anterior – o chanceler apresentou as mesmas ideias como sendo suas. Acrescentou alguns dados absolutamente comuns nas revistas de automóveis da época, onde o assunto do dia, e verdadeira obsessão, era o carro popular, como aponta o historiador Chris Barber.

Após ditar suas ordens a Porsche, Hitler deu aquela que pode ser vista como sua única contribuição original: "Herr Porsche! Submeta-me um dossiê. Eu farei com que o nosso carro do povo seja fabricado. Pode fazê-lo a qualquer preço, Herr Porsche, contanto que seja abaixo de 1.000 marcos!" Hitler copiava Henry Ford, seu ídolo, que um dia exclamara que seus carros podiam ser de qualquer cor, contanto que fossem pretos. Porsche ficou perplexo com o preço fixado, mas permaneceu em silêncio. O Tipo 32, da NSU, seria vendido por 2.200 marcos. Hitler deu por terminada a entrevista e saiu com sua comitiva, os guarda-costas da SS.

Talvez esse encontro com Porsche tenha dado origem ao mito de que Hitler teria inventado o Volkswagen. Algumas versões dizem que Porsche se sentiu adulado. Teria Porsche ficado magnetizado com o chanceler? Ou com a honra de ser procurado por um político tão poderoso? Ferry Porsche, normalmente crítico, parece ter permanecido magnetizado até pelo menos a década de 1970.

Tipo 45

Rosenberger voltou a viajar e trouxe um contrato com a Citroën para fornecer um desenho completo de suspensão para os novíssimos Citroën 11 e 15. Era o Tipo 45. O escritório projetou barras de torção para a Standard inglesa, nunca comercializada, para o Volvo e para o Triumph Tipo 46, 47 e 50. A relação Porsche-Citroën é importante para a história. André Citroën importou os métodos de Henry Ford para criar o pri-

À esquerda: O método de Ford importado para a Europa – o Citroën Tipo A. À direita: André Citroën.

À esquerda: o Porsche Tipo 52. À direita: o Citroen na década de 1930.

meiro carro de produção em massa da Europa e adotou de corpo e alma as estratégias de propaganda americanas: instalou centenas de milhares de placas nas mal sinalizadas ruas de toda a França, gravando na borda logotipos "Citroën". Arquirrival da Renault, criou carros de perfil baixo e tração dianteira, estilo semelhante ao do Ford 32. Citroën faleceu precocemente e não chegou a ver os modelos 11 e 15 prontos.

Foi desenhado um carro esporte com três bancos sobre chassis do P-Wagen, diretamente derivado de um carro de corrida monoposto, criando um padrão que só ressurgiria cinquenta anos depois, com o McLaren F1, o Ferrari F40 e o Porsche Carrera GT, entre outros supercarros: o Tipo 52.

Conclusão e teste do P-Wagen

Porsche tinha agora dois grandes projetos financiados com dinheiro público, mas um deles lhe parecia incerto. De acordo com Ferry Porsche, a educação rígida recebida por Ferdinand Porsche o fazia acreditar na palavra de uma pessoa que ocupava o posto de chanceler. Ferdinand Porsche e Karl Rabe sabiam que a ideia do preço era absurda, quase ridícula: menos de 1.000 marcos! O valor era tão baixo que quase desistiu. Um carro 40 por cento mais barato que o de menor preço de um mercado notavelmente precário, com um projeto muito distante de um pequeno automóvel que pudesse fazer tudo que os grandes faziam, como era o projeto do escritório de Porsche! Porsche imaginava que o governo alemão poderia lhe dar o que Lohner, Austro-Daimler, Daimler-Benz, Rosenberger, Von Oertzen, Neumeyer e Von Falkenhayn jamais poderiam: a oportunidade de desenhar um carro *totalmente* novo. Não estava muito claro de onde viria o dinheiro, mas Hitler garantiu que viria.

Chassi do MB 130 H.

Cada indústria queria projetar seu próprio carro do povo. As contribuições anteriores de Porsche ainda davam frutos: a Daimler-Benz lançou os Tipos 120 H e 130 H; com motor traseiro convencional. Diferente dos potentes seis-cilindros com compressor, foram malsucedidos no mercado. A Opel preparava seu Kadett, e outras fábricas estavam seguindo na mesma direção. O carro do povo, na numeração de projetos do escritório, era o Tipo 60. Porsche preparou o dossiê pedido pelo chanceler alemão.

Em novembro de 1933, o P-Wagen fica pronto.

Em novembro de 1933, o fabuloso P-Wagen ficou pronto. Durante o teste de dois protótipos em Nürburgring, aspectos importantes da personalidade de Porsche e sua história particular foram ilustrados: sua preocupação com o filho, Ferry Porsche, proibindo-o de participar dos testes, e com Adolf Rosenberger, ao não aceitar que o excluíssem do teste, um risco considerável, pois o antissemitismo do regime já era claro. Rosenberger nem estava mais de posse da carteira de piloto, cassada em maio de 1933.

William Sebastian, Willy Walb e Ferry Porsche não apenas testemunharam o fato, mas tentaram convencer Konrad Hühnlein, o chefão do NSKK, a devolver a carteira de Rosenberger, com base no seu desempenho nesse teste e tendo em vista que o P-Wagen era dificílimo de controlar. O carro tinha as mesmas características de estabilidade do Volkswagen: um forte sobresterço ao realizar uma curva. Inicialmente, era visto apenas como um desafio às habilidades de pilotagem, mas, com o tempo, passou a ser visto como um defeito. Em mãos inábeis, representava perigo de morte em um grau ainda mais elevado, pois seu motor produzia 600 cv e os pneus eram muito estreitos. O pedido de devolução da carteira de piloto foi assinado por todos os integrantes do Departamento de Competições da Auto Union, mas Hühnlein disse que precisaria submeter o pedido a Hitler. Segundo Bill Stoessel, sócio de Rosenberger no pós-guerra, na Califórnia, o chanceler teria dito diretamente a Ferdinand Porsche, como resposta, que Rosenberger teria de sair da Alemanha imediatamente.

Klaus-Detlev von Oertzen, por ter servido na Luftwaffe, ser de família nobre e membro de primeira hora do Partido Nacional-Socialista, com amigos muito poderosos, sentia-se protegido. Até então era uma espécie de "entidade mantenedora" do escritório de Porsche, central na viabilização do projeto do P-Wagen. Era casado com uma judia que, no dia 9 de dezembro, lhe deu um herdeiro: Klaus-Detlev von Oertzen Jr.

No dia 17 de janeiro de 1934, Porsche apresentou sua proposta técnica ao primeiro-ministro dos Transportes do Reich, Paul Freiherr von Eltz-Rübenach, com cópia para seu velho amigo Werlin e para Hitler. Ferdinand Porsche, seguindo a fórmula de Ganz, afirmou que entendia por carro popular algo que não fosse meramente uma reedição pequena do que já existia – uma redução artificial de medidas, de desempenho, uma miniaturização. Pensava que, para tornar moderno, prático e valioso um carro popular, eram necessárias soluções totalmente novas.

Porsche cuidou especialmente do espaço interno, um grande problema dos carros pequenos, como Le Corbusier fizera com o Voiture Minimum. Uma das cláusulas falava da versatilidade e previa o uso militar do carro.

Previamente combinado com Werlin, Porsche sugeriu que o governo o encarregasse do projeto de um carro popular, em termos de um modelo experimental. Se o resultado fosse satisfatório, o governo poderia recomendar que a indústria produzisse o modelo em massa. Porsche solicitou também uma ajuda financeira para projetar e construir o protótipo. Se aprovado, ganharia 1 marco por carro produzido, a título de *royalties*.

Rabe e Kales sugeriram para Porsche, que aceitou, embora com restrições, que a equipe partisse do Tipo 32, o NSU. Cheio de dúvidas na arquitetura do motor, ordenou que fossem feitos três protótipos: um boxer de quatro cilindros, 1,25 litro, tipo NSU; um radial de três cilindros, dois tempos e 1 litro, tipo Zündapp, arrefecido a ar; e um de dois cilindros, dois tempos e arrefecimento a água, como o DKW. Preço do veículo? 1.550 marcos. Os cálculos finais foram feitos por Adolf Rosenberger, com dados fornecidos por Karl Rabe e Josef Kales. Haveria ainda alguma independência por parte de Porsche? Ficou sem qualquer resposta durante quase dois meses. Hoje se sabe, pela pesquisa de Chris Barber, que Hitler não queria saber de motor traseiro; e que se irritou com o preço. Mais uma dúvida sobre a participação do chanceler na ideia do carro.

O salão de 1934

No dia 8 de março de 1934, a cerimônia de abertura do Salão do Automóvel de Berlim foi usada por Hitler para um comício político nacional-socialista, com uma grandiosa apresentação de tropas uniformizadas, disciplina e bandas militares em marcha. O evento serviu como instrumento para propaganda política, e Hitler, muito diferente de 1933, vestia o intimidante uniforme cáqui das SA, a força paramilitar do partido. Em seu discurso, Hitler comparou o país com seus rivais, dizendo que a Alemanha tinha só um carro para cada cem habitantes; a França, um para 28; e os Estados Unidos, um para cada seis. Disse também que gostaria de ver um carro alemão simples, confiável e econômico produzido em massa, que pudesse ser comprado por todos os que tinham dinheiro para uma motocicleta. Prometeu então que o governo fabricaria um carro do povo para três ou quatro milhões de alemães.

Embora não seja possível dizer com certeza se Hitler tinha o desejo genuíno de fazer um carro para as massas, é evidente que ele foi usado para seduzi-las. O discurso de Hitler causou enorme impacto, com notícias na imprensa estrangeira dizendo que a Alemanha iria dar a seu povo o bem de consumo mais cobiçado do mundo. No final das contas, o Volkswagen inundou também o mercado de outros países, mas despertou no exterior a dúvida já presente entre os diretores das fábricas de automóveis alemãs frente à declaração de Hitler: quem iria pagar pela empreitada, que exigiria enormes investimentos em ferramental e testes?

Os industriais tiveram reações contraditórias. Por um lado, estavam felizes com o rápido aquecimento do mercado e acreditavam

Abertura do Salão de Berlim de 1934, em que Hitler usou um telão para apresentar o carro do povo.

que era melhor satisfazer um governante que parecia competente. Na época, principalmente na Alemanha, obedecia-se cegamente as autoridades. Por outro lado, alguns industriais começavam a perceber que Adolf Hitler não era alguém que poderia ser usado. Porsche se preocupou, pois já era a segunda vez que Hitler usava e amplificava seus planos sem aviso. O governo também estava tomando outras providências: promoveu o fim dos concorrentes que buscavam a mesma finalidade.

O então ministro do exército, general Werner von Blomberg, notório bajulador de Hitler, entrou em contato com Porsche para tratar da cláusula do dossiê que previa uma versão militar para o novo carro popular. Essa era uma prova da existência de planos detalhados para uma guerra, que era parte integrante do projeto do Volkswagen.

Ao mesmo tempo, o ministro dos Transportes, Paul Freiherr von Eltz-Rübenach, através de seu chefe de gabinete, Von Brandenburger, disse para Porsche rever o preço do carro, que tinha que ser de 1.000 marcos.

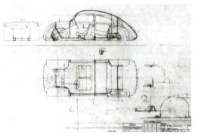
Finalmente, o Volkswagen de Porsche.

No dia 27 de março estava pronto o detalhamento do primeiro desenho do Tipo 60, cujo esboço constava do documento. Baseado no Tipo 32, tinha a vigia traseira e o tanque montados sobre o motor. Ninguém notara o perigo, e o erro foi repetido nas primeiras Kombis. A dianteira do Tipo 60 tinha enorme semelhança com a do Chrysler Airflow.

Junho de 1934

O Tipo 60 havia sido concebido com a construção de chassi e carroceria separados. Trocar a carroceria seria uma operação de poucas horas. Estava mais do que evidente a previsão de uso militar do Volkswagen.

O Ministério dos Transportes e a RDA, a Associação dos Fabricantes Alemães de Automóveis – como a Anfavea, no Brasil – entraram em contato com Porsche, em junho, para discutir um contrato sobre o futuro carro popular, o Volkswagen. Considerando os subterfúgios por trás dos termos do contrato e os compromissos impossíveis, pode-se ver que a ocasião comemorava apenas a imposição artificiosa de um ditador, resultando na falsa concordância de uma entidade em celebrar um contrato com um escritório que não era de sua escolha e que sabia da natureza apenas pró-forma do contrato.

Porsche se comprometia a desenhar e prover todos os detalhes de um carro popular, construir um protótipo (ou mais, se solicitado) e o entregar para ser testado pela RDA, que era presidida por Robert Allmers. Porsche cumpriu parte do contrato: desenhou o carro, construiu os protótipos iniciais e os entregou à RDA, mas o fez com atrasos enormes. A cláusula que determinava um preço abaixo de 1.000 marcos jamais foi respeitada ou posta em prática. A RDA nunca conseguiu fundos para criar os protótipos, nem os meios, a não ser por interferência de Jakob Werlin na série de trinta carrocerias do W30, posteriormente construídas pela Daimler-Benz para agradar Hitler. A RDA assumiu custos de patentes e de encabeçar administrativamente o projeto. Mas Ferry Porsche achava que isso apenas atrapalhou. O grande capital ainda tentava manipular Hitler, mas, em vez de fazê-lo diretamente, batia duro em Porsche, que enfrentou a difícil missão de ser um testa de ferro.

Porsche receberia 20.000 marcos por mês da RDA, a serem pagos catorze dias depois de apresentar as faturas. A soma teria que cobrir o salário de todos, inclusive o dele – apenas viagens ao exterior ficavam fora dessa verba.

A dotação orçamentária era falsa. Todos os industriais bem sabiam que precisavam de uma verba dez vezes maior, e o quádruplo do tempo, para projetar um carro.

Vinte mil marcos por mês era muito mais do que Porsche estava conseguindo com licenças de barras de torção ou projetando motores. Mesmo assim, Rosenberger trouxera mais um contrato, com a Rochet-Schneider, uma das mais antigas e conceituadas fabricantes francesas. Seu transporte pessoal era um dos NSU Tipo 32, de lona, que chamava muita atenção. Não tinha logotipos nem emblemas. Inquirido, Rosenberger sempre respondia que se tratava de um modelo experimental.

No alto: Rochet-Schneider, um respeitado carro francês com a suspensão em barras de torção de Porsche-Rabe. Embaixo: o Tipo 32 de Rosenberger.

Rosenberger vende suas ações

Com a situação de desordem provocada por parte da SA, comandada pelo capitão Ernst Röhm, que queria forçar Hitler a voltar às raízes socialistas do movimento, houve uma alteração na função ideológica do Fusca. O carro passou a refletir a radicalização do regime, exercendo a função de símbolo de força conquistadora. Rosenberger, que passava longos períodos na França e na Inglaterra negociando contratos para o escritório, tomou finalmente, em julho de 1934, a decisão de vender sua parte.

O barão Veyder-Malberg, até então diretor comercial de fachada, era um homem muito rico, mas sua fortuna estava em xelins austríacos, que não valiam nada na Alemanha,

O barão Hans von Veyder-Malberg e seu filho, Ulf.

em verdadeiro pé de guerra com a administração do país vizinho, tentando derrubar seu governo. Felizmente a moeda austríaca era livremente conversível e podia ser creditada em dólares na Suíça, o que permitiria a compra de boa parte das ações de Rosenberger. Com isso, Veyder-Malberg salvou a empresa, como Rosenberger havia feito poucos anos antes.

Segundo as testemunhas entrevistadas, tanto os filhos do barão como os únicos parentes vivos de Rosenberger, Porsche teve atitudes corretas, diferentemente de milhares de pessoas naquela época. Ele não se aproveitou da posição socialmente enfraquecida do sócio para pilhá-lo.

Depois de concluídas as negociações e tendo em vista o cenário político do período, Rosenberger intensificou o treinamento de Veyder-Malberg nas funções de diretor comercial e financeiro. Durante um período no qual o presidente Hindenburg diminuiu a perseguição aos judeus, Rosenberger voltou para a Alemanha a fim de participar de duas reuniões da campanhia e registrar Karl Rabe como seu substituto. Também instruiu Rabe nos contratos com a Mathis, a Citroën, a Auto Union e a Morris, e preparou tudo para sua saída do escritório. Neste período, o escritório de Porsche ocupava-se em desenvolver o Volkswagen a partir do Tipo 32, com chassis que terminavam em forquilha, servindo de berço do motor, e transmissão. Para as quebras da suspensão, aproveitaram uma ideia de Ferry Porsche: feixe duplo na barra de torção dianteira.

Na impossibilidade de fabricar protótipos na Kronenstrasse, Porsche ocupou a garagem para dois carros de sua casa na Feuerbacher Weg, local até então usado por Ferry Porsche como oficina. Porsche pediu que sua esposa, Aloisia, disponibilizasse a lavanderia para abrigar um torno e uma fresa primitiva. Doze pessoas se acotovelariam nesse espaço.

Problemas no desenvolvimento do motor para o Volkswagen

Ao concluir o desenho do chassi e das suspensões, a equipe começou a tentar diminuir os custos da parte mais cara de um veículo: o motor. O descarte do motor Kales de quatro cilindros boxer para a NSU foi justificado por demandar o uso de metais leves raros, como

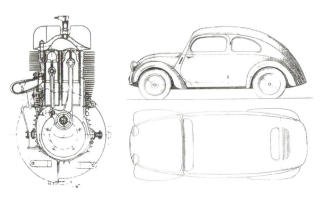

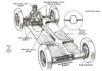

À esquerda: o "Doppelkolben" (pistão duplo) do engenheiro Engelbrecht, parecido com o motor Puch. No centro e à direita: os primeiros esboços do Volkswagen.

magnésio, e dois cabeçotes com suas válvulas. Porsche foi a favor do radial de três cilindros, mas Kales e Rabe o convenceram a abrir mão dessa ideia, já fracassada no Zündapp.

Porsche insistia em experimentar com motores e se centrou em unidades compactas, que eram de inspiração motociclística, vindas da empresa Puch. Rabe retornou às críticas de miniaturização do desenho, que faziam parte do dossiê. Os motores foram classificados como A, B, C, e assim sucessivamente, eivados de problemas de potência e durabilidade.

A finalização dos Volkswagens Tipo 60V1 e V2

Karl Rabe trouxe ao escritório aquele que se tornaria um dos maiores colaboradores de Porsche: Franz Xaver Reimspiess, um engenheiro austríaco de 34 anos, que começara a trabalhar na Austro-Daimler logo depois que Rabe substituíra Porsche. O novo funcionário foi encarregado de desenvolver o sistema de freios do Auto Union P-Wagen. Mal chegou e já foi sugerindo a mudança do feixe de molas transversal do potente monoposto por um sistema de barras de torção de Rabe. Porsche lhe perguntou se essa alteração não deixaria o mecanismo muito frágil, ao que Franz Xaver respondeu dizendo que não existia nenhum componente tão forte que não pudesse quebrar. Logo depois, também descobriu que a vela de ignição de um dos motores de dois tempos estava inclinada para o lado errado, e, como se não bastasse, ao examinar um motor de 400 cm³, encomenda da Zündapp, previu que não iria funcionar. Deteve-se sobre o NSU Tipo 32 e descobriu pequenas rachaduras nos cilindros, esclarecendo misteriosas falhas no funcionamento do motor desenhado por Kales. Esse jovem "arteiro" desafiava a proverbial teimosia de Porsche e criticava o conceito de motor bicilíndrico de dois tempos. Reimspiess sabia que o motor do NSU sofria de falhas de execução, e não de desenho.

Porsche se impressionou com a capacidade e os modos daquele jovem que não se intimidava. Em setembro, incumbiu-o de um novo quatro-cilindros de quatro tempos. Em apenas 48 ho-

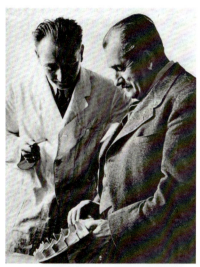

No alto: Reimspiess e Porsche. Embaixo: o motor mais famoso na história do automóvel — projeto de Reimspiess sobre a base Kales.

Na casa de Porsche, o Fusca NSU toma forma.

ras, Reimspiess criou o motor que impulsionaria o Volkswagen, o Porsche e a Kombi durante os sessenta anos seguintes. Uma joia de simplicidade, permitindo folgadamente a cilindrada de 985 cm³. Porsche premiou Reimspiess com 100 marcos.

A reunião de setembro de 1934 seria a última com a presença de Rosenberger, que conhecia o NSU Tipo 32 como ninguém, pois o usava ininterruptamente na França. Ele se entusiasmou com o quatro-cilindros de quatro tempos de Reimspiess, derivado do NSU. Porsche percebeu que a resolução não resolveria os problemas metalúrgicos e manteve os testes com os motores de dois tempos tipo A/B e o de pistão duplo do engenheiro Engelbrecht. Os testes pareciam não ter fim. Outra vez, Porsche pensou em desistir, achando mais fácil projetar um carro de corrida do que um carro popular. Com as dificuldades enfrentadas, o escritório não conseguiu cumprir o contrato e os prazos estabelecidos na negociação com Hitler, prejudicando a relação entre Porsche e a RDA. Na época em que Hitler dissera que os testes do Volkswagen estariam terminados, tudo que Porsche conseguira fazer foram dois protótipos com motor de motocicleta.

Em junho, enquanto os Tipos 60 V1 e V2 começavam a rodar nas imediações da casa de Porsche equipados com os motores de dois tempos e com o motor de Engelbrecht, o motor de Reimspiess era usinado na Daimler-Benz. Muitas questões permaneciam não resolvidas: por exemplo, coeficientes de dilatação diferentes para os pistões (de ferro fundido) e os cabeçotes (de liga de magnésio).

No alto, à esquerda: três fotos da primeira miniatura do V1. No alto, à direita: V1 e V3, escoltados por um BMW. Embaixo: duas fotos do teste do V1.

Em 2 de agosto de 1935, Hitler tornou-se presidente e comandante supremo das Forças Armadas após a morte do presidente Hindenburg. A perseguição aos judeus, com esse acontecimento, se tornou ainda maior, e Rosenberger foi preso. Veyder-Malberg e Porsche usaram suas influências políticas para libertar Rosenberger. Após o ocorrido, Adolf Rosenberger abandonou a sociedade da empresa que ajudara a criar e fugiu para Paris.

No dia 1º de outubro de 1935, os Tipos 60 V1 e V2 finalmente ficaram prontos e a montagem da série Volkswagen 3 começou a ser feita. O nome não se devia ao fato de ser o terceiro protótipo, e sim às três unidades exigidas pelo contrato, para os testes da RDA.

De acordo com Ghislaine Kaes, o ano de 1935 foi despendido com os testes dos motores, aparentemente intermináveis. O compressor dos dois cilindros de dois tempos fazia o motor produzir 40 cv, mas levava à diminuição da durabilidade. Porsche teimava com o dois-cilindros idealizado por Engelbrecht, que não atingia nem 85 km/h, sendo a meta 100 km/h. O V1 e o V2 rodaram 8.045 km e 5.028 km, respectivamente. O primeiro V3 foi tomando forma: estrutura de madeira e chapas de metal moldadas na garagem da casa de Porsche.

Porsche apresenta os protótipos para a RDA

Em fevereiro de 1936, Ferdinand e Ferry Porsche se encontraram com representantes e diretores de várias indústrias e a RDA, representada por Vorwig.

Durante a reunião, cujo objetivo era a apresentação dos protótipos feitos por Porsche, foram feitas diversas críticas e objeções. Muitos acharam o carro feio, mas Porsche rebatia dizendo que nenhum outro na categoria tinha tanto espaço interno.

Outro ponto criticado foi a demora de Porsche em concluir a construção do motor. Ferdinand admitiu o fracasso do motor de dois tempos e afirmou que já tinha pronto um motor de quatro tempos arrefecido a ar.

A Daimler-Benz, encarregada de providenciar autopeças e fabricar o motor, por sua vez, criticou o preço do motor comparado ao das versões convencionais.

O doutor Richard Bruhn, banqueiro e diretor da Auto Union, ressaltou também o calcanhar de aquiles de Porsche: 1.000 marcos não cobriam sequer o material da carroceria.

Porsche não acreditava no preço fixado por Hitler, mas se saiu com um argumento inesperado: disse que nos Estados Unidos faziam o Buick no mesmo volume que planejavam para o Volkswagen e que 1 kg de Buick era vendido por 1,5 marco. Como o Volkswagen teria 415 kg de chassis e 246 kg

No alto: o dois-tempos Puch, modificado por Kales. Embaixo: Ferdinand na Mercedes-Benz, examina o comando de válvulas do Volkswagen, em 1937.

de carroceria, com o método dos americanos eles poderiam vender o Volkswagen a 990 marcos. A reação foi de perplexidade geral; a Adler e a Hanomag, mais conciliadoras, se encarregaram de estudar problemas de industrialização resolvidos com o uso de ferramental disponível apenas nos Estados Unidos. O que a RDA não sabia era que Porsche já combinara secretamente com Hitler uma viagem aos Estados Unidos.

O doutor Bruhn lembrou que 75 por cento do preço de um carro vinham dos materiais e que os dados apresentados por Porsche não eram realistas. Estava certo: mesmo nos anos áureos do Volkswagen, quando se produzia mais de 1 milhão de carros por ano, nunca se conseguiu vender a unidade por menos de 1.600 marcos alemães.

Em agosto de 1936, Porsche assegurou a Rosenberger o lucro das licenças de patentes dos desenhos do escritório, inclusive aqueles referentes ao contrato com a Auto Union, conforme comprovado em correspondência entre Porsche e a empresa, na Saxônia. Em função de lesões, Rosenberg reduziu seu ritmo de trabalho a uma nova encomenda, o Tipo 56: barras de torção para a E.R.A. inglesa.

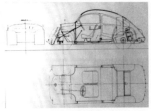 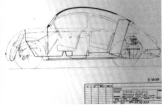

Os modelos propostos do Tipo 60, Volkswagen, teriam motores de dois tempos: um bicilíndrico e outro radial, inspirados no DKW e no Zundapp Tipo 12.

Von Falkenheim, em 1938.

Mostrando que tanto Porsche como Von Falkenhayn sabiam separar divergências de trabalho de assuntos pessoais, o escritório recebeu a incumbência de desenhar uma motocicleta para a Zündapp, negociada por Veyder-Malberg. Era o Tipo 57.

O início dos testes da RDA seria em meados de outubro e a viagem aos Estados Unidos, para Porsche se informar melhor sobre os métodos de produção em série, fez a RDA respirar aliviada: a oportunidade de se livrar, mesmo que por um curto período, de Ferdinand Porsche e seus hábitos. Ele supervisionava até o último parafuso dos Volkswagens 1, 2 e 3.

Estabelecimento de contatos promissores nos Estados Unidos

Em outubro de 1936, Porsche foi aos Estados Unidos aprender métodos de produção em massa inexistentes na Alemanha, acompanhado de seu sobrinho-secretário, Ghislaine, que serviu como seu intérprete, pois Porsche não falava inglês.

Josef Kales vai sigilosamente à sucessora Franklin – o maior especialista em arrefecimento por ar no mundo

Em 13 de outubro de 1936, pegou um trem para Detroit, onde conheceu a fábrica Ford em River Rouge por nove dias, uma instalação totalmente autossuficiente e verticalizada. Com fundição própria, fabricava componentes elétricos e outras peças. Ferdinand Porsche passou horas fazendo anotações em seu caderninho, cronometrando todos os passos da construção de carrocerias.

Porsche no trem que o levaria ao transatlântico Bremen.

Examinou à vontade projetos e desenhos de execução do Lincoln. Tom Tjaarda, filho de John Tjaarda, tem certeza de que seu pai se opôs – pela situação política na Alemanha – ao acesso de Porsche aos desenhos do Sterkenburg e do Lincoln Zephyr, lançado em 1938. Porsche teve muito contato com o Chrysler Airflow, a maior sensação e o maior fracasso da indústria americana. Veloz, resistente e limpo, inspirou a criação de carros em empresas do mundo inteiro, entre elas a de Porsche e seu Volkswagen. O NSU tipo 32 teve suas linhas bastante suavizadas no Volkswagen 60, provavelmente influenciado pelos desenhos americanos de Tjaarda (Sterkenburg, 1928-32) e Grisinger (Airflow, 1934).

Se a Alemanha copiou algo da Chrysler, pode-se dizer que o inverso poderia ser verdadeiro. Um protótipo de influência europeia de 1937 tinha tração dianteira e motor de cinco cilindros radial; rodou 360.000 km antes de ser rejeitado.

Porsche queria adquirir um Ford 1937, mas, como não havia nenhum disponível, optou por um Packard One-Twenty de oito cilindros e 120 cv. Acabara de visitar a fábrica desse carro admirado pela engenharia, responsabilidade de Werner Gubitz, de ascendência alemã. Famoso pelos doze-cilindros, a Packard estava sendo acossada no mercado de luxo pela recessão e pelo Cadillac. Porsche se interessou pelo "Baby Packard", linha mais barata recém-introduzida para os tempos difíceis.

No alto: protótipo Chrysler pequeno, com influência europeia. Embaixo: um pequeno Packard 120, igual ao escolhido por Porsche.

Porsche (à direita), com Ferry e dois funcionários da fábrica de equipamentos Gleason, em uma rua de Nova York.

Em seguida, visitou a General Motors, empresa automobilística mais poderosa do mundo por nove anos seguidos naquele momento, após bater a Ford em vendas. Lá, Ferdinand Porsche conversou com o engenheiro mais importante da GM, depois de Charles Kettering: Maurice Olley, que projetara os vitoriosos Chevrolet de seis cilindros, inclusive suas suspensões e motores. Porsche o convenceu das desvantagens da colocação de um motor em linha atrás do eixo traseiro. Visitou a Fisher Body, divisão de carrocerias, e a Bendix Aviation, a mesma do moderníssimo protótipo de 1932. É impossível que não tenha tido contato com o protótipo da Bendix Aviation de 1932; no dia 27 chegou a Chicago apenas para visitar essa empresa.

Um dos maiores centros industriais da época, onde se fabricavam máquinas e filmes Kodak, carburadores, ferramentaria pesada, rolamentos, engrenagens, até mesmo estetoscópios e aparelhos de pressão, e inventavam-se maravilhas (a Xerox estava nascendo) foi um dos lugares visitados por Porsche.

No dia 29, de volta a Detroit, testou o Packard e visitou a Chrysler, fascinando-se com o Airflow, acompanhado de Torre Frenzen, um engenheiro de desenvolvimento de produto, e voltou à Europa. Eufórico com o que vira nos Estados Unidos, Porsche afirmou a Hitler que poderia produzir 1,5 milhão de carros, com 30.000 funcionários, de 1939 a 1942.

À esquerda: Porsche conheceu seu primeiro ídolo, o coronel Vincent, da Packard. À direita: a integridade estrutural do Airflow entusiasmou Porsche, que instruiu Komenda a copiar o método Chrysler.

Apresentação dos primeiros protótipos

Em 12 de outubro de 1936, para diminuir os atrasos do programa, já que não havia como a série dos Volkswagens 3 ficar pronta, foram apresentados o V1, o V2 e o primeiro Volkswagen 3 – chamado de Volkswagen 3-I. Logo depois foram apresentados o Volkswagen 3-II e o Volkswagen 3-III, em aço, sem os frágeis dois-tempos. As informações sobre o quatro-tempos são contraditórias: algumas fontes indicam que inicialmente o motor era o mesmo do NSU de Kales, diminuído para 0,9 litro por Reimspiess.

Os protótipos lembravam bastante os desenhos aerodinâmicos americanos da Bendix, da Ford, da Briggs, da Chrysler. Como o Tatra 77, o capô traseiro tinha aberturas. Os vários tipos eram ineficazes em refrigeração do motor e visibilidade para trás. As trocas de peças entre os protótipos tornam impossível identificar hoje o V1 e os Volkswagens 3 pelas fotos. O capô dianteiro, de tão pequeno, feria os dedos de quem conseguisse retirar o estepe, tornando necessário que o estilista Erwin Franz Komenda redesenhasse o capô.

O "quartel-general" dos testes: a casa de Porsche em Feuerbach Weg.

Da esquerda para a direita: o V1, o capô dele e o espaço interno.

O relatório final da RDA, de 26 de janeiro de 1937, assinado por Wilhelm Vorwig, reportou minuciosamente as falhas, apontando a permanência das contínuas quebras do virabrequim e das barras de torção, mas relatando que o projeto era muito bom, eficiente e espaçoso, com evidentes vantagens sobre os carros existentes em termos de desempenho e refrigeração do motor. Os problemas podiam ser resolvidos apenas com desenvolvimento metalúrgico. Anteriormente Vorwig era contra o Volkswagen, mas durante os testes, integrando-se à equipe de pilotos, mudou de opinião. Apesar dos pontos positivos levantados, Ferry Porsche ficou triste com o relatório, achando que era muito severo e sem elogios. O relatório apontou também defeitos sérios nos freios, por não serem hidráulicos.

O carro popular já estava bastante atrasado, e poucos se davam conta que era impossível cumprir a data prometida.

A série Volkswagen 30, da esquerda para a direita: primeira carroceria para exame na Porsche; engenheiro Ringel, na Daimler-Benz; nos barracões SS, carros em formação militar; tunel de vento.

No alto, à esquerda: o V1 e o V2 com uma BMW. Embaixo, à esquerda: na casa de Porsche, Ferry com o oficial da SS, Liese. No alto, à direita: a Floresta Negra: Ferry e seu primo Kaes, no V2 e V3. Embaixo, à direita: na casa de Porsche, Feuerbach Weg: V1, V2 e o Wanderer 9.

Trinta milhões de marcos em 2 milhões de km

Em abril de 1937, o financiamento dos projetos técnicos de Porsche se tornaram ainda mais dependentes de questões políticas, com Robert Ley e Heinrich Himmler, comandante da SS e chefe de polícia, além de apreciador da produção industrial em massa, como impulsionadores do projeto do Volkswagen. Os carros que marcaram a entrada de Himmler na história do Volkswagen têm sido chamados em vários livros de "série 30" ou "Volkswagen 30", mas a denominação oficial era W (Wagen), seguida do número de série. Assim, existiram do Carro 0 até o Carro 29, ou de W0 até W29.

O V30 e o V3, na casa de Porche.

A série V30, na nova fábrica Porsche – reparem as diferentes rodas.

Jakob Werlin, que pertencia à SS, convenceu Himmler a utilizar 200 jovens soldados como pilotos de testes, o que fez Ferry Porsche, responsável pela equipe, desconfiar de espionagem, pois nenhum deles tinha qualquer experiência prévia. Um engenheiro da Porsche ficaria em cada um dos quatro carros, inclusive Ferry Porsche, que chefiaria a operação. Os galpões do quartel da SS de Kornwestheim, perto de Stuttgart, com uma enorme oficina mecânica, garagens e posto de abastecimento, serviram de quartel-general para abrigar os carros, os pilotos e os engenheiros. Os veículos formavam esquadrões e eram movimentados e estacionados com escrupulosa precisão.

O carro mais testado do mundo?

No pós-guerra, a Volkswagen e Ferry Porsche diziam ter o carro mais bem testado na história do automóvel, mas o major britânico Ivan Hirst, que chefiou a fábrica, listou persistentes problemas, nem todos devidos à precariedade de uma instalação bombardeada e à falta de matéria-prima em um país arrasado. Não podemos saber, hoje, se os testes não foram tão bem feitos como se diz que foram, ou se Hirst superestimava sua própria função na sobrevivência do Volkswagen. Os testes dos Kübelwagens nas condições de batalha, principalmente na União Soviética e na África, foram negligenciados: os veículos duravam de dois a seis meses e não rodavam mais do que 50.000 km. Os testes realizados, como os de competição, servem mais para aperfeiçoar partes específicas, como refrigeração, por exemplo, e não reproduzem condições de uso civil.

Há contradições também nas fontes históricas quanto às condições dos testes. Umas dizem que foram secretos, outras que os carros chamavam a atenção por onde passavam.

À esquerda: Herbert Kaes e a equipe testavam o Volkswagen 30. No centro: a esposa de Porsche colhendo flores. À direita: a namorada de Kaes fazendo turismo em Nagold.

Fundação da Gezuvor

Em 1º de abril de 1937, Hitler nomeou Bodo Lafferentz para diretor-geral e Otto Dyckhoff para diretor-geral de produção na Gezuvor, uma organização que criaria posteriormente. A empresa de Porsche passou a se chamar Dr. h.c. Ferdinand Porsche KG.[1]

No alto, à esquerda: Kuntze, que desenhou a fábrica, Ley e Porsche ao centro, e Bodo Lafferentz, à direita, de quepe. Embaixo: o Volkswagen 30 e o trimotor Junkers.

Em 18 de maio, Robert Ley finalmente fundou a Gezuvor, acrônimo de Gesellschaft zur Vorbereitung des Volkswagens (Sociedade para a Preparação do Volkswagen), uma sociedade de economia mista capitalizada com 480.000 marcos da Frente de Trabalho Alemã (DAF). Sua função era concluir os testes da série Volkswagen 30, achar um terreno adequado e construir a fábrica. O diretor técnico era Ferdinand Porsche, que tinha o *status* tanto de sócio privado como o de indicado por Hitler, e os codiretores eram Jakob Werlin e Bodo Lafferentz, preposto de Robert Ley. Lafferentz era sócio privado, representante da DAF, e diretor-geral da fábrica.

Uma das primeiras medidas da Gezuvor foi autorizar a construção de mais trinta carros da série Volkswagen 30. A situação financeira do escritório de Porsche melhorou exponencialmente: em questão de poucos meses, a sede na Kronenstrasse foi comprada e a segunda sede na Spitwaldstrasse (Stuttgart-Zuffenhausen) foi construída para abrigar a equipe, agora de 93 pessoas. As instalações eram amplas, modernas e superequipadas, capazes de fabricar carros inteiros.

Era inevitável que os Porsche, pai e filho, criassem um carro esporte, o Tipo 64. Elevaram a cilindrada do motor de Reimspiess para 1,5 litro e adicionaram-lhe um compressor, equipamento favorito de Porsche. O plano não passou da fase de projeto, pois Lafferentz e Ley diziam que um carro esporte não cabia nos projetos do governo.

O designer de automóveis do Reich vai às compras

Em junho de 1937, Porsche foi intitulado por Hitler como supremo projetista oficial do Terceiro Reich e ganhou uma nova viagem aos Estados Unidos, que teria dois objetivos: obter material para equipar a fábrica e técnicos treinados para operá-la. E, na viagem, levar o Auto Union P-Wagen para a Vanderbilt Cup, em Long Island, como planejado no ano anterior. Tudo financiado pela DAF.

À esquerda: o P-Wagen, com Rosemeyer nos Estados Unidos. À direita: pai e filho, indo aos Estados Unidos.

Providenciaram também contatos com pessoas importantes nos Estados Unidos, como Henry Ford, a quem Ferdinand Porsche admirava muito e a quem desejava imitar tanto no produto como na fábrica.

Porsche encontrava-se outra vez no navio Bremen, mas agora acompanhado de uma comitiva, além dos carros de corrida e equipes da Daimler-Benz e da Auto Union, para participar da Copa Vanderbilt, em Long Island, próximo a Nova York.

No Bremen: esposa de Jakob Werlin, Bodo Lafferentz, Bernd Rosemeyer, E. von Delius, M. Hundy e Ferry Porsche.

O grupo permaneceu quatro semanas na mesma região onde Porsche já estivera: Cincinnati Milling Machine Company, em Ohio; divisão Fisher de carrocerias de GM; Briggs e Ford, em Detroit; Gleason, de Rochester. Queriam mesmo era visitar a Ambi--Budd, em Filadélfia, que tinha subsidiária em Berlim. Especialistas em solda a ponto, técnica desconhecida na Europa, também abriram suas portas a Porsche, que via e cronometrava tudo. Não fazia segredo do motivo de sua viagem: implantar métodos de produção americanos numa nova e gigantesca fábrica de automóveis alemã.

Werlin fez contatos com os consulados locais para obter listas de alemães e fazer anúncios em jornais oferecendo emprego. Porsche, que parecia se habituar com omissão e dissimulação, seguiu as ordens de Lafferentz referentes ao outro motivo da viagem: aliciamento de técnicos. Dificilmente as empresas que visitou teriam franqueado suas portas para alguém que desejava tomar empregados especializados.

O técnico que viabilizou a edificação de uma fábrica de automóveis alemã foi Frederick "Fritz" Kuntze, localizado por Porsche em sua primeira viagem aos Estados Unidos, em 1936. Hoje praticamente esquecido, foi chefe de produção da Ford entre 1926 e 1937. Desenhara, praticamente sozinho, uma cópia em miniatura da fábrica americana de River Rouge para a filial Ford inglesa, em Dagenham: no início dos anos 1930, a mais moderna da Europa. Kuntze morava nos Estados Unidos, mas resolveu voltar à Alemanha. No dia 1º de maio de 1937 foi contratado pela Opel.

Não passaram nem dezessete dias e Porsche, bem informado, convenceu-o a sair da Opel. Kuntze foi para a Gezuvor como engenheiro eletricista.

Porsche tinha um olho clínico para talentos e humildade para saber de suas limitações. Colocava limites em submeter técnica à política e permitiu que, em junho, Fritz Kuntze modificasse os planos já realizados pelos engenheiros alemães da Gezuvor. O edifício lhe pareceu inadequado para um fluxo de produção em série.

No alto: Henry e Edsel Ford, comemorando o 10.000.000º Ford T. Embaixo: Porsche fez questão de ser fotografado na Rotunda em Dearborn.

Diferentemente do ano anterior, Henry Ford decidiu receber Porsche, sensibilizado pelo pedido oficial do governo alemão. Na ocasião, Ford perguntou sobre o futuro do automóvel, ao que Ferry Porsche respondeu discorrendo sobre o projeto do Volkswagen. Porsche ficou frustrado ao saber que seu trabalho não tinha nada de novo para a Ford, nem para outras fábricas americanas. O Volkswagen era um carro que integrava coisas que ele conhecia. Sobre métodos construtivos, Porsche queria apenas copiar Ford. O Volkswagen, por sua vez, inspirou Ford no planejamento de um veículo que nunca saiu do papel, devido ao alto investimento necessário.

Os dois conversaram novamente no Centro de Pesquisas Ford, em Dearborn, onde Porsche sugeriu que o Volkswagen poderia ser produzido em massa nos Estados Unidos, um tipo de carro mundial. Será que Ferdinand Porsche desconfiava que a sua fábrica não se tornaria realidade? Porsche também transmitiu uma mensagem especial de Hitler a Ford, um convite para visitar a Alemanha, o que Ford recusou, tendo em vista a possibilidade de guerra.

De acordo com Ferry, Porsche, muito racional, não imaginava que a guerra fosse possível. Apesar desse ponto de vista, Porsche também era um experiente projetista de armas, e o dossiê que entregara a Hitler em 1934 contemplava o uso militar do Volkswagen. Seu futuro estaria submerso em máquinas de guerra.

CAPÍTULO 8
A FÁBRICA

No início de 1938, a chegada dos germano-americanos permitiu a incorporação de aperfeiçoamentos na carroceria. O carro ganhou estribos, e as portas passaram a abrir para a frente, como nos carros que Porsche vira nos Estados Unidos. Hans Mayr americanizou o carro, copiando modelos de John Tjaarda: dianteira semelhante à do

A série Volkswagen 30, 1938 – em Zuffenhausen, com os Volkswagens 30 e Ferdinand Porsche. Na casa de Porsche, Hans Klauser ajuda a fotografar o chassi; o Packard 120 com chapa VIP; a última foto exibe os para-choques, detalhe de última hora.

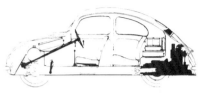

No alto, à direita: o desenho final do Volkswagen 38. No alto, no centro: interior do Volkswagen 38. No alto, à esquerda: o motor Reimspiess 985 cm³. Embaixo: Ferry Porsche e o primeiro conversível V 303, com um Ford 37 atrás.

Sterkenburg e traseira semelhante à do Lincoln-Zephyr. O V1, o Volkswagen 3 e os V 30 não tinham vidro traseiro, mas o bom senso prevaleceu: no Volkswagen a vigia foi dividida em duas peças, como nos carros Ford. Exceto pelas lanternas traseiras e pela iluminação da placa de licença, o Volkswagen adquiriu sua forma definitiva, sob a designação de 303, criada como na série Volkswagen 3, acrescentando ao nome da série (V 30) o número de protótipos: um sedã, um teto solar de lona e um conversível.

A propaganda dizia que se tratava de um carro revolucionário, crença que permaneceu no pós-guerra, mas o Volkswagen era um carro típico de seu tempo. Não há nenhuma evidência escrita de que Porsche alegasse que seu produto era revolucionário. Todas as soluções – adoção de métodos usados em carros grandes (presentes na apresentação inicial), chassi de tubo central, motor traseiro, refrigeração a ar, barras de torção, carroceria aerodinâmica – já existiam desde os anos 1910 ou 1920. Houve processos movidos contra Porsche por infringir patentes, procedentes no caso da Hinghofer-Tatra, embora certas patentes tenham sido infringidas sob responsabilidade direta de Hitler. O que Porsche fez foi executar tudo isso de forma mais integrada e bem-sucedida do que seus antecessores.

Adler, Hanomag, Škoda: inspirados na aerodinâmica do Volkswagen. O Steyr 39, com desenho de Kales e Porsche.

A fábrica

Porsche também teve problemas com algumas ideias do governo, entre elas a de fazer uma galeria elevada em torno da linha de montagem, de onde os compradores veriam seus carros sendo fabricados: operário não era artista de teatro! A empresa de Porsche continuou prosperando: tinha naquela época 93 empregados. Se Porsche realmente não acreditava no alerta de Henry Ford em 1937, mudou de ideia ao procurar o exército para reiterar o acordo, agora congelado, de fazer a versão militar do Volkswagen, previsto no dossiê enviado por Porsche a Hitler para o Volkswagen. O interesse em um veículo leve que transportasse quatro passageiros para terrenos acidentados desapareceu, e um grande aliado de Porsche, o ministro da guerra e general Werner von Blomberg, havia sido demitido. A história dessa versão do Volkswagen está mais ligada ao seu filho, Ferry Porsche, que liderou a equipe de desenvolvimento.

Porsche instruiu Karl Rabe a delinear projetos de execução do Tipo 62, um todo-terreno sobre chassi Volkswagen, em maio de 1938. No final do ano anterior, nos galpões de Kornwestheim, alguns oficiais do Comando da SS que haviam participado dos testes do Volkswagen 30 empolgaram-se com a perspectiva do todo-terreno. Em janeiro, o chefe da equipe de testes da série 30, Albert Liese e alguns de seus colaboradores, adaptaram uma enorme metralhadora ao chassi Volkswagen 30-13, criando um kart armado.

No alto: o Stuka (vespa), obra de Liese. No centro: o Tipo 62 para Ley, de costas, ao lado de Hitler e Porsche, de chapéu. Embaixo: bombardeiro de mergulho.

Liese, formado em engenharia, acabou sendo o elemento de ligação entre os Porsche e os militares. Ringel seguiu as ordens de Liese, o que fez surgir um veículo todo-terreno tosco, de bancos bem baixos, sem pés nem suportes – as pessoas ficavam recostadas, como nos Fórmula 1. Para evitar que os soldados fossem cuspidos para fora do carro em trechos acidentados, o desenho do encosto e do banco lembrava o de um balde, e a pessoa literalmente se encaixava nele. O carro, virtualmente um chassi, logo foi chamado de Kübelsitzwagen (carro com bancos de balde, em alemão), depois abreviado para Kübelwagen (carro-balde).

Porsche percebeu que estava perdendo sua fonte de financiamento, pois durante a guerra não caberiam verbas para construções ou bens civis. A chance de obter contratos com o exército se esfumaçara. Nesse período, Liese conseguiu que Josef "Sepp" Dietrich, general da SS, fosse ver o Tipo 62. Dietrich ficou interessado no mode-

Heinrich Himmler, com quem Porsche fazia negócios, ao lado de Heydrich.

lo, o que possibilitou uma aproximação de Porsche com Heinrich Himmler, que gostava muito de engenhocas modernas.

Em 15 de maio de 1938, ficou pronto um desenvolvimento do Stuka (vespa), feito pela fábrica de carrocerias Trutz, em Gotha: o segundo Tipo 62. O modelo continuava tendo dificuldades para vencer terrenos muito difíceis, pelo pequeno vão livre entre o chassi e o solo, e a carroceria lembrava muito a do Volkswagen. Era antes um fora de estrada de turismo bem-acabado do que um veículo militar.

Um evento de comemoração

Em 26 de maio de 1938, finalmente ocorria um evento muito esperado: a comemoração da pedra fundamental da fábrica de automóveis mais moderna e gigantesca do mundo, que rapidamente proveria a motorização de todo o povo alemão. Durante dois dias, centenas de ônibus e 28 trens especiais descarregaram 70.000 pessoas, a maior parte de adolescentes da Juventude Hitlerista, seguidos por membros da DAF e do partido.

Dois ônibus vindos de Stuttgart trouxeram os quarenta empregados mais graduados do escritório de consultoria de Porsche, que logo foram aos seus assentos especiais, na arquibancada VIP.

Um enorme Mercedes-Benz preto, dirigido por Ferry Porsche, com Ferdinand Porsche atrás, estacionou perto de um vagão de trem, de onde saltou Hitler, que logo entrou no Mercedes e se dirigiu para o local do evento.

Da esquerda para a direita: inauguração da Kdf-Stadt, com a presença de toda a cúpula do projeto, incluindo Porsche (único com roupa civil). No alto: Três carros cobertos. Embaixo: Bodo Lafferentz durante um discurso. Ato simbólico realizado por pedreiros com a pedra fundamental. Por último: discurso de Hitler.

A fábrica

Porsche observa sua criação: as versões sedã, sedã com teto solar e conversível. Na sequência: mais fotos da cerimônia da pedra fundamental da KdF-Stadt.

Após concluído o discurso de inauguração, as capas sobre os carros foram retiradas, revelando três Volkswagens reluzentes: um sedã, um conversível e um sedã com teto solar. Os três modelos eram de cor cinza-azulado e maravilharam os presentes.

Hitler prometeu produzir o carro mais barato do mundo depois de quatro anos, e nomeou-o KdF-Wagen (Carro Força através da Alegria), que seria feito na KdF-Stadt (Cidade Força através da Alegria). Os Porsche, pai e filho, ficaram surpresos com o novo nome, que dificultaria as vendas no exterior. Não tinham sido avisados anteriormente dessa mudança.

Ironicamente, Josef Ganz havia sido preso por ter usado o nome Volkswagen em seu próprio projeto, anterior ao de Porsche, e aquele nome tão cobiçado havia sido dispensado tão facilmente. Um caríssimo material promocional, em cores, também teria que ser refeito, com a troca do nome Volkswagen para KdF-Wagen.

No alto: no mês seguinte, Hitler anexa a Áustria. Embaixo o KdF tinha desempenho idêntico ao de um carro esporte, ilustrado na Subida de Montanha e em outros ralis.

Terminado o discurso, Hitler desceu do palanque e entrou no Volkswagen conversível, que seria dirigido por Ferry Porsche para levar o ditador até o lugar onde estava estacionado um de seus Mercedes. Foi a primeira de duas vezes que Hitler andou de Volkswagen.

Apesar da promessa de construir a fábrica, Hitler teve de alocar toda a mão de obra para fazer a Linha Siegfried, composta de casamatas e bunkers ao longo da fronteira com a França.

De 1 a 5 de julho de 1938 o Tipo 60, série V303, foi posto à prova. Ferry Porsche, Hans Klauser – que depois trabalharia na Porsche – e Herbert Kaes participaram de um evento do NSKK no montanhoso Tirol bávaro, onde ultrapassaram carros de maior cilindrada, cujos motores ferviam nas subidas. O evento serviu como forte divulgação da aptidão do carro do povo.

Modelo em escala do Tipo 114, um V-10, inspirador do Porsche 356/1 de 1948 e do Porsche Carrera GT de 2003.

Com a recusa de Ley e Lafferentz de financiar o Tipo 64 (ou Volkswagen 60 K10) para competições, Porsche voltou a sonhar em ter uma pequena fábrica própria, nos moldes da Bugatti. O primeiro produto seria um veículo aerodinâmico com motor central arrefecido a água de dez cilindros em V e 1,5 litro, fórmula idealizada, mas que ainda não havia sido feita. Renderia tanto quanto um V-12. Com vantagens, tais como pistões de cabeça convexa, acionamento das válvulas por tuchos e engrenagens, virabrequim roletado – uma joia de precisão digna da indústria relojoeira suíça. O radiador, colocado na frente, exigia uma grade de ventilação, embora houvesse previsão para o radiador junto do motor. Duas versões, uma com um banco para três pessoas e volante central, como no P-Wagen de corrida, e outra mais estreita, para competições, com dois bancos, foram feitas. Possivelmente houve outra versão, parecida com o que depois viria a ser o Porsche 356. Nenhum deles passou do estágio de detalhados projetos e modelos em escala, iniciados em 10 de setembro de 1938, quando Karl Fröhlich desenhou o chassi do Tipo 114. A carroceria de Komenda vinha direto do Volkswagen, com uma linha de capô mais baixa em relação aos para-lamas, em curva suave, depois reproduzida no Volkswagen 60 K10 e nos Porsches 356 e 911, em todas as suas versões.

A equipe Porsche ainda conseguiu nutrir projetos por muitos e muitos anos, bem depois do falecimento de Porsche. O projeto multicilíndrico só vingou a partir do finalzinho do século XX e no XXI, com o Audi e o Volkswagen experimentais de doze cilindros em W, e com o Porsche Carrera GT, com motor V-10. Os dois primeiros carros foram obra de Ferdinand Piëch, neto de Porsche, e de seu colaborador temporário, Wendelin Wiedeking.

À direita: demonstração ao vivo, em Berlim. No centro: divulgação para seduzir o povo a comprar os selos de reserva. À direita: Kdf-Wagen: de A até Z.

A fábrica

Os germano-americanos eram menos submissos à autoridade de Ferdinand Porsche. Joseph Werner foi avisado para não opinar, em hipótese alguma, em nada que se referisse a motores, mas assim que chegou descobriu uma série de problemas que impediriam a produção em série. Substituiu o lento processo de preparo das extremidades das barras de torção, esmerilhadas de modo artesanal, por uma técnica de desbastamento com mandris automatizados. Muitas engrenagens, inclusive do virabrequim, eram rebitadas no eixo; Werner introduziu a técnica de soldagem. Porsche sabia que não entendia nada de produção em massa e aproveitou para dar oportunidade a quem entendia. Os consulados alemães em Chicago e Detroit encaminharam mais dez germano-americanos.

Três meses depois da cerimônia da pedra fundamental, foi utilizado um esquema inusitado de vendas de automóveis: prestações – método abominado pelos nacional-socialistas, visto como um recurso típico de judeus. O comprador também só levaria o carro *depois* de pagá-lo integralmente, no sistema *Sparkarte*, um tipo de consórcio estatal no qual a pessoa comprava um cartão de poupança por 5 marcos por semana, adquiria selos que deveria colar nos cartões, até integralizar 990 marcos.

Um cartão de poupança para reserva de aquisição do KdF-Wagen.

Para divulgação foram utilizados folhetos e prospectos cheios de promessas: baixo preço, veloz, confortável e econômico. Fotos e desenhos mostravam uma família bem vestida, com a mãe e duas crianças esperando o carro sair da garagem de casa. Com elementos de modernismo e ambiente doméstico, incluía uma foto da família admirando o motor do carro. Outra foto tinha uma tenda de *camping*, o KdF-Wagen e a família feliz. Nem uma palavra sobre os termos do contrato entre poupadores e o governo.

A criação do Tipo 60 K10

Porsche não se conformou com a proibição de Ley e Lafferentz sobre o Tipo 64, o Volkswagen esporte, e ainda fez tentativas de comprar as peças da fábrica Volkswagen, sem sucesso. Sempre com faro aguçado para fontes de financiamento, Porsche aproximou-se de um conhecido, Konrad Hühnlein, que acabara de organizar o Rali do Eixo, em homenagem às duas potências aliadas, Alemanha e Itália. Sabia-se que carros de maior cilindrada venceriam a competição, mas foi uma excelente oportunidade de propaganda para o KdF-Wagen, cuja produção em série, prometida para outubro, era uma farsa. Porsche ofereceu o carro para Hühnlein, e Hitler imediatamente autorizou o financiamento de três unidades com verba do NSKK. Esse acontecimento mostra que a ideia da ingenuidade política de Porsche merece questionamento.

Rapidamente, a equipe adaptou uma das carrocerias do Tipo 114 sobre o chassi Volkswagen, criando o Volkswagen 60 K10. Komenda delegou o desenho a Carl

Lafferentz, Werlin e Porsche (diretores do projeto KdF) decidiram presentear os chefões do partido: Hitler, Ley e Göering ganharam cobiçadas miniaturas e conversíveis em escala 1:32.

Froelich, que procurou em Berlim o escritório de Wunibald Kamm, o grande aerodinamicista. As linhas seguiam a escola de Paul Jaray, com sugestões de outro aerodinamicista respeitado, Koenig-Faschenfeld. Muitos dos livros sobre o Volkswagen se confundiam com a nomenclatura, usando Tipo 64 e Volkswagen 60 K10 para o mesmo carro. Tipo 64 era o número do projeto do escritório de Porsche, e o nome do carro, Volkswagen 60 K10, descrevia que era um Volkswagen dotado da décima carroceria desenhada para ser usada sobre o chassi Tipo 60. Vamos descrever o carro mais à frente, pois ele só ficou pronto em agosto de 1939.

No início de 1939, o total de cinquenta carros de pré-produção KdF Tipo 60, que se constituiriam em uma pré-série, não seria alcançado. Posteriormente foram produzidos 39 carros até julho, que se juntaram aos 33 (ou 44) Volkswagens 3. A produção do carro, que deveria alcançar dezenas de milhares de unidades no ano seguinte, paralisou-se em meados de junho, sem motivo aparente. Cada unidade custou algo em torno de 5.000 dólares. Os Volkswagens 303 séries 38 e 39 produzidos viajaram até 1940 por toda a Alemanha para estimular o esquema de poupança KdF-Wagen.

Tipo 82, o Kübelwagen em sua forma final

Em abril de 1939, o Tipo 62 evoluiu para o Tipo 82. Ainda sem portas, o veículo ganhou contornos mais angulosos, e Rabe introduziu nervuras longitudinais, que conferiram maior rigidez às chapas planas de aço. O apelido foi simplificado, ficando apenas como Kübelwagen (carro-balde). Certas soluções da Porsche pareciam verdadeiras "gambiarras":

alguém sugeriu usar rodas de aro 18 para aumentar a altura do carro em relação ao solo.

A Wehrmacht não se convenceu, comparando os pequenos Kübelwagens com seus poderosos Stower, Borgward e Horch, com tração nas quatro rodas. Achava que provaria a ineficiência do veículo, mas o Tipo 82, apenas com tração traseira, se saiu melhor em lamaçais.

O Kübelwagen é testado na fábrica.

Volkswagen 60 K10, finalmente

Em 19 de agosto de 1939, um bólido cinza-prata ficou pronto para participar, no dia 25 de setembro, do Rali do Eixo. Como no Tipo 114, o banco do piloto ficava centralizado. Sendo o 60 K10 bem mais estreito, o banco do passageiro era inclinado e um pouco atrás do outro. A cabine era muito pequena, mas, mesmo assim, o banco do passageiro, já recuado, foi inclinado em 30 cm para permitir a instalação de um tanque de gasolina trapezoidal de 50 litros (o do KdF levava 25 litros). O chassi era para ser de duralumínio, e a carroceria, de alumínio; as rodas tinham tala mais larga, medindo 3,25 polegadas. Não havia preocupação com conforto – as pessoas deviam ser muito mais resistentes naquela época e naquele lugar. A carroceria aerodinâmica incorporava detalhes que ressaltavam o que muitos anos depois foi chamado de "*corporate line*": variações sobre linhas básicas, permitindo a identificação imediata do fabricante de tipos e marcas diferentes. Esse acréscimo tornava possível olhar o Volkswagen 60 K10 e identificá-lo rapidamente como um Volkswagen. Na traseira, as grades de ventilação do motor, idênticas às desenhadas por Hans Mayr, eram encimadas por uma vigia oval, que passou a ser usada no Volkswagen a partir de 1953. Um segundo carro estava sendo rapidamente preparado.

A frente havia sido herdada do 114. Não foi possível descobrir quem a desenhou, sendo curioso o fato de que até hoje não tenha existido nenhuma menção a

À esquerda: o primeiro Volkswagen 60 K10, escuro, na frente da fábrica. À direita: os para-lamas dianteiros com cobertura de faróis: uso durante a guerra.

1946: Cisitalia, creditado a Pininfarina. De onde vieram os para-lamas e as duas grades?

uma inovação revolucionária desse desenho, invertendo a prática da época: os para-lamas eram elevados em relação ao capô. A crença corrente era a de que isso foi uma invenção de Pininfarina para o genial Cisitalia, que apareceu em setembro de 1946 – o desenho mais imitado da história do automóvel esportivo. Essa solução foi aplicada, por Komenda, no Porsche 356. Outra característica do Cisitalia, a grade dianteira, era quase idêntica, se bem que mais harmoniosa, à do 114.

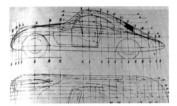 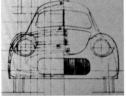 

À esquerda: esboço do primeiro projeto de um formidável esportivo com motor V-10: Tipo 114. No centro: a versão do V-10 com dois lugares. À direita: o Volkswagen 60 K10.

O Volkswagen 60 K10, depois levado a Pininfarina para ser reformado, em 1946.

Com o mesmo chassi tubular-plataforma, distância entre-eixos de 2,4 metros, bitola e suspensão do KdF, tinha um motor com cilindros e válvulas maiores e carburação melhorada. Deslocava os mesmos 985 cm³ do KdF, com o rendimento de 32 cv, 36 por cento a mais do que os 23,5 cv do KdF, melhoria obtida com a elevação da taxa de compressão para 7:1, com dois carburadores e cabeçotes de dupla entrada trabalhados – técnicas que se manteriam até o fim dos anos 1960. Um segundo modelo ganhou o motor de 1.086 cm³ do Kübelwagen, com rendimento de 40 cv a um regime de 3.800 rpm. Alcançava 140 km/h. Comparando-se ao KdF, com 985 cm³, 23,5 cv a 3.200 rpm e 100 km/h, percebe-se a melhoria que representou.

Diminuir o peso para obtenção de maior desempenho era a especialidade de Porsche. O Volkswagen 60 K10 pesava 545 kg, 205 kg a menos do que o Volkswagen, principalmente pelo uso de alumínio na carroceria. O diferencial era mais longo em relação ao do KdF. Faróis do KdF, janelas inclinadas, dividida à frente, forma de projétil, pequenas grades dianteiras, lanternas traseiras em forma de gota, saias sobre as rodas (as da frente basculavam para permitir o esterçamento): o carro era um projétil. O motor central e a transmissão traseira lhe davam uma estabilidade excepcional. A carroceria ficou a cargo da Reutter. A primeira tinha apenas um limpador de para-brisas e vidros com moldura cromada. Na série 38, reservaram-se os chassis 41, 42 e 43 para o carro de corrida. Os motores seriam quatro, um de reserva. O primeiro motor ficou pronto em 13 de abril de 1939.

CAPÍTULO 9
A INFLUÊNCIA DA SEGUNDA GUERRA

No dia 3 de setembro de 1939, com o ataque de um submarino alemão a um navio inglês, começava a Segunda Guerra Mundial, um evento que teve profunda relevância político-econômica para o trabalho de Ferdinand Porsche.

Os Porsche continuaram a testar os Kübelwagens e fizeram um modelo especial, o Tipo 62 K1, sem portas, a mando do doutor Robert Ley. Por ordem de Hitler, os alemães não eram informados sobre a guerra, recebendo apenas as informações positivas, como as viagens do Volkswagen 38 e 39 para angariar contribuintes, já que as vendas eram desapontadoras. Em um promontório que permitia a visão da fábrica, erigiram a Hütte (cabana, em alemão), uma casa no estilo de arquitetura KdF que abrigaria Porsche, Piëch e Louise durante a guerra, acima da fábrica do KdF-Wagen.

A casa de Porsche na KdF-Stadt.

Bodo Lafferentz requisitou o primeiro Volkswagen "Berlim-Roma", o 38/41, mas destruiu-o em um acidente. O chassis foi recuperado após o ocorrido e Jakob Werlin se apossou do carro, mas também se acidentou com ele, batendo em um automóvel que saía de uma estrada lateral. Foi então devolvido com severos danos à Porsche, que o reformou.

Em sentido horário, a partir do alto, à esquerda: três versões do Kübelwagen; Liese em um Stuka equipado com metralhadora.

Wehrmacht encomenda o Kübelwagen

Em fevereiro de 1940, sob as ordens de Hitler, a Wehrmacht encomendou o Kübelwagen. A fábrica na KdF-Stadt ainda não estava preparada para fabricar veículos, então a Ambi-Budd de Berlim ficou encarregada de fazer as carrocerias do Kübelwagen, que eram enviadas de trem para Fallersleben, a pequena cidade onde a KdF-Stadt fora contruída, e montadas no chassi em um canto da fábrica. Cada unidade custava 2.782 marcos. Apenas 200 eram produzidas por mês. Só em dezembro seria alcançada a média de mil Kübelwagens por mês. Em outro canto, surgiram algumas unidades do KdF-Wagen, que serviram de cortesia a chefões do governo.

O Jeep americano, fabricado pela Willys-Overland, Ford e Bantam, provou ser mais rápido e potente do que o Kübelwagen. Ferry adaptou-lhe um compressor e depois um turbocompressor. Gostou tanto do resultado que equipou seu KdF-Wagen de uso particular, até então equipado com cabeçotes rebaixados e dois carburadores, com o compressor. Durante essa época, tentou-se adaptar injeção direta de combustível e ciclo diesel para o quatro-cilindros. No final, foram fabricados apenas 55.000 Kübelwagens, contra 656.000 Jeeps nos Estados Unidos.

Transmissão automática, caixa de marchas totalmente sincronizada e até mesmo uma com cinco marchas: a atividade na Porsche era incessante. O ditador ficou tão satisfeito que lhe ofereceu os serviços de seu avião Junkers com o piloto particular, Hans Bauer.

Porsche começou a temer que seu sonho fosse por água abaixo outra vez, pois sabia que, sem produzir, acabaria perdendo a fábrica, possivelmente para a Junkers. Porsche buscou obter a colaboração de um concorrente da Junkers, Willy Messerschmitt, presenteando-lhe com um KdF-Wagen conversível. Se não obtivesse encomendas de outros industriais, pensou, pelo menos evitaria perder a fábrica. Preparou uma incrível quantidade de variações do Kübelwagen para conseguir encomendas: versões anfíbias, para bombeiros, com alto-falantes, rádio, até mesmo maquetes imitando tanques para Rommel enganar os ingleses no deserto.

Göring toma posse da fábrica, ordenando reparos em aviões danificados na Batalha da Inglaterra.

Em junho de 1940, recomeçou a produção do Kübelwagen. A quantidade era pífia: 400 unidades para 136 divisões (algo em torno de dois milhões de soldados) nos Países Baixos. A ordem, dada por Hitler, era apenas para satisfazer seu engenheiro predileto. A fábrica estava ainda despreparada para a produção em série. As carrocerias continuaram a vir prontas de Berlim, feitas na Ambi-Budd.

Com a volta dos bombardeiros danificados na batalha contra a RAF, a Volkswagenwerk, repleta de maquinário moderno, precisou ser utilizada para reparar os aparelhos. Hitler ordenou que Porsche fizesse o reparo de asas, nariz e cauda dos bombardeiros Junkers JU 88; a aeronáutica introduziu seus próprios engenheiros, como os irmãos Hans e Georg Riedel. Alguns deles se elevaram a um nível de casta superior, destituindo Porsche das funções técnicas e alocando um dos germano-americanos, Otto Hoehne, para organizar a produção. Anton Piëch assumiu a direção das finanças e do pessoal e acabou se desentendendo com Veyder-Malberg. Hitler deu um prêmio de consolação a Porsche: convocou-o para desenhar tanques de guerra. A consolação também significou que o Kübelwagen ia deixar de ser decorativo – o exército, inspirado por Rommel, começou a ver sua utilidade e fez encomendas significativas.

Prosperidade na guerra

Durante esse período, Porsche prosperou ainda mais, ficando com 291 empregados em Stuttgart. Mas a situação era instável: a DAF e o Volkswagen eram cartas fora do baralho. A aeronáutica, chefiada por Göring, já tinha um pé na fábrica do KdF, cheia de maquinário moderno, mas queria tudo. Fabricar Kübelwagens não manteria a fábrica nem a sede do escritório de consultoria em Stuttgart.

No dia 18 de junho de 1940, a Wehrmacht encomendou a Porsche outro veículo, um anfíbio. Porsche rapidamente adaptou o chassi do Tipo 87, o Kübel com tração nas quatro rodas e reduzida, criando o Tipo 128, logo denominado de Schwimmwagen (carro nadador, em alemão), com tração na água por hélice e chassi impermeável. Uma variante do chassi 128 recebeu a carroceria do KdF, o Tipo 98, para uso interno da fábrica.

A decadência se instalou definitivamente na fábrica, que parou de ser construída por falta de matéria-prima e pela dedicação de toda a infraestrutura alemã para a

Porsche prospera: Stuttgart-Zuffenhausen durante a guerra.

guerra. Os geradores de energia, subterrâneos, a sala das prensas e os escritórios começaram a funcionar improvisadamente. Não havia condições de fabricar carros em série: parte do ferramental americano, embargado pelo estado de guerra, começou a enferrujar nos portos de saída.

No início de 1941, devido ao embargo, Porsche ficou sem a fundição de ligas leves para a carcaça do motor, cabeçotes e carcaça da transmissão. Porsche seguia o modelo verticalizado de Ford, segundo o qual uma fábrica deve suprir a si mesma e produzir tudo o que necessita: de pneus a parafusos, das velas e distribuidores aos carburadores.

As diferenças dos métodos industriais dos Estados Unidos e da Alemanha de Hitler deixavam Joseph Werner perturbado. Tinha ordens de Porsche para fabricar Kübelwagens e os outros derivativos, cuidando da produção de chassi, motor e transmissão, mas não podia encomendar ferramental de reposição para longo prazo. Vivia assombrado com a perspectiva de ter que parar a produção a qualquer momento. A verdade é que, por mais que se aumentasse a produção dos Kübelwagens, ela jamais seria suficiente para manter uma fábrica daquele tamanho. A Wehrmacht e a Waffen-SS continuavam reticentes; Porsche percebia a necessidade de criar alternativas para manter a fábrica ativa. Para resolver o problema no qual se encontrava, decidiu utilizar a proximidade de Heinrich Himmler, o comandante das SS, estabelecida desde os testes do Tipo 60, para obter o dinheiro que rareava na DAF e que a Wehrmacht prometia dar mas não dava. Ainda hoje há dúvidas sobre a sagacidade política de Porsche, mas o fato de migrar de um órgão do governo para outro assim que lhe faltava dinheiro indica que ele sabia o que fazia. O historiador Mommsen interpreta o fato como uma incomparável capacidade de Porsche se manter imparcial, circulando entre setores rivais do governo.

Ferry Porsche e equipe, no primeiro anfíbio (Schwimmwagen)

Desenvolvimento de veículos militares

Em março de 1941, Porsche pediu ao comandante da SS um financiamento para a fundição de metais leves, o que agradou Himmler, que desejava construir um "império industrial SS". Nessa troca de favores, Albert Liese, formado em engenharia e, segundo Ferry Porsche, espião das Waffen-SS na Porsche desde os testes do Volkswagen 30, continuou imaginando-se engenheiro, como na época do Stuka. Solicitou uma motocicleta equipada com o motor do KdF-Wagen para substituir as motocicletas com *sidecar*, usadas em missões de ataque e reconhecimento. Substitutas malsucedidas da cavalaria, provaram-se pouco eficazes, pois Porsche não tinha experiência com motocicletas. Ferry foi rapidamente bem-sucedido na tarefa de desenvolver a versão anfíbia do Kübelwagen, o Tipo 128. Recebeu o valor de 200.000 marcos pelo feito, que foi apresentado ao chefe do estado-maior das Waffen-SS, Hans Jüttner.

Em maio de 1941, Porsche estava imerso em suas novas funções de idealizar tanques de guerra de alta velocidade e grande poder de fogo, e criou o Tipo 100, V-10 de 300 cv, apelidado de Leopard. Seu cargo o colocava em contato com o ministro de Armamentos, Fritz Todt. Os dois conservavam hábitos de trato pessoal da antiga geração e ficaram amigos; o ministro Todt conseguiu

No alto: o "Leopard" de Porsche. Embaixo: os ministros de Armamentos do governo de Hitler, Todt e Speer.

dois KdF-Wagen para uso particular. Ferdinad Porsche passou apenas um dia por semana em Fallersleben, mantendo-se religiosamente atento a tudo.

Em 21 de junho de 1941, a Alemanha atacou a União Soviética, o que representou para Porsche uma boa quantidade de Kübelwagens solicitados às pressas pela Wehrmacht e pelas Waffen-SS, 5.000 unidades ao preço de 3.457 marcos cada.

Em dezembro de 1941, os Kübelwagens se mostraram o único meio de transporte mecanizado válido, mas ainda assim limitado, durante o ataque à União Soviética. Novas versões dele começaram a ser oferecidas, como o Tipo 155, com lagartas adaptadas ao eixo traseiro para enfrentar lamaçais e neve na União Soviética. As engrenagens eram acopladas, por um encaixe de cada lado, aos semieixos. Outro 155 tem esquis em vez de rodas dianteiras. Podiam chegar a 30 km/h, e o motor era limitado a 3.000 rpm. Só ficaram prontos em 1943.

Em duas semanas, Porsche desenhou o Kübelwagen com duas rodas metálicas com flanges, que requeriam de oito a doze minutos para serem montadas sobre as rodas normais, sem alterar a pressão dos pneus. Por possuírem eixos mais longos, podiam trafegar em algumas malhas ferroviárias de bitola estreita. Era o Tipo 157, entregue a partir de setembro de 1944, quando a campanha militar na União Soviética já havia fracassado.

No alto, da esquerda para a direita: o Kübelwagen saindo de Zuffenhausen; a primeira produção em série de Kübelwagens sai de Fallersleben; atuação do Kübelwagen na África. Embaixo, da esquerda para a direita: o Lagarta, Tipo 2, para a União Soviética; o Kübelwagen no mar de lama russo; Kübelwagen disfarçado de tanque para enganar o reconhecimento aéreo dos aliados.

O Tipo 87-2

Ao tomar conhecimento das histórias do general Rommel, que só usava o Kübelwagen, Porsche pensou em dar mais conforto aos militares, desenvolvendo um carro que mantivesse o desempenho de um jipe e o conforto de um automóvel. O novo modelo foi projetado com três bancos, sendo um reclinável, com mesinha re-

No alto, à esquerda: o Kommandeurwagen fabricado para o major Hirst, no pós-guerra. Embaixo, à esquerda: o Tipo 87, além de uma pickup Fusca, o 60 K10 e o Kübelwagen: fábrica de milagres. Embaixo, no centro: o Tipo 87-2 da SS. À direita: o interior do 87-2 ou 287.

trátil sob o painel, reservatório de combustível extra e suporte para metralhadora. Os SS, que acompanhavam de perto tanto as atividades do escritório de Porsche como as campanhas de Rommel, se enamoraram do carrinho, requisitando-os imediatamente. Exigiram que o Tipo 87 fosse claramente marcado como de sua propriedade, no bidão de gasolina colocado sob o assoalho, à frente do banco reclinável do lado direito, e mudaram a especificação para 287 Kommandowagen (carro de comando, em alemão), que passou a ser conhecido como Kommandeurwagen (carro do comandante). Em 1942, fabricaram-se 134 unidades; em 1943, 382; em 1944, refletindo a derrota na União Soviética, apenas 151, algumas delas com teto de aço. Pode-se, com justiça, considerar o Tipo 287 como o ancestral do Porsche Cayenne do século XXI: um eficiente e rápido fora de estrada com tração nas quatro rodas incorporando tecnologia de ponta.

Notícias da linha de frente falavam de disputas sangrentas pelos Kübelwagens e Kommandeurwagens. Foram também o espólio de guerra mais cobiçado pelos Aliados.

Surgimento do Fusca

No dia 1º de julho de 1942, pela primeira vez, o apelido "besouro" (*beetle*, em inglês) foi aplicado ao Volkswagen, em uma reportagem escrita por um correspondente do *New York Times* em Berlim. No Brasil, o nome nunca pegou, pois a forma do carro parecia aos brasileiros mais semelhante a uma joaninha. Realmente, nos anos 1950, ele era visto pejorativamente como semelhante a uma barata. Nos final dos anos 1970, em parte por causa das cores e fazendo contraste com as Kombis policiais e as Chevrolets Veraneio dos órgãos de segurança policial e política, os policiais chamavam seus Volkswagens de "baratinhas".

Ainda em 1942, com base no chassi 38/41 e no motor 38/43, a oficina em Stuttgart construiu uma terceira carroceria 60 K10, com para-brisa mais recurvado na coluna dianteira e vidros adornados por frisos cromados, tudo combinando com a nova cor, prateada. Porsche gostava de circular entre Berlim, Stuttgart e a KdF-Stadt de trem, mas esse hábito foi ficando cada vez mais perigoso. Acabou adotando o 60 K10 aerodinâmico como um rápido transporte pessoal nas estradas desertas do doutor Todt, com os faróis cobertos para não chamar a atenção de bombardeiros.

Com os racionamentos e cortes de combustível ocasionados pela derrota da Alemanha nas últimas batalhas, Porsche criou um KdF-Wagen movido a gasogênio e denominou-o Tipo 230. Além disto, substituiu os metais raros por ligas leves, com destaque para o material dos mancais do motor, até então de chumbo-bronze, solução que persistiria até 1959.

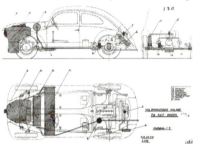

Tentativa para substituir a gasolina por gasogênio através do Tipo 230.

Mais desenvolvimentos militares

Finalmente, depois de quase três anos, surgiu o Tipo 166 Schwimmwagen (carro nadador, em alemão), anfíbio feito sob a orientação de Ferry Porsche, bem superior ao Tipo 128 de seu pai. Equipado com um tanque de gasolina maior, foi testado no Wörthersee, Tirol, perto da casa de campo dos Porsche. Era o único veículo a motor que lá navegava, pois o racionamento de guerra havia tirado todos os barcos do lago. Em agosto, a primeira unidade a sair da linha de montagem foi apresentada ao general Jodl, chefe da Wehrmacht, ao general Wolff, da SS, e levada a Hitler, em Rastenburg. Centenas de unidades já operavam na União Soviética, exclusivamente para a SS. Hitler ficou muito satisfeito ao saber que o 166 incorporou uma hélice feita de lâminas de aço, mais barata que a de ferro fundido usada no 128. Era mais silenciosa e 50 por cento mais eficiente. O modelo possuía tração temporária nas quatro rodas, podendo entrar e sair da água com maior desenvoltura. Mais pesado, recebeu um motor

Teste do Tipo166 Schwimmwagen.

de 1.131 cm³, substituindo o de 985 cm³ – que logo foi adotado no KdF-Wagen.

Porsche foi condecorado com uma medalha militar pelos seus trabalhos de desenvolvimento do tanque Tiger com motor V-10, pouco adequado ao momento de racionamento. Porsche então substituiu o V-10 pelo Maybach, do tanque Henschel. Com a situação da Alemanha na guerra se deteriorando rapidamente, Hitler ordenou que Porsche desenhasse um tanque maior que o Panther, o Elephant, de 55 toneladas, produzidos em 70 unidades. Os enganos continuaram: mais 50 unidades de outro tanque de Porsche, apelidado de Ferdinand, de 70 toneladas. Pesado e lento, equipado com o canhão mais poderoso da batalha, foi planejado para servir de antitanque. Os Elephants foram cercados pelos T-34 russos, mais ágeis, e os Ferdinands, destituídos de metralhadoras para combate a curta distância, eram quase inúteis.

Durante os testes, Ferry participava de todas as provas.

À esquerda: o tanque Elephant não aguentou a maior batalha de blindados, na União Soviética, em Kursk. À direita: Albert Speer substituíra o falecido F. Todt no Ministério de Armamentos. Não confiava em Porsche e fazia questão de testar o tanque "Ferdinand".

O esforço de Porsche durante a Batalha de Kursk

A Batalha de Kursk, ocorrida em 1943, demonstrou a superioridade da produção industrial e militar soviética. As pressões de Speer obrigaram Porsche a mandar seus engenheiros de volta à prancheta, em busca de simplicidade. Os T-34 russos capturados mostraram o caminho para a fabricação rápida e econômica. Sua blindagem dianteira, de chapas planas soldadas entre si, era mais resistente do que a custosa peça forjada do tanque alemão, que trincava quando submetida a um tiro direto. De acordo com Ferry Porsche, o pai teria ordenado aos funcionários que copiassem os pontos fortes encontrados na mecânica soviética, mas Sepp Dietrich, da Waffen SS, e Jodl, da Wehrmacht, teriam proibido tal prática. Para os militares, era difícil acreditar que os soviéticos, povo

O T-34 soviético, depois da derrota, copiado pela equipe Porsche.

tido como inferior, pudessem construir tanques superiores aos alemães. Neste ponto da história fica a dúvida sobre Porsche, que havia conhecido Kursk e outros centros industriais da União Soviética, ter informado anteriormente Hitler sobre o poderio testemunhado por ele, ou se teria informado, mas não teria sido ouvido.

Paradoxalmente, à medida que a Alemanha sucumbia, tanto na frente ocidental como na oriental, e suas cidades eram cada vez mais bombardeadas, empresas como a Porsche, que gozavam das graças de Hitler, aumentavam os lucros. Longe estavam os tempos do Kübelwagen ficar numa lista de espera de encomendas. Às 2.800 unidades feitas em 1941 se seguiram aproximadamente mais 40.000 até o final de 1943, um aumento de quase 100 por cento por ano.

Porsche preparara motores Volkswagen para usos diversos: uma lancha de assalto, com compressor, de 34 cv, o Tipo 170 e 171. Para enfrentar o terreno russo, fez o Östradschlepper, Tipo 175, um trator (ou rebocador) oriental encomendado pela SS, que imaginava que conseguiria manter a posse do petróleo na Ucrânia. Era uma adaptação modernizada do trem-sem-trilho fabricado pela Austro-Daimler na Primeira Guerra Mundial, com seis litros, quatro cilindros, 80 cv, 2.000 rpm, abastecido por gasolina, diesel ou gasogênio; tração dianteira, com juntas homocinéticas Rzeppa e raio de curva de apenas 7 m. O racionamento de borracha era tão desesperador que Porsche adotara rodas de aço de 1,5 m de diâmetro; o motor de arranque era um Volkswagen cortado pela metade, com dois cilindros e 11 cv. A Škoda tchecoslovaca, em Pilsen, produziu 50 unidades de uma encomenda de 100 caminhões (uma fonte fala de 200 unidades). Foi o Porsche mais lento jamais fabricado: ao invés de KdF-Wagens correndo por auto-estradas, havia um caminhão transportando os cidadãos SS, os colonizadores-guerreiros, pelo território russo a apenas 15 km/h.

No alto: a lancha de assalto. Embaixo: o motor, com compressor, foi logo adotado para o veículo particular de Ferry Porsche, o conversível KdF mais rápido fabricado.

Mais distante de Hitler e mais próximo de Himmler, Porsche permitiu que o chefe de polícia associasse o KdF-Wagen à ideologia SS. Sua "geração ariana SS", quando dominasse a Europa Oriental, precisaria de um transporte de alta velocidade para colonizar os territórios. O Volkswagen começara sua vida como carro do povo, mas acabou se tornando símbolo de *status* e condução para os poucos políticos favorecidos, a elite da elite civil do partido.

Um novo status jurídico

Apenas quatro anos depois de iniciados os trabalhos na Volkswagenwerk, surgiu a preocupação de se estabelecer quais seriam suas relações jurídicas com a Porsche KG, que detinha os direitos pelos desenhos dos carros lá produzidos. Teria sido acidental a coincidência com a clara percepção de que a guerra estava perdida? No dia 16 de outubro de 1943, o doutor Robert Ley criou um contrato que comprometia a Volkswagenwerk a usar os serviços da Porsche e, por outro lado, garantia direitos exclusivos sobre projetos de carros e comerciais leves que custassem menos de 4.000 marcos. A Volkswagen pagaria à Porsche 1 marco por carro produzido. Comprometia-se ainda a usar 30.000 horas de testes práticos e 2.500 horas de trabalhos de engenharia. O contrato não chegou a ser assinado, nem por Hitler, nem por seus colaboradores.

Um Schwimmwagen para trafegar na neve.

Todas as propriedades na Caríntia, em Salzburgo e em Viena estavam em nome de uma empresa, a Porsche KG. Havia ainda o Escritório de Consultoria Porsche, com suas propriedades, a casa da Feuerbacher Weg e da Spittalwaldstrasse. Ferdinand Porsche fez um contrato com sua filha, Louise, e o genro, Anton Piëch, no dia 15 de outubro, transferindo todas as suas propriedades para eles. Apesar de as forças aliadas depois da guerra terem decretado o sequestro de fortunas ganhas com o nacional-socialismo, algumas áreas controladas pelos americanos e ingleses regulamentaram exceções que possibilitaram a manutenção de boa parte da fortuna dos Porsche, inclusive patentes. Teria sido esta uma obra da sorte? Ou uma visão de futuro? Ou tino comercial? Teriam certeza de que a guerra estava perdida? Porsche era amigo de Fritz Todt e de Erwin Rommel, que pagaram com a vida seus avisos a respeito da derrota. Certamente Porsche era bem-informado.

Muitas indústrias, no final de 1943, estavam se planejando para o mercado do pós-guerra, um planejamento que demora muitos anos, com a finalidade de lucrar estratosfericamente depois do fim do conflito. A certeza da derrota prevalecia em pessoas com alguma visão da realidade, como os diretores da Volkswagen Bodo Lafferentz, Anton Piëch e Jakob Werlin, que ocultavam sua cobiça sob a capa dos fervores ideológicos da "vitória final do nacional-socialismo" e se uniam no apego frenético a novas encomendas para manter a fábrica funcionando, com a exploração do trabalho forçado dos povos conquistados. Foram bem-sucedidos.

No início de 1944, Ferry e Ferdinand Porsche optaram por ir ao seu lugar preferido, a Caríntia, nas montanhas do Tirol austríaco, opção respeitada por Speer e Himmler. Poupada de bombardeios, foi a região preferida pelos funcionários do governo de segundo

A fazenda de Porsche no Tirol austríaco (Zell-am-See).

Fallersleben e KdF-Stadt foram alvos de quatro bombardeios aliados; houve uma tentativa bem-sucedida de proteger as máquinas.

e terceiro escalões. Ferry Porsche procurou um conhecido, o líder provincial Scheel, em Salzburgo. Ele disponibilizou uma escola de paraquedistas e pilotos de planadores em Zell-am-See, vizinha à casa de campo dos Porsche. Recém-abandonada, seus hangares serviriam perfeitamente como oficina e depósito de material. Os empregados poderiam ficar nos alojamentos até então usados por futuros pilotos.

O outro local previsto por Speer e Scheel foi uma serraria abandonada na cidadezinha de Gmünd, também no Tirol austríaco, prontamente aceito por Ferry e seu pai. Porsche também resolveu fazer duas cópias heliográficas das plantas dos projetos e encaminhá-las para a Áustria, para evitar a perda dos projetos durante os bombardeios. O escritório central permaneceu em Stuttgart, e a produção foi para Gmünd. Zell-am--See funcionou como depósito. A fazenda propriamente dita, comprada por Porsche em 1939 com o dinheiro do Prêmio Alemão, tomando 50 hectares de um vale e 300 hectares de uma montanha, passou a ser produtiva.

No alto: um KdF supervisionava uma barreira antitanques feita com bondes. Embaixo: um abrigo parecido com o que Ferdinand e Ferry Porsche passaram uma noite.

Ferry ainda ficou algum tempo em Stuttgart. Para se locomover pela rota que atravessa a Baváriá rumo ao Tirol, equipou um Volkswagen conversível com motor de 1,1 litro com compressor, rendendo 45 cv, desenvolvido para o projeto 111 (uma lancha de assalto) e um rádio. Viajava frequentemente com Anton Piëch, experiente em sintonizar o rádio na frequência correta dos radares das baterias antiaéreas.

Posteriormente, as precauções tomadas pelos Porsche para preservar as plantas dos projetos se provaram bem acertadas quando a fábrica em Fallersleben foi atingida. O incêndio destruiu toda uma coleção de cópias heliográficas. Na Spitwaldstrasse a maior parte delas se perderia após uma inundação, em 1948, quando os americanos ocupavam as instalações.

O trabalho forçado dos prisioneiros de guerra

Em março de 1944, Porsche e Ferry reuniram-se com Heinrich Himmler para solicitar 3.500 detentos de campos de concentração para escavar e depois operar uma fábrica subterrânea na Lorena, região tomada dos franceses. Bodo Lafferentz nomeou um integrante da SS, o *Sonderführer* Thies Christophersen Kok Sagys, como chefe da fábrica de *Buna*, a borracha sintética alemã, para melhorar a situação de matéria-prima da Volkswagenwerk. Dois meses depois, Arthur Schmiele, engenheiro diretor da unidade da Volkswagen em Schoenebeck, tinha a patente de *Oberstürmbanfuhrer* SS. Viajou para o campo de extermínio e de trabalho escravo de Auschwitz-Monowitz e recrutou pessoalmente 300 judeus, testando suas habilidades e capacitação no uso de ferramentas. Essa nova classe de trabalhadores da Volkswagenwerk era tratada como a mais inferior de todas, sendo submetida a castigos físicos, privações e tendo que trabalhar nos locais mais insalubres. Relatos sobre esse fato estão registrados em um livro do Departamento de História Corporativa da Volkswagen.

Um capítulo triste: à esquerda um posto de observação da SS no campo de trabalhos forçados da KdF-Stadt. Escravos faziam bombas incendiárias e trabalhavam no inverno ao relento.

Pelo menos por duas vezes, Ferdinand Porsche teria encaminhado reclamações oficiais a Himmler, pedindo que os maus-tratos parassem, "pois isso prejudicava muito a produção". Não se sabe se existem documentos que indiquem, ou que permitam negar, que a insistência de Porsche em requisitar judeus ou de reclamar sobre suas condições de trabalho tenham tido motivos humanitários.

Estas duas fotos ilustram a grande diferença após a vitória e dominação inglesa. A primeira traz em, 1945 o disfarce das oficinas mecânicas escondidas sob a forma de uma serraria. A segunda foto ilustra a oficina sem propaganda política. Em 1947, o nome "Porsche" e o Volkswagen conversível de Ferry, com o compressor, conquistam o mundo.

A invasão da Normandia e a fuga dos Porsche

Depois de muito planejamento, os Aliados invadiram a Normandia em junho de 1944. Na época, Porsche e Piëch dirigiam a fabricação das bombas V1 e V2 em Tiecelet, na Alsácia. Utilizar a mão de obra de empregados franceses da Peugeot, submetidos a trabalhos forçado, rendeu-lhes quase dois anos de prisão.

As bombas incendiárias V1 e V2.

Reunião para organizar os trabalhos na fábrica.

Os países aliados estavam otimistas quanto aos rumos da guerra, mas Hitler e alguns colaboradores não percebiam a proximidade do final do conflito. Ferdinand Porsche e sua esposa gostariam de aguardar a queda do regime em Viena, pois ele ainda acreditava nas autoridades e achava que Hitler, através do general Schörner, poderia protegê-lo e conteria o exército soviético. Em dezembro, ficou claro que os soviéticos chegariam antes dos americanos, o que o levou a mudar de ideia e ir com os filhos para Zell-am-See. Karl Rabe ficou em Gmünd para continuar os negócios do escritório, usando uma placa de serraria na entrada para disfarçar suas atividades.

Em 1944, ficaram prontas com um ano de atraso algumas unidades do motor que deveria mover o primeiro avião em forma de asa do mundo, o Horten III. Movido por motores Volkswagen, são o Tipo 274. Alguns eram equipados com válvulas do tipo camisa, como no motor Willys Knight, por questões de custo. Sofriam superaquecimento e consumiam mais óleo do que gasolina.

Horten III: avião-asa.

Outra opção, depois do tanque Maus, foi o Tipo 276, um veículo antitanque que também carregaria munições, para suprir as falhas da logística em suas últimas campanhas. A Porsche preparou um Kübelwagen muito reforçado, para ser atrelado a um canhão antitanque, ou a um reboque com munição. Alcançava 65 km/h e tinha péssima aceleração, além de ficar sem freios depois de meia hora e usar três vezes mais gasolina. Tinha também um diferencial autobloqueante que durava apenas 4.000 km. Poucas centenas entraram em serviço.

No início de 1945, a Volkswagenwerk prosseguiu com a produção de mais 2.030 Kübelwagens e 500 motores (que acabaram ficando estocados), 500 geradores de força sobre o motor Volkswagen, 40.000 invólucros de minas, 170.000 tubos da *Panzerfaust*, eficaz e simples arma antitanque para ser operada a curta distância. Cessou a fabricação das caríssimas e imprecisas V1, que por vezes incendiavam cidades na própria Alemanha. Consequentemente, cessaram os bombardeios aliados.

Com o avanço dos americanos e soviéticos e as sucessivas derrotas sofridas pelos nazistas, Ferdinand Porsche resolveu abandonar a cabana em Fallersleben e a fábrica. Os lucros anuais desde 1943 não foram usados para pagar todos os fornecedores, e as dívidas se acumularam. A Volkswagenwerk aumentara tanto as encomendas que as 1.800 máquinas instaladas em 1939 e 1940 aumentaram para 2.476 em 1945. O faturamento total foi algo em torno de 763 milhões de marcos. Havia 210 milhões de marcos investidos pela DAF de Robert Ley e 270 milhões de marcos pelos investidores do sistema de poupança. Cerca de 100 milhões de marcos foram transferidos para a Volkswagenwerk a título de verba de reconstrução. Nenhum destes prejuízos foi jamais ressarcido.

Bodo Lafferentz, diretor-geral da Volkswagenwerk desde sua fundação, fugiu para a Suíça, suspeito de se apropriar de fundos da fábrica depositados no Banco DAF. Em poucos meses, desde novembro de 1944, Anton Piëch transferiu 10 milhões e quinhentos mil marcos e outros bens da Volkswagen para a Áustria. A maior parte foi destinada a Ferdinand Porsche, com quem assinara um acordo financeiro em 1943.

Anton Piëch deixou Fallersleben em fevereiro, com destino a Zell-am-See, acompanhado de sua esposa, Louise, e Erwin Komenda. Ficaram em seu lugar Hans Mayr, Fritz Kunze, os irmãos Riedel e Rudolf Brörmann. Ferdinand Porsche mudou de ideia outra vez e decidiu ficar em Gmünd, junto com Karl Rabe.

Zell-am-See produzia frutas, tinha hortas e gado. Dispunha de sete banheiros, uma enorme cozinha, forno e vinte quartos, que abrigariam vinte e cinco pessoas: as famílias Porsche e Piëch e alguns engenheiros. Os Porsche não passaram fome. Seu único sofrimento era esperar que a guerra acabasse, que os aliados aparecessem, situações para as quais se preparavam havia dois anos.

O refúgio dos Porsche

Em março de 1945, Ferry Porsche gozou uma liberdade temporária e calma, porém inquieta, em Zell-am-See. Durante esse período, recebeu as visitas de Albert Prinzing, um amigo de infância, e do ministro da Economia, Walter Funk, que teria ajudado Ferry Porsche ao dar um polpudo maço de notas de 5 libras esterlinas, uma fortuna na época. Outra visita durante esse período foi a de um jovem, que teria sido enviado pela Organização Todt para dar assistência a empresas evacuadas para a Áustria. Ferry Porsche aceitou prontamente a oferta de energia elétrica.

Alguns dos antigos funcionários da Porsche preferiram voltar para a Alemanha. Os austríacos ficaram em Gmünd, com mais cinquenta e tantos técnicos. Um deles, Joseph Werner, teria a missão de servir como intérprete, assim que os americanos chegassem. Josef Kales, por sua vez, resolveu permanecer em Fallersleben, para lidar com os assuntos técnicos. O general Omar Bradley, depois do contra-ataque das Ardenas, conseguiu tomar Nuremberg e Munique, avançando rapidamente. Jeep Willys armados com metralhadoras se tornaram comuns na região. Nesse momento, os americanos tiveram um contato maior com os milhares de Kübelwagens e KdF-Wagens usados pelos oficiais militares, que estavam se rendendo em massa. Os modelos despertaram interesse nos americanos, que resolveram desmontá-los e levá-los para exame nos Estados Unidos.

Em 7 de abril, soviéticos, pelo leste, e americanos, pelo oeste, estavam a poucas dezenas de quilômetros de Fallersleben. Anton Piëch cuidou pessoalmente da organização de uma sessão local da milícia popular para enfrentar os invasores, já que todos os exércitos regulares estavam se rendendo, desertando ou sendo liquidados. Conseguiu reunir 1.000 pessoas e as organizou em quatro colunas. Decidiu não ficar na batalha com as milícias populares e se reuniu com seu sogro na cidade de Neudek, nos Sudetos, e de lá os dois rumaram para Zell-Am-See.

Os habitantes alemães da KdF-Stadt trancaram-se em suas precárias casas. A cabana de Porsche estava vazia e silenciosa. Poupados de lutas e tendo enfrentado alguns bombardeios breves restritos à fábrica, esses habitantes estavam apavorados. O único ruído vinha da usina termelétrica: engenheiros e técnicos mantinham funcionando as caldeiras inauguradas por Porsche, milagrosamente poupadas dos bombardeios.

No dia 5 de maio, outras unidades americanas, lideradas pelo general Bradley, ocuparam Zell-am-See, a casa-fazenda de Porsche desde os anos 1920, aumentada pela escola de pilotos de planador abandonada.

A fazenda de Porsche em Zell-am-See.

Ferry Porsche ficara alguns dias sem receber visitas. No dia 5 de maio apareceu um Volkswagen pintado de cinza militar, que Porsche havia entregue em 1942 ao prefeito e chefe de polícia Gustav Scheel. Reconheceu também seu jovem ocupante, o suposto membro da Organização Todt que o visitara poucas semanas antes, na verdade um espião americano. Ferry ficou aliviado ao saber que sua região fora tomada pelos americanos, e não pelos soviéticos.

CAPÍTULO 10
O PÓS-GUERRA

No final de junho, três militares em um Jeep Willys chegaram a Zell-am-See. O germano-americano Joseph Werner serviu como tradutor do encontro com os Porsche. Dois militares foram selecionados para investigar os Porsche: o tenente-coronel inglês G. C. Reeves, um fanático por automóveis que tinha visto o Auto Union P-Wagen em Donington, na única vez que o carro foi levado para correr na Inglaterra, e o major americano Torre Frenzen, um engenheiro de origem alemã, da Chrysler, que ciceroneara o doutor Porsche em sua visita de 1936. O jovem alemão que espionava para os EUA ajudara efetivamente os Porsche, com energia ainda maior do que a eletricidade.

Fotos ilustram a destruição da Alexanderplatz, da Catedral de Santa Edwiges e da chancelaria durante a Segunda Guerra.

O major Frenzen, que viera direto de Stuttgart, informou a Porsche que suas instalações haviam sido brevemente ocupadas por franceses, e depois pelos americanos. Tinha havido uma "corrida" entre os generais aliados para ver quem conseguiria chegar antes.

Embora o ambiente fosse para confraternizações entre os soldados aliados e russos na KdF-Stadt, uma lei feita pelo comandante em chefe dos Aliados, general Dwight Eisenhower, fez com que isso ficasse estritamente proibido quando feito entre Aliados e alemães, passível de punições por corte marcial. Os americanos tinham que se limitar a cumprir a função policial: manter a ordem e cuidar da usina termelétrica. Em Stuttgart, os americanos usaram a então moderna edificação da Porsche para alojar milhares de escravos e refugiados russos, aguardando repatriação.

No rio Elba, perto da fábrica, americanos e soviéticos confraternizam.

Em julho, Ferry Porsche foi preso por assassinato, sendo levado com Anton Piëch e todos os homens que estavam em Zell-am--See para a cadeia de Salzburgo. Até Erwin Komenda, que nunca ia à fábrica KdF em Fallersleben, mantendo restrições ao regime deposto, foi junto. De lá, para a prisão de Landel. Encontraram muitos nazistas, oficiais e gente inocente. Acusações infundadas bastavam; alguns soldados Aliados, angustiados pelos horrores que haviam enfrentado, ou por

À esquerda: os americanos liberam a fábrica. No alto: os irmãos Riedel e Fritz Kunze são presos.

pura delinquência, podiam achar que a pessoa havia sido nazista e imediatamente a trancafiavam. Por vezes, perdiam a vida, baleadas à primeira vista. Ferry Porsche relatou que confinaram 32 pessoas em uma sala, mas ninguém apareceu para saber quem eram.

Ferdinand Porsche aguardava em Gmünd, região ocupada por destacamentos ingleses. Dedicou-se a reparar veículos de guerra dos Aliados, e já fabricava, nas bem-equipadas oficinas escondidas na serraria, utensílios de metal e até um trator agrícola.

No início de agosto, o destacamento inglês que ocupara Gmünd descobriu quem era Ferdinand Porsche e decidiu levá-lo para Bad Neuheim, perto de Frankfurt. Permitiram-lhe que fosse acompanhado pelo motorista, Joseph Goldinger, rumo ao Castelo de Kransberg, uma prisão especial para aqueles que haviam desempenhado funções técnicas no Terceiro Reich. O intuito era fazer a triagem de eventuais criminosos de guerra para o julgamento de Nuremberg.

Todos os sócios iniciais do escritório Porsche, com a exceção de Von Vayder-Malberg enfrentaram a prisão, por suposta colaboração ao nacional-socialismo.

Para surpresa de Porsche, Speer, seu antigo desafeto, voluntariamente o defendeu, atestando que se tratava apenas de um engenheiro e que nunca se ligara por conta própria ao Partido Nazista. A grande preocupação de Speer era manter gente qualificada trabalhando na Alemanha; testemunhara as tentativas de Porsche de se envolver minimamente em política. Speer não escapou do julgamento em Nuremberg, nem da prisão, mas livrou Porsche. Ambos tinham o mesmo tipo de responsabilidade: uso de trabalho escravo.

Ferry ficou preso por seis semanas, até ser interrogado.

Um oficial americano perguntou a Ferry Porsche, burocraticamente, se havia servido na Wehrmacht ou participado de alguma forma do governo nacional-socialista. Ferry negou tudo, afirmando que era apenas um engenheiro da Porsche em Stuttgart. O oficial não tinha o menor interesse, nem estava instruído para perguntar mais. Ferry temia ser inquirido sobre tanques e armamentos. A sorte estava, ainda, ao seu lado. De lá, seguiu para o campo de Glassenbach, melhor do que a prisão.

Albert Speer, o general Jodl e o almirante Doenitz, presos em Kransberg, como Porsche: crimes de guerra.

Podemos voltar agora ao Volkswagen. Dele se dizia que estava morto, o que não era verdade. Parecia já ter morrido pelo menos três vezes: na sua fase Zündapp, na sua fase NSU e na sua fase KdF.

Renasceu com o nome que Porsche aprovava: Volkswagen. Enquanto alguns militares ingleses estavam se ocupando da família Porsche na Áustria, outros militares ingleses que já conheciam o carro ocuparam e decidiram fazer funcionar a fábrica em escombros. Empregados de Porsche, como Josef Kales, os irmãos Riedel e Otto Hoehne e Joseph Werner, acabariam ficando por lá e ajudariam a finalmente erigir a fábrica voltada unicamente para produzir carros, mais ou menos como Porsche imaginara, ainda que um tanto nebulosamente.

A cidade, a KdF-Stadt, foi batizada com um novo nome pelos americanos: Wolfsburg, cuja origem se devia a um castelo e à antiga herdade da família Von Schulenburg, desapropriada por Hitler. Os americanos instituíram um conselho da cidade para implantar uma mentalidade democrática aos habitantes, acostumados ao autoritarismo nacional-socialista.

Ferdinand Porsche nunca precisou enfrentar o julgamento de Nuremberg.

Ferdinand Porsche completou 70 anos de idade detido em Kransberg. Ferry Porsche até o fim da vida ficou espantado e grato que Speer, sempre contrário a Porsche, tenha tido tal benevolência. Porsche não interessava aos americanos e foi libertado no final do mês. Ferdinand Porsche, graças à documentação que o inocentou em Kransberg e a outros contatos, conseguiu que os ingleses libertassem seu filho e seu genro.

Problema com os franceses: prisão

No dia 7 de novembro um oficial francês apareceu em Gmünd, após trilhar o mesmo caminho do major Frenzen e do tenente-coronel Reeves, com seis meses de atraso. Chegara via Zuffenhausen, levado por D. Jung, um dos engenheiros de Porsche. Bem falante e simpático, era o tenente Le Comte, um emissário do ministro da Indústria francês, Marcel Paul. Essa era uma oportunidade sedutora para Porsche, pois novamente a elite de um país conquistador o procurava.

Alguns franceses não haviam aprendido as lições da Primeira Guerra Mundial: novamente impuseram uma política voraz de reparações de guerra. Conseguiram dos americanos e ingleses o transplante dos equipamentos da fábrica de Fallersleben para algum lugar da França e receberam como parte do acordo os serviços de Porsche. Le Comte prôpos uma reunião em Baden-Baden, na zona francesa, exatamente o que os oficiais Frenzen e Reeves aconselharam-lhe não fazer.

Marcel Paul, um político de esquerda, logo se mostraria o terceiro governante autoritário que se aproximava de Porsche por razões ardilosas. Porsche novamente parecia ter ficado cego, seja por ingenuidade política, como afirmou seu filho, ou por motivos menos nobres, como a ambição e a vaidade – ou talvez por tudo isto. Porsche parecia incapaz de aprender com a experiência e acreditava que agora o carro popular realmente poderia dar certo. Outro fator a ser enfatizado é que interessava muito aos Porsche colaborar com os vencedores, seja por simpatia ideológica ou como uma forma de tentar apagar o fato de que tinham as mãos sujas pelo uso de trabalhadores escravos durante a guerra.

No dia seguinte, Ferry Porsche e Jung foram a Baden-Baden. Com passes especiais, foram apresentados a dois coronéis, Trévoux e Maiffre. Os dois se recusaram a tratar apenas com Ferry, o que fez Porsche tomar aquela que seria sua segunda decisão infeliz na vida: concordar em ir a Baden-Baden.

No dia 10, Ferdinand e Ferry Porsche, Jung, Anton Piëch e Herbert Kaes encontraram-se com Trevoux e Maiffre no Hotel Müller. Trevoux bravateou, dizendo que a fábrica de Wolfsburg já estava sendo transportada para a França, e o ministro Marcel Paul contava com a supervisão de Porsche e seus serviços na produção. Tirou um contrato da gaveta, exigiu que fosse assinado, o que Porsche quase fez, mas foi demovido pelo filho e pelo genro. Voltaram para a Áustria, para pensar.

No dia 14 de novembro, voltaram a Baden-Baden, mas, desacompanhados de Le Comte, foram recepcionados pelo coronel Lamis, ao invés de Trevoux. Maiffre, perturbado, submeteu-se a Lamis. A conversa se resumiu a umas perguntinhas, que irritaram Porsche e fizeram com que ele tomasse a decisão de voltar para a Áustria no dia 16. No dia 15, um jantar foi organizado em homenagem a Porsche, por parte de Marcel Paul.

Acabado o jantar, surgiram mais dois franceses, em roupas civis, dando a todos ordem de prisão e conduzido-os imediatamente à cadeia de Baden-Baden. Emitida pelo próprio ministro da Justiça, Pierre Henri Teigen – um homem bastante comprometido com o grande capital francês. Herbert Kaes escapou de tal destino, pois perdera a hora do jantar, mas com a ajuda de seu irmão Ghislaine e de uma parente que vivia na cidade preparou refeições e conseguiu melhorar ainda mais as condições dos quatro detentos. O que teria ocorrido? A versão de Porsche: ficou prensado em uma disputa política para dominar a indústria automobilística: de um lado, o governo francês de esquerda; do outro, o capitalismo francês. Uma Renault nacionalizada e com um projeto de Porsche seria imbatível. Mas o que, ou quem, teria provocado o arresto? Uma denúncia de vários crimes, feita por Jean-Pierre Peugeot, entre eles roubo de maquinário da fábrica em Montbelliard, responsabilidade pela morte de seus diretores e exploração de trabalhadores franceses. Verdades usadas com finalidades mentirosas: Porsche realmente cuidara, com Piëch, da fábrica Peugeot durante a guerra; mas havia salvo a vida de Peugeot, como ajudara a fazer com Rosenberger. Os franceses têm divulgado histórias de que Peugeot teria sido um herói, pela prisão que sofreu e por colaborar na sabotagem de sua própria fábrica. Peugeot e as versões da França omitem tais fatos, como a provável comunicação com os ingleses (que instruíam e financiavam a Resistência Francesa), comprovada pelas bolas de golfe com as quais presenteara Porsche. A probabilidade maior é que tenha trabalhado para os dois lados; apoiou a Resistência após ganhar muito dinheiro com o invasor, quando ficou claro que a Alemanha perdera a guerra.

Jean-Pierre Peugeot.

A descoberta da fábrica pelos ingleses

Durante essa época, o projeto de Porsche, agora um verdadeiro órfão, ganhara outros "pais", os militares americanos e ingleses, que descobriram a fábrica, após um aviso de empregados igualmente abandonados e temerosos da invasão soviética. Um destacamento americano ocupou a fábrica, cuidou da segurança, extinguiu motins feitos por parte dos trabalhadores forçados e começou a fazer reformas em veículos aliados. A família Porsche,

Otto Hoehne

por sua própria vontade, havia se evadido do local, por isso alguns empregados da fábrica representavam-na. Não se sentiam responsáveis pelo trabalho forçado e outras atividades vistas como criminosas os germano-americanos Fritz Kuntze, Otto Hoehne, Joseph Werner, engenheiros como Josef Kales e capatazes como Rudolf Brörmann.

Leslie Barber, economista civil pela autoridade de ocupação inglesa conhecida como MilGov (Military Government, ou Governo Militar), foi designado como curador dos assuntos financeiros e de propriedade até então administrados por alemães, principalmente a DAF. Barber descobriu que a DAF era dona de 100 por cento das ações da Volkswagen, por meio de uma empresa que, apesar de estatal, era também privada e limitada, a Vermügenverwaltung der DAF GmbH (Administração de Propriedades da DAF Ltda). Esse labirinto burocrático dizia que as mesmas ações também eram de propriedade de uma outra empresa, também privada e limitada, a Treuhandverwltung für die wirtschaftlichen Unternehmungen der DAF GmbH (Fundação Administrativa dos Empreendimentos Econômicos da DAF Ltda).

Para o leitor poder entender – embora Leslie Barber e os administradores aliados não o conseguissem – seria mais ou menos como se a Petrobras ou o Banco do Brasil fossem empresas estatais, mas administradas por empresas privadas, cujas ações, porém, fossem propriedade dessas empresas administrativas. O mais prático foi nem tentar entender, mas simplesmente dissolver tudo.

No alto: o coronel Radclyffe e o economista Leslie Barber – finalmente, o Fusca vira uma realidade. Embaixo: O coronel McEvoy.

Leslie Barber ficava no quartel-general de Hannover, a cerca de 60 quilômetros de Wolfsburg, e trabalhava sob as ordens de uma alta autoridade do MilGov: o coronel Charles Radclyffe. Os dois decidiram, isoladamente, prosseguir o trabalho dos americanos, que usavam a fábrica para produzir e reparar automóveis. Mas para novos passos precisavam aguardar resoluções dos governantes das nações vencedoras: União Soviética, Estados Unidos, Inglaterra e França. Duas dessas nações estavam em dificuldades, pois perderam os verdadeiros líderes da guerra: poucos meses antes do desaparecimento de Hitler, Franklin Roosevelt falecera e Winston Churchill fora derrubado democraticamente do poder. O coronel Radclyffe, que antes da guerra trabalhara para a indústria automobilística inglesa, recorreu ao grupo de manutenção das forças armadas, Royal Electrical and Mechanical Engineers, conhecido como R.E.M.E. Quem sabe esse pessoal poderia ir para Wolfsburg?

O pós-guerra

Um alto funcionário do R.E.M.E. e velho conhecido do coronel Charles Radclyffe, o coronel e engenheiro Michael McEvoy era uma pessoa autossuficiente e conhecia e admirava profundamente o Volkswagen desde o Salão do Automóvel de Berlim de 1938. Junto com Laurence Pomeroy, engenheiro e redator da revista *The Autocar*, participara das apresentações do então KdF-Wagen. Trabalhando para a Roots (compressores), prestara assessoria em experimentos da Mercedes-Benz. Durante a guerra tornou-se, como tantos soldados, entusiasta dos "jipinhos" Kübelwagen e Schwimmwagen. Sabendo que os americanos haviam reiniciado a produção, pediu imediatamente a Barber para cuidar dos assuntos da Volkswagenwerk.

Os ingleses sempre admiraram as criações do escritório Porsche.

Embora esta parte de nossa história não envolva diretamente Ferdinand Porsche, mostra como o respeito por sua obra anterior foi responsável pela história de sucesso do Volkswagen, independentemente do nacional-socialismo.

Os ingleses tinham enorme admiração pelo Kübelwagen, desde a campanha no norte da África, o que o tornou uma presa de guerra cobiçada. A revista *The Autocar* teve acesso a um Kübel em 1941 e publicou um artigo esmiuçando o "jipinho alemão", escrito por John Dugdale, correspondente de guerra. Era visível sua admiração, ainda que implícita, já que o Kübelwagen era produto de alemães, conhecidos por destruir cidades inglesas e querer acabar com o modo de vida britânico; já haviam conquistado o título de "povo mais odiado do mundo", como escreveu Ferry Porsche em suas memórias, vinte anos depois.

Em 1943, um Kübelwagen apreendido foi enviado para Coventry, o principal centro manufatureiro de automóveis ingleses da época. Engenheiros da Humber, chefiados por Bernard Winters, fizeram uma excelente descrição do Kübelwagen, de 62 páginas, depois publicada nas revistas *The Motor*, *The Autocar* e *The Automotive Engineer*. Faziam parte do grupo Rootes, o mais importante da ilha britânica, composto pelos fabricantes de veículos leves das forças inglesas, e concluíram – como qualquer engenheiro concluiria – "que o desenho carecia de qualquer brilhantismo, a não ser em alguns detalhes". Era verdade: vimos que todas as soluções já haviam sido inventadas ou adotadas antes, inclusive na Inglaterra. Mas o texto se completava de modo político: "Sugerimos que não se considere este desenho como um exemplo de algo moderno, de primeira qualidade, que deva ser copiado pelas indústrias britânicas".

Aparentemente, o estudo, que mostrava novidades no material usado, no sistema de refrigeração forçada, na suspensão e no sistema de propulsão, falhou em não ressaltar os dois grandes méritos do Volkswagen na teoria e na prática. Na teoria, integrar todos esses detalhes, antes encontrados de modo isolado e esparso na indústria. Na prática, fazê-lo de modo honesto e cuidadoso. Relatório técnico, conclusão política. A Alemanha era um inimigo impiedoso, e os ingleses eram pelo menos igualmente vaidosos. McEvoy sabia o que as autoridades falavam do Volkswagen, mas não ligava para a opinião delas. Conhecia o Volkswagen e sabia o que o carro podia fazer: algo que os competidores não faziam. Em dois dias, já estava na fábrica e fez um levantamento completo dos danos causados nas edificações da Volkswagenwerk. Graças aos engenheiros mais graduados, ávidos por colaborar, descobriu a localização das máquinas dispersas nas cidades da região: quase todas estavam intactas.

Em termos da edificação, apesar das aparências de devastação total, apenas uma ala, a 3, estava destruída. No total, apenas 20,2 por cento da área coberta estava inutilizada; 13,6 por cento estavam muito danificados; 20,9 por cento superficialmente danificados. Das 2.476 máquinas, 20 por cento tinham danos e 10 por cento haviam sido destruídas.

McEvoy expandiu as ideias dos americanos e rapidamente construiu uma oficina mecânica junto ao estoque repleto de peças. Acabou descobrindo peças suficientes para mais 500 Kübelwagens, além das 86 unidades já prontas – herança da brevíssima ocupação americana –, faltando apenas a colocação de pneus. Brörmann assegurava que podia fazer para julho e agosto um furgão sobre a base do Kübelwagen: 250 unidades por mês, ou 10 por dia, além de bombas de gasolina e carburadores. Isso era extremamente cuidadoso, para se dizer o melhor: as condições de produção eram muito piores e, pior ainda, havia certos gargalos.

No dia 18 de dezembro de 1945, Leslie Barber e McEvoy tomaram medidas para proteger o maquinário disperso de saques. Posteriormente também tiveram que se preocupar com as requisições de outros órgãos. Responsabilizaram os prefeitos de outras cidadezinhas implantando sérias punições. O processo de recuperação duraria até 1946. No final das contas, descobriram que cerca da quarta parte do material estava perdida, atrás das linhas soviéticas.

Todo o material de uso bélico, para bombas V1 e V2, bazucas Panzerfaust, minas etc. fora destruído. A Volkswagen teve uma sorte notável em ter esses ingleses de altíssimo nível de educação e rica experiência interessados nela. Sem motivações revanchistas, apesar da violência infligida ao seu país. Se eles tivessem demorado mais tempo, a fábrica poderia ter sido vista como produtora apenas de material de destruição e seria desmantelada.

À esquerda: maquete de fabricação de bombardeiros. À direita: maquinário escondido. Embaixo: os ingleses, agora com o major Hirst à testa, colocaram seu futuro para erguer a Volkswagen.

No final do ano, McEvoy, Barber, Brörmann e o Conselho da cidade de Wolfsburg decidiram procurar mil operários especializados em outras cidades da zona de ocupação britânica para começar a produção. Onde alojá-los? Boa parte das casas em Wolfsburg, abandonadas ou semiabandonadas pelo pessoal graduado da fábrica que tinha compromissos nazistas, agora abrigava soldados ingleses. Os ex-trabalhadores forçados passaram a ser refugiados. Seus interesses casavam, mas por motivações diversas, com o do conselho da cidade e o da diretoria da fábrica. Os primeiros queriam se ver longe de Wolfsburg o mais rápido possível e os outros queriam logo seu repatriamento ou a chance de emigrar para os Estados Unidos.

A Volkswagenwerk começava a ser uma realidade, com a produção de 10.000 unidades do Volkswagen em seu primeiro e precário ano de vida. Karl Rabe e a família Porsche, através de Josef Kales e outros, acompanharam esses desenvolvimentos. Mas não podiam se aproximar: Ferry Porsche, Ferdinand Porsche e Anton Piëch estavam detidos e não tinham permissão para cruzar fronteiras.

No alto: em março de 1946, comemorou-se a fabricação de 1.000 fuscas. Embaixo: em outubro, 10.000 unidades.

Em 1946, Adolf Rosenberger, nos Estados Unidos, acompanhava de perto as atividades da Volkswagen administrada pelos militares ingleses. Escreveu para seu amigo dos tempos da Auto Union, o chefe de equipe de corridas doutor Karl

À esquerda: os ingleses, orgulhosos de seu feito em instalações precárias, bombardeadas. À direita: Karl Feuereisen, primeiro à esquerda, amigo de Rosenberger e Porsche, colaborador de Nordhoff, junto com os irmãos Pon.

No alto: produção sob Hirst e Berryman. Embaixo: o primeiro Volkswagen de exportação – melhoras no acabamento.

Feuereisen, que servira na Luftwaffe e sobrevivera à guerra. Feueresein acabara de conseguir o emprego de diretor de vendas da Volkswagen. Rosenberger queria uma representação exclusiva do Volkswagen para os Estados Unidos, com sede na Califórnia. Feuereissen gostou da ideia, mas não tinha poderes para isso: eram os oficiais ingleses que dominavam as decisões. A Volkswagenwerk sequer era uma empresa comercial e não se sabia se seria desmantelada ou não. Além disso, toda a produção estava comprometida com os militares das forças aliadas. Uns poucos começavam a ser vendidos às nascentes forças policiais, a médicos e a outros civis. Feuereisen prometeu avisar Rosenberger se alguma oportunidade surgisse.

O Volkswagen 1946 tinha muitos defeitos. Na ânsia de diminuir seu preço artificialmente, o carro ficou barulhento e mal-acabado. Os milhões de quilômetros rodados pela Série 30 e pelos "jipinhos" Kübelwagen durante a guerra permitiram aperfeiçoamentos muito específicos – como capacidade de rodar no deserto – que nem sempre se aplicam às condições normais de uso civil. Em julho, o Volkswagen recebeu um tratamento antirruído, forração na parede de fogo e padronização da pintura do motor. A camada de pintura geralmente cobria uma camada de poeira. Uma grande quantidade de carros precisava ser refeita, pois o setor de pintura havia sido bombardeado e era tomado por sujeira endêmica. Não havia um Volkswagen que já não estivesse enferrujado antes mesmo de sair da fábrica, principalmente nas bordas dos capôs e das portas, que não abriam e fechavam de modo apropriado. Os vidros, inclusive dos faróis, se quebravam espontaneamente pelas imprecisões na estampagem das chapas e tensões delas decorrentes. O motor durava, em média, 10.000 quilômetros.

Em fevereiro, Ferry Porsche foi mandado para um confortável hotel em Bad Ripolsdau, enquanto Ferdinand Porsche foi transferido para um hospital militar, com problemas de vesícula biliar. Ghislaine Kaes continuou levando-lhe alimentos. Le Comte ressurgiu do nada, a mando do primeiro-ministro Marcel Paul, e exigiu os desenhos do Volkswagen, dizendo que liberaria Ferdinand Porsche caso fosse atendido; pressionava Ferry, no mesmo sentido. Ghislaine, na qualidade de cidadão inglês, lembrou-se da recomendação que eles e os americanos fizeram: não entreguem nada aos franceses. Conseguiu que o capitão Kneeshaw, em Klagenfurt, expulsasse Le Comte da região. Tendo que voltar para Baden-

Operário desmaiado na Volkswagen: alimentação, ritmo de trabalho e confusão mental devido às promessas não cumpridas do nazismo cobravam seu preço; a família Porsche também sofria, de outro modo.

-Baden, este fez uma volta meio esquisita por Gmünd, para tentar exigir os projetos de Karl Rabe, que se recusara a entregá-los.

Louise Piëch e Karl Rabe conduziam a empresa com enorme competência, fazendo reparos em qualquer máquina que aparecia e vendendo implementos agrícolas. Louise ocupou lugar discreto na propaganda do mito Porsche para uso público, mas a relevância de sua função para a manutenção do legado e da dinastia Porsche não podem ser menosprezadas. O final da guerra e o

Ferry Porsche e Louise Piëch, em 1955.

desrespeito de seu marido pareciam tê-la feito desabrochar como mulher de negócios, com especial facilidade de contato com pessoas. As autoridades austríacas haviam colaborado com a união nazista dos dois países, mas agora queriam se apossar de tudo que fosse alemão. Esta política da Áustria, estudada por muitos historiadores, mentira e dissimulação para proveito próprio, travestiu colaboradores de vítimas, num bem urdido plano político. Louise Piëch percebeu, ao se confrontar com mais um sequestro financeiro, que não havia se tornado alemã, como seu pai e seu irmão. Assim, continuou com a posse das finanças diante do governo austríaco e deu uma forma legal à empresa, que passou a se chamar Porsche Gmünd.

Em março, um publicitário suíço extremamente bem-relacionado na alta burguesia de Zurique, Ruprecht von Senger, apareceu na serraria com muitos de desenhos e encomendou um carro, o Tipo 352. Poucos meses depois, pediu outro modelo, o Tipo 354.

Em maio, Porsche e Piëch finalmente resolveram colaborar. Levados a Paris como prisioneiros, foram alojados nas dependências dos empregados da Renault, em Billancourt. A fábrica estava numa situação lamentável: a tragédia da guerra atingira o industrial Louis Renault: simpatizante declarado do nacional-socialismo antes da tomada do poder, exibia como honra uma visita a Hitler em 1932; depois, foi acusado de colaboracionista. No final de 1944 foi executado por membros da Resistência Francesa sem julgamento e de forma humilhante. Sua família viu a empresa estatizada, apesar das suspeitas de que ele talvez não tivesse sido exatamente colaboracionista político. Por exemplo, desenvolveu secretamente, contra ordens

Projetos Renault durante a guerra: o 4CV, claramente inspirado no Volkswagen, e o projeto 148, inspirado no Tatra (feito em 1948). Proibido por Hitler durante a guerra, foi feito em segredo. Porsche imaginou poder colaborar, mas acabou sendo preso, em parte por ingratidão e intrigas.

expressas do invasor nazista, o projeto do pequeno Renault 4CV. Algumas autoridades militares alemãs na França mantinham uma certa compreensão, inspirada pelo general Stülpnagel e pelo coronel Ernst Jünger, o poeta da Primeira Guerra, embaixador para as artes, que protegeu artistas na França de serem mortos pela Gestapo: Albrecht von Urach, um nobre que trabalhava na Daimler-Benz, descobriu os testes e fez vista grossa.

O 4CV era uma espécie de cópia do Volkswagen; Komenda colaborou discretamente no desenho. Uma pequena equipe liderada por Pierre Lefaucheux, o diretor escolhido pelo governo francês para colocar a Renault de pé, com a credencial de ter sido membro da Resistência, e Fernand Piccard, chefe do projeto do 4CV, vão visitar Porsche e Piëch. Segundo Ferry, Porsche teria proposto mudanças na suspensão e distribuição de peso, criticado a colocação do motor em linha: era "de popa", no sentido de "externo", como dizia Ganz, atrás do eixo traseiro; e criticou o diâmetro dos pneus.

A Renault, oficialmente, nega até hoje que Porsche tenha interferido no projeto. Piccard atestou que Ferdinand Porsche estava idoso e confuso, mal falava; ficava apenas reivindicando sua liberdade e exigindo a presença da família. Ferry Porsche relata a mesma reação, julgando ser "muito compreensível" para um homem doente, idoso e encarcerado.

Ferry Porsche foi liberado em julho de 1946, mas sem documentos. Teriam sido perdidos; e, assim, não podia se deslocar. Le Comte concordou em levá-lo para Innsbrück, pois tinha passes e automóvel. As forças militares francesas visitaram a Volkswagen e se tornaram fãs do "Besouro".

No alto, à esquerda: Pierre Lefaucheux e o 4CV. No alto à direita: os franceses, assim como americanos, soviéticos e ingleses, foram os primeiros a requisitar a produção de Volkswagen de Barber, Hirst, Berryman e Radclyffe. À esquerda: Porsche avisou a respeito do motor de popa, mas não foi ouvido.

Fundação da Porsche Konstruktionen Salzburg GmbH

Em dezembro de 1946, Louise e Ferry Porsche fundaram a empresa Porsche Konstruktionen Salzburg GmbH. Ela administrava com mão de ferro e sabedoria as oficinas de Gmünd. Lembrava seu pai na capacidade de se cercar de gente devotada e capaz. Karl Rabe organizou os engenheiros para consertar tratores, Jeeps americanos e fabricar implementos agrícolas. Eram duzentos empregados: o negócio prosperava. Escreveu Ferry Porsche: "Tínhamos dinheiro, mas não podíamos usá-lo. Mas a fazenda produzia o que precisávamos, e tínhamos trabalho". Provavelmente, o dinheiro estava embargado pelas autoridades de ocupação, por ter sido ganho através do governo nazista. Imaginavam que o dinheiro poderia liberar os parentes presos; se em épocas de paz o dinheiro é a grande mola motora, pós-guerra...

Em 1946, na Feira de Klagenfurt, na Áustria, a firma de Porsche estava presente com seus produtos.

Karl Abarth, o homem que havia se casado com a ex-secretária de Piëch e fugira da Alemanha com a ajuda de Ferdinand Porsche, tinha ido para o Tirol italiano, onde foi abrigado por parentes; italianizara seu nome e fugira novamente, para a Iugoslávia, quando os nazistas ocuparam o norte da Itália. Estava em Merano, na Itália, perto de Gmünd, quando soube do triste destino da família Porsche. Na mesma cidade estava o engenheiro Rudolf Hruska, outro austríaco que trabalhara com Porsche no P-Wagen, no projeto do trator (Waldbrol) e também na fábrica. Nenhum deles havia se ligado ao partido. Hruska não conseguira voltar para a Áustria pelas más condições das estradas. Os dois conversaram e combinaram fazer uma visitar à família e começaram a manter correspondência com Louise Piëch. Abarth e Hruska tinham excelentes relações com engenheiros italianos, especialmente Giovanni Savonnuzzi e Piero Taruffi. Os dois falaram, em tom de piada, como seria bom se pudessem obter um desenho da equipe de Porsche para um carro de corrida.

Abarth usou a brincadeira para fazer coisa séria e se comunicou com Tazio Nuvolari, um habilidoso e popular corredor que já havia pilotado os P-Wagens; era mais um que nutria admiração e amizade por Ferdinand Porsche. Abarth perguntou, por carta, a opinião de Louise sobre essa iniciativa. A contida mas inequívoca alegria da esposa sem marido e sem pai o levou a relatar a "brincadeira" de Savonuzzi e Taruffi para Rudolf Hurska; a conversa trazia à lembrança as andanças de Piero Dusio, misto de empresário e motociclista de competição que ficara multimilionário fabricando calçados para as forças armadas italianas durante a Segunda Guerra. Havia fundado uma fábrica de automóveis, a Cisitalia, e mantinha interesses na OM (sigla da firma Officine Meccaniche SpA). Baseado na mecânica do

No alto: primeiro protótipo do Cisitália e o grupo responsável por sua criação. Embaixo: Tazio Nuvolari testando o Cisitalia – liberdade comprada para Ferdinand Porsche.

Fiat 1100, construiu pequenos esportivos vestidos pelos carrozzieri do norte italiano e obteve sucesso nas vendas. Queria um carro de corrida que pudesse ser o campeão nas pistas. Também era amigo de Savonnuzzi e Taruffi, que usaram o mesmo argumento da brincadeira para desestimular Dusio: "Apenas alguém que tivesse algo igual ao P-Wagen de Porsche poderia vencer a Alfa, a Maserati e a Escuderia Ferrari". Sabendo disso, Abarth e Hruska procuraram Dusio e avisaram que os Porsche estavam vivos e trabalhando, bem perto de lá.

No começo de 1947, Abarth mandou cartas para Tazio Nuvolari, que morava na sua cidade natal, Mântua, perto de Merano, e que apareceu de surpresa em sua casa; e marcou um almoço com seu amigo Hruska. Os três, que podiam viajar à vontade, planejaram duas visitas: Dusio e... Gmünd. O entusiasmo de Dusio era tal que resultou numa promessa de financiamento, quase sem condições.

Resultado de tanta animação: um multicontrato prevendo um carro de corrida, um carro esporte, um trator e várias máquinas estacionárias. Louise Piëch, Ferry Porsche e Karl Rabe comprometeram-se com projetos prontos dali a quatro semanas. Os arquivos metálicos contendo plantas do carro esporte Tipo 114 forneceram as ideias básicas, e de lá saiu um carro de características muito avançadas, o 360 de Grand Prix, com motor boxer traseiro central de 1,5 litro, doze cilindros, compressor, 400 cv, arrefecido a água, tração nas quatro rodas e câmbio sequencial. Outro motor, um V-8 de 100 cv, equiparia um carro esporte. Dusio adiantou uma parcela de um preço total, ainda não calculado.

Algemas e Dijon

Quando o socialista Marcel Paul perdeu o poder, o ministro da Justiça Teigen fortaleceu-se e ordenou, em 17 de fevereiro de 1947, o transporte de Porsche e Piëch, algemados, para a fantasmagórica prisão de Dijon. Uma semana depois, redobradas crises de cólica levaram Porsche ao hospital da prisão. Abandonado por falsos amigos, que haviam se safado dos julgamentos, entrou em melancolia. Apenas uma pessoa conseguiu contatá-lo: o abade Johannes Kraus, que prestava serviço religioso aos presos alemães, livre das proibições nazistas. Porsche confessou-se ao abade quase diariamente, mas não aceitava que alguém a quem tanto ajudara, Jean Pierre Peugeot, tivesse criado essa situação. O ministro Teigen providenciou, finalmente, um interrogatório – a única coisa que o fez sair da cama. Dois diretores da Peugeot, Materne e Falaise, inteirados da situação, se ofereceram para testemunhar: "Porsche jamais ordenou transporte de maquinário para a Alemanha, nem arregimentou trabalhadores forçados da Peugeot". A história dos dois franceses foi confirmada por ninguém menos do que o chefe da Gestapo na França, Rolf Müller, que disse: "Não conheço este homem". Tal afirmação implicava que Ferdinand Porsche nunca se envolvera na morte dos diretores da Peugeot. Mas conhecia Anton Piëch, que lidara diretamente com os infelizes franceses, enviando-os ao notório arregimentador de mão de obra, Fritz Sauckel; a outra implicação evidente era que permaneceria preso. E Porsche? Velhice e doença não valiam, mas ficar preso depois de inocentado de crimes? Os juízes alegaram que, como diretor da fábrica, Ferdinand Porsche também era responsável e continuaria preso.

Karl Rabe.

A força-tarefa de salvamento de Ferdinand Porsche viajou pelo mundo: contatou o corredor Louis Chiron e o organizador das 24 Horas de Le Mans, o jornalista Charles Faroux, bem relacionados com o governo de direita. Karl Rabe mandou uma carta para a Califórnia, dizendo: "A vida deles está em suas mãos!". Imaginava que Rosenberger estava em posição para ajudá-los, pois havia provas documentais da proteção que recebera dos Porsche. Passaram-se meses e nada de resposta. Anos depois, Rosenberger diria: "Jamais recebi essas cartas". É possível, dada a precariedade dos serviços transatlânticos de correio, conjugada à censura militar sobre a correspondência de pessoas muito conhecidas. A família Porsche imaginou que o ex-sócio, de quem esperava gratidão, recusava-lhe ajuda na hora mais difícil. De imaginação em imaginação, receita para confusão.

Ideia para um carro

Ferry Porsche precisou de nove meses para obter um passaporte, problema que Karl Rabe e Erwin Komenda nunca tiveram. Os três foram a Turim, supervisionar os trabalhos da OM de Piero Dusio no carro de corrida de doze cilindros. Levaram consigo um dos Volkswagen K 60 "Berlim-Roma" para ser restaurado por Pininfarina, que aparentemente inspirou a criação do famosíssimo Cisitalia 1100, que usou a mesma ideia do K 60, aplicada por Dusio, de aproveitar a plataforma de um carro menos dispendioso para fazer um outro carro. Por causa disso, o outro projeto da Porsche – um V-8 arrefecido a ar de 100 cv – fora postergado. Poucos anos depois a falência de Dusio, que logo depois se mudou para a Argentina, impossibilitou a realização do projeto.

Examinando o Cisitalia, Ferry, Rabe e Komenda ficaram incitados a construir um carro esporte sobre o chassi Volkswagen, intitulado Tipo 356. Não se chamava Porsche, e sim "Volkswagen Sports". O convívio íntimo sempre resulta em algum tipo de influência

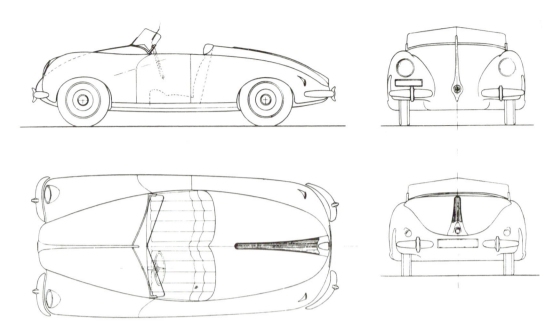

Os primeiros projetos do 356: o spaceframe, com tecnologia inspirada na Itália, foi abandonado por questões de custo. A carroceria, de Erwin Komenda, influencia a linha até hoje.

mútua: se Farina usou o Volkswagen K 60 na parte dianteira, Komenda transplantou as maçanetas, as lanternas traseiras e a harmonia italiana do Cisitalia para o Volkswagen Sports, mantendo a frente do K 60 com uma caída mais suave e bem proporcionada. Não havia nenhuma perspectiva concreta para construí-lo, mas desde 1930 o escritório Porsche se habituara a desenhar e planejar sem interrupção. O trabalho árduo os mantinha treinados e aquecidos, mesmo que o projeto não viesse à luz.

Fizeram dois projetos para o Tipo 356 – o tricentésimo quinquagésimo sexto projeto da Dr. h. c. Ferdinand Porsche Konstruktionen Bureau – que corriam paralelamente durante boa parte de 1947. Como o Tipo 356 poderia vir depois do 360? Os Porsche, em tradição austríaca, tinham uma conduta que lhes parecia educada, embora para outros povos parecesse servil: números redondos eram reservados para clientes especiais.

O chassi

Ferdinand Porsche era um engenheiro de chassis, o que torna natural começarmos por esse componente tão importante quanto o grupo motopropulsor. Os dois desenhos, responsabilidade direta de Karl Rabe, Erwin Komenda e Franz Reimspiess, ficaram prontos no inverno de 1947/1948. Um deles, o 356/1, um conversível com motor central traseiro mais próximo ao centro de gravidade do carro, com o conjunto de transmissão logo atrás, permitia distribuição de peso próxima à ideal, o que resultava em uma melhor estabilidade. Usaria uma ideia italiana, vista por Ferry, Rabe e Komenda em Turim: estrutura de chassi em tubos de metal formando sistemas geodésicos por triangulações (em inglês, chama-se *spaceframe*, estrutura espacial, ou treliça), que conferia rigidez estrutural e à flexão nunca vista, com

O pós-guerra 133

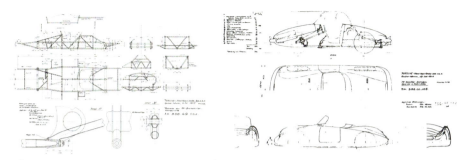

À esquerda: a planta do chassi spaceframe. À direita: o segundo projeto do 356: motor central no spaceframe, com tecnologia inspirada na Itália. A carroceria, de Erwin Komenda, foi aperfeiçoada após a visita no *carrozziere* Farina.

economia de peso. Arquitetura prefigurada em parte pelo gigantesco Auto Union P-Wagen, vindo da engenharia aeronáutica, de modo que o desenho não era estranho à equipe de Porsche. O cupê 356/2, um fastback com espaço para bagagem e um pequeno banco traseiro, teve seu desenho desenvolvido simultâneamente ao 1; mas o chassi era semelhante ao do Volkswagen, de tubo central, motor quase alinhado ao eixo traseiro e transmissão à frente, com reforços transversais e longitudinais que formavam um monobloco com caixas.

O motor

O Volkswagen podia alcançar 100 km/h, velocidade notável para a época. O pequeno bólido, baixinho e esguio, fora projetado para cruzar a 120 e chegar a 140 km/h. Tinha o motor Volkswagen retrabalhado, com cabeçotes especiais de válvulas de admissão e escapamento posicionadas em ângulo de 32°, e não paralelas, um modo mais eficiente que no motor Volkswagen original, que possuía 25 cv, 1.131 cm^3, diâmetro 75 mm e curso 64 mm. A Porsche tinha esse equipamento bem à mão, preparado sem a preocupação de custos com material militar, para equipar lanchas de assalto. Seu desenho teve considerável vida útil: nos anos 1980 foi aplicado a um projeto brasileiro, o primeiro Volkswagen Gol, de 1,3 litro. Assim era a engenharia inspirada por Ferdinand Porsche.

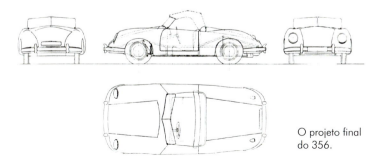

O projeto final do 356.

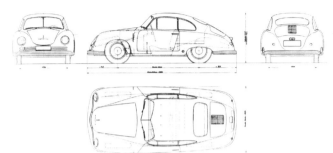

A versão cupê, o 356/2, abandonou o sistema space-frame e o motor central, por questões de custo e praticidade de utilização.

O desenho permitiu válvulas maiores e, consequentemente, maior enchimento dos cilindros. Além disso, Reimspiess adotou molas de válvulas duplas, coletores de admissão polidos, dupla carburação e taxa de compressão elevada para 6,5:1 – o máximo que a gasolina de 78 octanas da época suportava. Com esses refinamentos, a potência máxima era de 40 cv a 4.200 rpm, sem modificação dos cilindros do Volkswagen. Tudo isto já havia sido usado no Volkswagen conversível de Ferry Porsche; que ainda tinha o já extinto compressor Roots.

Ferry Porsche, Louise e Karl Rabe decidiram adotar o sobrenome da família no Tipo 356, num voto de libertação para Ferdinand Porsche. Ferdinand Porsche, ao liderar a elaboração do Tipo 32, de 1933, não sabia que estava idealizando o carro de passageiros mais bem-sucedido do mundo. Seu filho, Ferry, ao impulsionar o Tipo 356, não sabia que estava idealizando o carro esporte de maior êxito no planeta. Suas contingências eram conflitantes: seu pai estava na cadeia; mas não precisava mais de testes de componentes. Tinha agora o motor Volkswagen, de liga leve em molibdênio e alumínio, além de ausência do sistema de arrefecimento líquido, com qualidades que garantiriam a durabilidade. A carroceria em alumínio incorporava conhecimentos de aerodinâmica que já haviam dado fama a Porsche. Trazia uma beleza intrínseca e funcional, dispensando ornamentos.

Usar componentes mecânicos do Volkswagen, como o 60 K10 "Berlim-Roma", implicava dispensar testes de material e desenhos novos. A serraria em Gmünd permitia usinagem e execução de peças em aço, mas não era uma metalúrgica com forjas, fundições ou prensas. Tudo isso havia ficado em Stuttgart, que agora estava servindo de oficina para o comando militar de ocupação americano.

Mais difícil do que projetar, era construir. Não era possível obter peças novas. Ferry Porsche mantinha relações cordiais com os administradores ingleses e alemães da fábrica

O 356/1 de motor central, fotografado na fazenda de Zell-Am-See.

O pós-guerra

Volkswagen, situada longe de Gmünd, em Wolfsburg. Ele os visitou em 1947 e 1948 na tentativa de obter componentes, mas a produção estava sendo totalmente absorvida pelas forças de ocupação aliadas e pela polícia alemã.

A alternativa foi tornar proveitoso um mau negócio e utilizar peças usadas. Isto não era difícil, por uma triste razão: havia milhares de Kübelwagens espalhados pelas estradas vicinais e trilhas dos Alpes. Poucos funcionavam, e a maioria estava largada, ao relento; alguns tiveram suas peças mecânicas pilhadas. Ferry Porsche teria dito: "Se estes componentes deram conta do Kübel, vão servir para o esportivo!"

E assim seria o primeiro Porsche: montado a partir de peças de suspensão e transmissão, e até da carcaça do motor, de alguns Kübelwagens abandonados.

Em 1947, Von Senger não conseguira os automóveis que encomendara, os Tipos 352 e 354. No verão, tomou um trenzinho – única via de comunicação – para voltar às visitas regulares na "serraria" e contrabandeou componentes elétricos muito cobiçados, feitos na Alemanha e na Suíça, como velas de ignição e platinados. É possível que tenha sido um emissário ligado às contas bancárias abertas por Piëch. Teve pleno acesso aos desenhos e ficou tão entusiasmado com o pequeno roadster 356/1 que o adquiriu imediatamente, ainda no projeto. No que se refere à carroceria, a colaboração do próprio comprador, Von Senger, foi fundamental. Comprometeu-se a fornecer chapas de alumínio, disponíveis na Suíça. Algumas peças, como os cabeçotes especiais, estavam estocadas em Gmünd, novinhas. Dispôs de fresas, tornos e politrizes para executar acabamentos e reajustes.

Liberdade para Porsche, ainda que tardia e limitada

O conjunto de tantas tentativas reais teria que dar certo. Em agosto de 1947, contatos na França informaram que tudo poderia ser resolvido com base em negociações, o que significaria, na realidade o pagamento de resgate de um sequestro. Colocado em termos de fiança – embora os alegados crimes fossem inafiançáveis na legislação da época – o pagamento custaria 1 milhão de francos (20.000 dólares em dinheiro de hoje). Louise, Rabe e Ferry entraram em contato com Piero Dusio, que transferiu o dinheiro diretamente para a França. Chiron e Faroux efetuaram o pagamento. Ferdinand Porsche e seu genro foram recambiados para Kitbuell, dentro da zona da Alemanha alocada à administração francesa, e se esforçaram para não sair da cidade. Dois julgamentos e duas absolvições permitiram a volta a Gmünd.

Com a derrota alemã na Segunda Guerra, a Alemanha foi dividida em quatro regiões administrativas.

Testes do 356 em março de 1948

Ferry Porsche, serpenteando em rampas de 32 por cento a bordo de um estranho veículo sem carroçaria, tinha no banco direito o talentoso engenheiro Eberan von Eberhorst, recém-foragido da Alemanha Oriental e aceito por Ferry para trabalhos isolados, sem contrato. Antigo representante da Auto Union junto a projetos da Porsche, substituiu a partir de 1937 Ferdinand Porsche quando ele largou o

À esquerda: da direita para a esquerda – Porsche, Eberan von Eberhorst, da Auto Union (na foto de 1936, junto com Bernd Rosemeyer). No centro: Ferdinand Porsche e o modelo que trazia seu sobrenome no capô. À direita: o sobrinho-neto, Edwin Kaes, e o neto, Wolfgang.

cargo para se dedicar ao KdF-Wagen. Von Eberhorst desenvolvera o P-Wagen de doze cilindros e 3 litros a partir do dezesseis-cilindros de Porsche, para 1938. Logo depois, iria para a Aston Martin e, nos anos 1950, voltou para a Auto Union. Foram ao passo de Katschberg, a cerca de 30 km de Gmünd. Com os Alpes tão pertinho, só podia sair um carro estradeiro; Ferry era especialista em testar carros destinados à produção. Suspensão e motor central Volkswagen no chassi tubular criaram um protótipo prateado que acelerava bem nas curtas retas e contornava as curvas alpinas velozmente, com estabilidade e segurança inéditas na época. O ruído, mas não a aparência aerodinâmica do engenho, destoava do belo cenário natural. O teste de estrada, numa bela primavera austríaca, fez nascer naquele momento o mito Porsche. "Incrível! Apenas com peças de um Volkswagen!", exclamou Von Eberhorst. Queriam competir na classe internacional de carros esporte de 1.000 a 1.100 cm³; era fácil diminuir a cilindrada para 1.086 cm³ (diminuindo o diâmetro de cilindros de 75 para 73,5 mm), mantendo os 40 cv anteriores, a 4.000 rpm; com taxa de compressão maior, de 7:1; alcançava 140 km/h. Devido à baixa octanagem da gasolina de então, apresentava "batida de pino", defeito bem conhecido pelos usuários brasileiros dos primeiros Fuscas.

No alto: montagem do protótipo. Embaixo: o chassi ficou pronto antes da carroceria.

Pode-se ver o impacto do Porsche 356/1 em 1948, pela comparação com um desenho avançado inglês (o Austin A40, de 1,2 litro) do mesmo ano.

Em maio de 1948, apareceram as chapas de alumínio prometidas por Von Senger para a carroceria de alumínio desenhada por Komenda. Com as mãos hábeis de três funcionários, dentre os quais se destacou Friedrich Weber, o protótipo começou a tomar forma. Bateu as chapas com martelos sobre um molde de madeira, como faziam os *battilamieri* (funileiros italianos). Esse verdadeiro artesão reproduziu fielmente os cantos arredondados e bojudos que iriam se transformar na marca registrada da Porsche. Iniciara-se na profissão em 1923, como aprendiz de Ferdinand Porsche na Austro-Daimler e fazia o processo duas vezes mais rápido do que os outros profissionais.

Finalmente, o chassi 356/1 estava pronto: 609 kg, para-brisas dividido e sem moldura. O alongado capô traseiro tinha delicada furação oblonga, longitudinal e periférica para refrigerar o motor. Levantava por inteiro e deixava à mostra o motor de 1.086 cm^3, com transmissão e suspensão, como os carros de competição de hoje. Estepe e bateria ficavam atrás do motor. Internamente possuía banco inteiriço para três pessoas e contava com velocímetro e relógio. O capô dianteiro exibia orgulhosamente o nome "Porsche" com o mesmo tipo de letra usado até hoje. Dois frisinhos de alumínio transversais enfeitavam a dianteira: um carro *completamente* diferente de todos os que existiam em 1948, que pareciam pertencer a alguma era geológica anterior. As maçanetas eram embutidas, como nos carros da década de 1990. Alguns falavam que o carro era um avião sem asas; afinal, estrutura tubular de alumínio recoberta de chapas do mesmo material e propulsão por motor arrefecido por ar eram "a última palavra" em técnica aeronáutica da época. Já apresentava as características típicas dos produtos da Porsche, com projetos que fornecem o melhor desempenho, construção dentro dos mais rígidos padrões de qualidade de engenharia e execução, acabamento impecável e desenho inovador.

Ferry Porsche recompra o 356/1 em 1958 para o planejado museu.

Alguns defeitos foram corrigidos no pavimento áspero do Passo Grossglockner, como o tubo posterior do chassi, que se quebrara. A peça foi soldada e reforçada, ainda que de improviso, por um funileiro que morava perto. Quando a Porsche recomprou o carro, em 1958, o reforço ainda estava lá!

A entrada de Nordhoff na Porsche

Herbert Kaes, o sobrinho de Porsche que trabalhava como piloto de testes do Volkswagen desde 1934, conduziu o 356/1 numa corrida em Innsbrück e venceu facilmente na classe 1.000-1.100 cm³ – uma surpresa até mesmo para seus construtores, que não o viam como carro de corrida puro (outro fator da ideologia Porsche que se tornaria rotina). Em setembro, Von Senger finalmente tomou posse do carro e se tornou o primeiro proprietário de um Porsche no mundo. Depois de alguns anos, revendeu a outro entusiasta, que o usava para divertir sua família, além de participar de competições; a mesma coisa, com o terceiro e o quarto proprietários, todos suíços. O 356/1 perdeu os para-choques, sofreu modificações na traseira e teve o motor Volkswagen substituído por unidades Porsche mais modernas, de 1.500 cm³. Levou algumas batidas e capotou mais de uma vez, mas resistiu e mostrou qualidade de construção e rigidez do chassi tubular. Sobreviveu e foi readquirido pela fábrica em 1958; ficou exposto em um canto dos escritórios em Zuffenhausen, até que o Museu Porsche fosse constituído, onde ocupou lugar de destaque. De 1983 até 1990 foi alvo de uma restauração cuidadosíssima e retornou ao aspecto original. Veio ao Brasil em 2000 como uma espécie de "promotor" de vendas de seu descendente mais direto, o Boxster, que estava sendo lançado oficialmente no país. Meio século depois, o Boxster, junto com o Cayman, e o 914 antes deles, ecoaram como verdadeiros descendentes do 356/1, as ideias e a filosofia construtiva de Ferdinand e Ferry Porsche, Rabe e Adolf Rosenberger, testadas no gigantesco Auto Union de dezesseis cilindros. O 356/1, com chassi tubular e uso diário muito mais restrito, pela falta de um porta-malas e acomodação para mais duas

Ferry Porsche ainda dirigia – muito bem – aos 85 anos; foi colocado diante do único Volkswagen 60 K10 existente. Seu último adeus ocorreu em 1999, aos 90 anos.

O pós-guerra

Ferry Porsche com os sobrinhos Ferdinand Piëch, Edwin Kaes e Michael Piëch, na fazenda em Zell-Am-See.

crianças disponível apenas para o 356/2, não pôde cumprir essa função por causa da época de penúria em que veio à luz. Houve, certamente, descendentes mais diretos do 356/1 depois do falecimento de Ferdinand Porsche: 550 Spyder, RS 60/61, 904/Carrera 6, 907, 908, 910 e 917. O cupê 356/2 teria uma longa e ilustre carreira. Fabricado em série, em Gmünd e Stuttgart, de 1949 até 1966, resultou no 911.

Além da decisão de prosseguir com a fabricação em pequena série do 356, o ano foi decisivo na vida pessoal e comercial de Ferry Porsche e sua família. Com seus advogados, procurou o diretor superintendente da Volkswagenwerk desde janeiro de 1948, Heinrich

À esquerda: a primeira série de quarenta carros tinha dois frisos frontais. À direita: o 356 levado a Stuttgart, em Feverwerker Ruëgg.

Nordhoff. "Nordhoff? Justamente o antigo empregado da Opel?" Ao saber da escolha dos ingleses, Ferry ficou desagradado: um inimigo do Volkswagen dirigia a única fábrica alemã de automóveis que havia se reerguido? A maior da Europa! Alguém com sérias restrições quanto à subvenção estatal e ao motor do carro não era um bom sinal. Nordhoff também se preocupava: "Exigirão a direção da fábrica? Manter contratos nazistas por patentes?" Havia muito espaço para demandas e brigas – de ambas as partes.

Ferry Porsche teve sorte: encontrou um outro Nordhoff, mais magro e amadurecido pelo desemprego; por pouco não havia sido preso pelos russos. Os três eram consumados negociadores e homens de boa vontade, com dose extra de educação que o sofrimento da guerra às vezes provê para algumas pessoas. Os Porsche não tinham mais direito algum sob as novas leis, mas era justo que recebessem algo pelos desenhos. Surgiu um acordo e amizade pessoal intensa, que durou até a morte de Nordhoff: cada Volkswagen vendido corresponderia a uma porcentagem em *royalties* paga aos Porsche, conforme o preço de venda – substituindo o 1 marco prometido por um falecido (Ley) e "garantido" por um órgão extinto (DAF). Louise Piëch estava na negociação, estabelecendo uma relação íntima, quase instantânea, com Nordhoff. O acordo garantiu a representação do Volkswagen para a Áustria, sob os cuidados de Louise e membros da família Kaes. Além disso, a Volkswagenwerk escolhia a Porsche Konstruktionen como projetista oficial, garantindo contratos, na época inexistentes para qualquer empresa, de desenvolvimento do produto.

Heinrich Nordhoff e Ferry Porsche em 1948.

Porsche se comprometeu a não projetar nenhum carro popular de 1 a 1,3 litro para outra companhia por 25 anos e cedeu patentes relativas ao Volkswagen. Ferry Porsche enviou alguns de seus melhores técnicos, como Ringel e Werner, para trabalhar junto de Kales com Nordhoff. De uma hora para outra, Ferry Porsche era rico outra vez: apenas em 1948 foram vendidos quase 20.000 Volkswagens. O pagamento incluía até mesmo uma porcentagem sobre os carros já fabricados antes do acordo, além de 200.000 marcos em dinheiro. Nordhoff forneceria motores, transmissões e eixos dianteiros para Ferry fabricar o Porsche 356, cujo protótipo já estava rodando.

A entrada de Fuhrmann na Porsche

Outro jovem e eficiente engenheiro austríaco nascido em Viena, de 28 anos e meio baixinho – o que parecia receita para trabalhar na Porsche –, estava em Teufenbach, a 50 km de Gmünd. Formado na Escola Técnica de Viena, chamava-se Ernst Fuhrmann. O doutor Mickl, que cuidava de todos os cálculos naqueles tempos sem computador, recebia seu primeiro ajudante, para criar um virabrequim capaz de levar o motor a 7.000 rpm (Tipo 528).

Beutler fez o primeiro conversível 356/2, fotografado na fazenda junto ao cupê, ao Volkswagen e ao Ford 37 de Porsche.

Conversíveis do 356 foram feitos na Suíça, pela Beutler, e em Viena, pela Keibl e pela Austro-Tatra, que fazia viaturas policiais com base no Volkswagen, com quatro portas de lona. Não faziam ideia, mas o que estavam criando era um dos dois carros esporte mais famosos do mundo, que iria se ombrear e ultrapassar, pelo menos em vitórias esportivas e qualidade, outra criação da época – a Ferrari. Era o começo do "sonho Bugatti" de Ferdinand Porsche.

CAPÍTULO 11
DE GMÜND A ZUFFENHAUSEN

O doutor Albert Prinzing, um dos mais jovens professores de economia na Universidade de Berlim, era velho amigo de infância de Ferry Porsche, em Bad Cannstatt; nascido dois anos depois de Ferry, em 1911, em Wiener Neustadt, o mesmo local onde ficava a fábrica da Austro-Daimler, na qual o pai de Ferry ocupara o cargo de diretor durante muitos anos. Nem todos os alemães eram nazistas convictos ou colaboraram ativamente com políticas de genocídio. Prinzing, adido diplomático para assuntos culturais na embaixada alemã em Roma, ligou-se ao conde Ciano, genro de Mussolini, que fizera oposição a Hitler. O Ministério das Relações Exteriores abrigava funcionários que colaboraram ativamente no atentado contra a vida de Hitler em 1944, como Von Dohnányi, Von Möltke, Von Schulenburg e Von Weiszäcker. Vimos que pouco antes do término da guerra Prinzing visitara Ferry, e juntos refletiram sobre o que fazer depois da derrota: usar as habilidades e a experiência da Porsche. Prinzing ficou preso durante três anos, por atividades relacionadas ao governo nazista e, assim que foi solto, em 1948, procurou seu amigo, sendo imediatamente admitido na fábrica, para atuar em três áreas: política, de vendas e fiscal. Politicamente, prosseguiu os contatos por carta iniciados por Ferry Porsche com o prefeito de Stuttgart, Arnulf Klett. Ferry, reservado e desconfiado, como descreveu o barão Huschke von Hanstein, deixou que Prinzing

Albert Prinzing entre Ferry Porsche e Louise Piëch.

Von Hanstein (de óculos).

fizesse o primeiro contato pessoal com o prefeito. Tanto Prinzing como Klett eram experientes em assuntos de governo; Klett, um político da estirpe de Konrad Adenauer e Willy Brandt, jamais se ligara ao nacional-socialismo. Ganhara a confiança dos americanos por ter se submetido espontaneamente aos processos de desnazificação, e não nutria uma política de revanchismo – nunca se vingou de ex-nacional-socialistas que o fizeram sofrer, nem pareceu movido por preconceitos, muito menos se aproveitava de quem estava em dificuldades. Como Nordhoff e tantos outros, Klett trabalhou para reerguer seu país.

Klett e Prinzing conferenciaram com o coronel Brunton, nomeado pelo general Funk como assessor do governo militar para assuntos civis, a fim de negociar o compromisso de que, em 1º de junho de 1950, as dependências da Porsche em Spitalwaldstrasse 2, em Stuttgart-Zuffenhausen, seriam devolvidas; e que os militares americanos concordariam em pagar um aluguel pelo uso do local. A atitude dos americanos era incomparavelmente mais justa com os alemães do que foram as atitudes soviéticas e francesas, de franca pilhagem; a fábrica Opel em Berlim foi inteiramente transportada para a Rússia!

Prinzing mostrou a Ferry, com argumentos financeiros, a necessidade de diminuir a carga tributária incidente sobre os *royalties* vindos da Volkswagenwerk e do aluguel pago pelo exército americano. Teria dito para fabricar qualquer coisa, já que a fábrica Porsche em Gmünd não tinha escassez de produtos. Novamente ativo, Ferdinand Porsche opinou inapelavelmente, com sua usual lógica, ao dizer que o Volkspflug, um trator para arar o solo, seria mais adequado onde a fome grassava. Os geradores de eletricidade movidos a vento, ideia de Lafferentz, não estavam suficientemente desenvolvidos. Ferdinand Porsche desaprovava o desenvolvimento de carros esporte, mas sua ordem, pela primeira vez, foi vista como mero conselho descartável. Ferry Porsche, sempre vitimado por dúvidas e influenciado pelo pai, argumentou que a família não deveria se dedicar a uma atividade tão complexa como construir automóveis. Achava que deveriam ficar nos serviços de projeto e consultoria, já que a ligação com a Volkswagen era assegurada. Assim que uma decisão foi tomada, veio com uma safra novinha de dúvidas, temendo que a Volkswagenwerk não sobrevivesse. O trio Prinzing-Rabe-Louise persistiu, e Ferry acabou cedendo. No fundo, favoreceu o produto escolhido, o 356/2; a equipe tinha condições de adaptá-lo para produção em massa nas instalações a serem devolvidas pelo coronel Brunton; Gmünd apresentava precariedades quanto ao acesso, ao espaço e aos fornecedores.

Porsche iniciou o desenvolvimento de geradores movidos a vento.

A Volkswagen nos Estados Unidos

Rosenberger encontrou-se com Heinrich Nordhoff e interessou-se ainda mais em uma representação da Volkswagen na Costa Oeste dos EUA. O ano de 1948 fora decepcionante, novamente com prejuízos; procurava outros negócios, parecendo-lhe razoável tentar algo com o carro que ajudara a criar. Nordhoff preferia um representante para todo o país, baseado em Nova York, mas ficou de avisá-lo se mudasse seus planos; acabara de decidir, em junho de 1949, pela fabricação do modelo de exportação do Volkswagen, com melhor acabamento. Acabou dando a representação para o austríaco Max Hoffman, um entusiasta de corridas que se refugiou nos Estados Unidos durante a Segunda Guerra. Talentoso como vendedor, tornou-se o mais bem-sucedido importador de carros europeus da época: Jaguar, Rolls-Royce, Delage, Hispano-Suiza, BMW, entre outros. Introduziu quase todas as grandes marcas europeias nos Estados Unidos. Nordhoff chegou a oferecer a fábrica inteira para Hoffman, por dois milhões de dólares!

Teria Nordhoff "passado por cima" de Feuereissen, que estaria interessado em atender seu antigo amigo, Rosenberger? Não. Nordhoff delegava poder total a seus auxiliares, mas Rosenberger não tinha o capital necessário.

A escolha de Nordhoff não deu certo; Max Hoffmann foi dispensado depois de dois anos, por não conseguir vender os Volkswagens. Depois de 1952, ficou apenas com a franquia Porsche.

No alto: Max Hoffman. Embaixo: primeiro escudo da Porsche desenhado por Ferry.

No máximo 500 unidades

Ferry realojou os engenheiros Klaus Kirn, Hans Klauser, Herbert Linge e Erwin Komenda em Feuerbacher Weg, com três empregados designados para serviços gerais e nove administradores. Para retomar a posse da casa, precisou fornecer provas da aquisição anterior às verbas obtidas pelo Terceiro Reich. Nos anos 1950, Hans Klauser, que havia participado ativamente dos testes do Volkswagen, cuidou do desenvolvimento prático do 356, inclusive em competições. Foi uma das maiores autoridades no comportamento do pequeno motor boxer de quatro cilindros desenhado por Reimspiess. Seu ouvido acurado detectava problemas de compressão, avarias em partes internas e outras falhas. Tomou o volante do primeiro carro completado em Stuttgart, registra-

À esquerda: Porsche, Rabe e Piëch. No centro: primeira exportação, para um xeique no Egito. À direita: Salão de Genebra.

do em fotografias históricas; fato repetido no centésimo e no milésimo carro. Herbert Linge, *trainee* em Stuttgart, de 1942 a 1944, se notabilizou pela dupla com um piloto da Borgward, Edgar Barth, recém-saído da Alemanha Oriental.

Baseado nas encomendas obtidas na Suíça, na Áustria e na Alemanha e nas reações do público nos vários salões em que o carro já havia sido exposto, Ferry fez análises de mercado, investimentos e custos. Imaginava que poderia vender 500 unidades de um tipo tão especializado como o 356; montaria 100 carros por ano (nove unidades por mês). Em 1949, não foi possível conseguir financiamento bancário, e a operação em Gmünd não dera lucro: os *royalties* já recebidos da Volkswagen ainda não eram suficientes para montar uma fábrica inteira, nem seria prudente gastá-los dessa forma.

Quase tudo lembrava 1930; alguém como Rosenberger fazia falta...

Rosenberger faz reinvidicações

Um Adolf Rosenberger envelhecido viajou para Gmünd ao saber da prosperidade dos antigos sócios; o 356 era um dos carros mais falados do mundo, embora a produção fosse totalmente irregular. Antevia solicitações de ajuda mútua – que ninguém mais podia dar. Ferry afirmou que não havia conseguido estabelecer uma verdadeira linha de montagem em Gmünd; Rabe não era engenheiro de produção, e o fornecimento de autopeças era precário. Apenas 25 unidades haviam sido fabricadas em 1949; em 1950, dezoito. Menos de sessenta, até 1951. Mesmo assim, Rosenberger pediu a representação do 356; Ferdinand Porsche se mostrou simpático, mas Ferry decidiu tentar ganhar tempo, pois Rosenberger não tinha capital. Voltou a conversar com Ferdinand e Ferry Porsche, solicitando a representação exclusiva do carro. Com a substituição da política de desnazificação pela política de Adenauer, que promovia o esquecimento e a anistia econômica, os Porsche conseguiram repatriar divisas e reapossar-se de suas ações, agora muito valorizadas pelo patrimônio ob-

Adolf Rosenberger nos anos de 1950.

tido dos ganhos durante o Terceiro Reich. Rosenberger transformou solicitação em exigência: queria a devolução de seus antigos 15 por cento na empresa alemã com compensações. Propôs que viesse da Porsche Konstruktionen Salzburg GmbH, cuja dona nominal, Louise Piëch, prosperava na Áustria; ou, talvez, uma parcela dos *royalties* da Volkswagen. Entendia que fora forçado a vender suas ações pelo governo nacional-socialista, o que Ferry contra-argumentou, dizendo que tinha seus próprios problemas e sequer conseguia recuperar as instalações em Zuffenhausen. Prinzing, Ferry, Louise e Anton entendiam que não existia nenhuma compensação que lhes coubesse pagar. Ferry escreveu que achava muito natural que Rosenberger estivesse magoado pelas perdas, como todos os judeus alemães, mas entendia também que muitos reivindicavam algo que não era justo. Seu pai fizera tudo para ajudá-lo; suas ações foram vendidas por um preço justo para o barão Veyder-Malberg.

No alto: Ferry e Ferdinand Porsche com Anton Piëch, perto do fim da vida dos dois últimos. Embaixo: os primeiros catálogos evocavam o legado de Porsche, com ilustrações do Austro-Daimler, do Mercedes-Benz SS, do Auto-Union Vig e do Volkswagen.

Nossa investigação, a primeira a ser publicada no mundo, permite outras hipóteses para explicar a atitude das famílias Porsche-Piëch, de ordem pessoal. Fontes muito próximas a Rosenberger informaram que o desencontro ocorrido durante a prisão de Ferdinand Porsche e Anton Piëch teria magoado Ferry Porsche, que entendeu a ausência de socorro por parte de Rosenberger como uma recusa. Rosenberger sempre afirmou jamais ter recebido as cartas de Rabe. Ferry Porsche deixou claro, por escrito, que achava que sua atitude era bastante ligada à omissão e à dissimulação, e jamais confiou na versão de Rosenberger.

O antigo sócio dos Porsche deu um ultimato: ia aguardar três meses; ou concedia a representação, ou ia acionar a empresa. Ferry persistiu em sua posição. A comunicação cessou e 90 dias depois, com o apoio da Comissão Aliada de Reparações de Guerra, exigiu 200.000 marcos. Tentou um acordo dentro dessa quantia: sugeriu que Porsche pagasse os 200.000 marcos e que ele devolveria à Porsche metade disto, "sob a gaveta", utilizando a cláusula de que reparações de guerra não seriam sujeitas a impostos. Ferry escreveu que foi contra a proposta, pois poderia colocar a Porsche como suspeita de evasão fiscal.

O processo se arrastou até 29 de setembro de 1950. Desde o episódio do roubo de desenhos em 1900, Ferdinand Porsche queria distância de processos legais e pressionou Piëch a abandonar o processo contra a Daimler-Benz; a família sofreu processos da Tatra, no final de 1940, por uso de arrefecimento por ar; foi alertada pela Ford, em 1955; ameaçada pela Peugeot, em 1964. Resolveu tudo com acordos amigáveis, pagando quantias razoáveis, ou desistindo de direitos. Ofereceram então um acordo

No alto: as mudanças de Komenda em seu próprio projeto exigiram um novo mock-up de madeira. Embaixo: O 356/2 feito em Gmünd, apesar do preço astronômico, continuou sendo o preferido em corridas de clássicos.

que foi prontamente aceito por Rosenberger: a título de compensação – mas não reparação – recebeu 50.000 marcos e um Volkswagen modelo Exportação, valendo 5.500 marcos. Tal acordo permitiu a Rosenberger um novo recomeço na situação econômica difícil. No dia 3 de janeiro, Rosenberger casou-se com Anne Junkert, que passou a se chamar Anne Roberts; iniciou uma empresa de decoração e acessórios domésticos, a Robert's of California, um artesanato tipicamente alemão para fabricação de estatuetas de porcelana, vasos de flores e cinzeiros. O negócio prosperou, e Rosenberger adquiriu uma casa no elegante bairro de Beverly Hills, próximo à sua residência, para alojar sua mãe Elsa e sua irmã, Paula, também sobreviventes do holocausto.

Erwin Komenda se transladou a Feuerbacher Weg para fazer aquilo que mais sabia: adaptar o 356 para produção e venda em série, com o acréscimo de modificações apreciadas pelo mercado; como elevação da altura do capô dianteiro e da linha de cintura, aumento da cabine de passageiros, abolição dos quebra-ventos, flancos mais arredondados com fastback mais acentuado e caída mais suave, além do para-brisa construído em uma só peça, sem a divisão central, com sensível diminuição em altura (área envidraçada aumentava o preço).

Mais parecia um ourives polindo joias; dotou o Porsche das "marcas registradas de Komenda": durabilidade, como no Fusca, visível no desenho das portas, dos vidros e das áreas móveis. Tinha um tino inato para aerodinâmica; sem testes de túnel de vento, o 356 comportava-se como um aríete. Mas as modificações no 356 favoreciam a estética, e não a estabilidade. Ferry não estava nada satisfeito com o novo carro, o que provocou sérios desentendimentos com Komenda, mantidos em segredo para os que não viviam o dia a dia da fábrica. Em 1989, escreveu:

> O 356 construído em Gmünd era mais rígido do que o de Stuttgart do ponto de vista da amplitude de torção do chassi. Em Gmünd não dispúnhamos de ferramentas, e aprendemos a dobrar e soldar chapas de metal em seções para formar caixas bem rígidas. Em Stuttgart, a produção em massa exigiu o uso de estamparia, substituindo o método de dobrar as chapas para formar peças, o que tornou o chassi menos rígido. Frequentemente reprovei, com todas as letras, Komenda em relação a isso. Recebi a visita de um especialista em chapas de metal, de Wolfsburg. Comparando o chassi de Gmünd com o de Stuttgart; perguntou: "Por que fizeram essa estupidez?" O chassi de Gmünd era muito melhor. Em minha opinião, às vezes você tem de impedir que os engenheiros fiquem remendando algo que já está terminado. Ficam brincando com a coisa; no final não fica melhor do que antes. Pode-se ver isso no caso das carrocerias de Gmünd e de Stuttgart. Em termos de visibilidade e de aerodinâmica, a versão de Gmünd, com janelas do quebra-vento recurvadas e uma coluna dianteira muito fina, era superior ao carro de Stuttgart.

Com o projeto pronto, procuraram fabricantes de carrocerias de automóveis, que existiam em grande número na Alemanha: Gläser, em Dresden, Ambi-Budd, em Berlim, Reutter, em Stuttgart, Karmann, em Osnabrück, e outras menores, como Rometsch e Hebmüller. Submeteram propostas ao pedido de 500 unidades.

Reutter, a vencedora da concorrência, era velha conhecida de Ferdinand Porsche. Trabalhou em madeira, desde 1906, e não tanto em aço. Possuia duas unidades; a maior, no centro de Stuttgart, era dedicada aos bondes; a outra, em Zuffenhausen, era uma grande funilaria e fazia reparos em automóveis. Ferry hesitou, pois preferia uma empresa de maior capacidade, mas ouviu a ponderação do pai.

A Reutter foi fiel a Porsche de 1932 até 1962. Este foi seu último anúncio.

> A unidade de Zuffenhausen é conveniente, próxima da própria fábrica da Porsche. Eu tinha excelentes relações com o velho Wilhelm Reutter, que fabricou rapidamente e com eficiência o Tipo 32, o Tipo 60 e até os três Volkswagens 60 K10 "Berlim-Roma" em alumínio" (justamente o inspirador do 356). "Wilhelm Reutter morreu num dos bombardeios, mas a fábrica ainda conta com excelentes empregados, que vão fazer carros com qualidade.

A emoção de Ferdinand Porsche juntou-se à razão de seu filho, que escreveu: "Forneceram-nos a ferramentaria por um preço menor, talvez um terço de seu custo: muito competitivo".

Ferdinand Porsche estava cada vez estava mais interessado. A empresa explorou ao máximo sua fama; convidando-o para posar em fotografias junto ao carro Porsche. Todos achavam que valia a pena usar sua fama e omitir que ele *não* havia sequer trabalhado no projeto 356, obra de Rabe, Komenda e Ferry. Começava a construção do mito Porsche. Sinal de inteligência e realismo sobre a condição humana ou desonestidade? Cada leitor pode conjecturar por si.

O último olhar

Quando o primeiro protótipo do 356 feito em Stuttgart foi apresentado pelos empregados da Reutter, Komenda, Karl Rabe, Ferry Porsche, Klauser, Kirn e Ringel resolveram pedir a opinião do velho Ferdinand Porsche. O carro foi levado – a seu pedido – para fora dos galpões ainda maltratados pela guerra. Ferdinand Porsche pediu uma cadeira e sentou-se defronte ao carro, ficando um tempo sem se mexer

Porsche dedica um último olhar intuitivo ao trabalho de Reutter. E descobre defeitos!

até que, após mais de vinte minutos: "Precisa voltar para os gabaritos. A carroceria está assimétrica. O lado direito está dois centímetros mais curto do que o esquerdo".

O velho Ferdinand Porsche continuava com o mesmo olhar do início de sua carreira, capacidade confirmada pelas medições.

Windhund

O velho Ferdinand Porsche ainda teve tempo de experimentar o primeiro cupê 356 fabricado em Zuffenhausen. De cor azul-metálica, foi chamado de Windhund (cão-vento, ou cão-alarde), um excelente nome para o ágil Porsche de traseira de comportamento oversteer. O segundo cupê, pintado de preto, também foi de Porsche e recebeu nome "Ferdinand".

No dia 6 de abril de 1950, fica pronto o primeiro Porsche de Stuttgart. Da esquerda para a direita: Karl Schmidt, Hugo Heiner, Alfred Haag, Alfred Waibel, Gustav Wolfle, Hans Klauser, Herbert Linge, Karl Kirn, Eberhard Storz, Alfred Braunschweiger.

À esqueda: Ferry Porsche, o pai e os planos de melhora do Volkswagen. À direita: instalação da transmissão em um carro.

Alquebrado pelos anos de prisão na França, viajou nesse Porsche ancestral e viu as estradas alemãs e austríacas coalhadas de Fusquinhas. Um de seus divertimentos prediletos era sair sem rumo, só para passear, e contar a quantidade de Volkswagens, comparando-a com a das outras marcas; tomado de alegria quase infantil, comentava o tempo todo sobre a maioria dos Volkswagens com seu fiel secretário particular, Ghislaine Kaes.

No alto, à esquerda: 75 anos de Ferdinand Porsche. No centro: estande da Porsche no Salão de Paris. À direita: a produção de Reutter. Embaixo: para demonstrar a leveza do chassi, fruto da experiência em competições, duas moças foram chamadas para carregá-lo.

O Porsche era tão apreciado pelos donos, que logo começaram a organizar uma fraternidade. Em setembro de 1950, o grupo contava com aproximadamente 100 proprietários quase fanáticos do automóvel de desenho único e futurista. O primeiro encontro foi no dia 3, perto de Stuttgart, no Schloss Solitude (Castelo da Solitude), e teve como convidado de honra Ferdinand Porsche, no dia de seu aniversário de 75 anos. Esse local seria ainda a locação favorita da Porsche para fotos oficiais de divulgação.

Vendas

Albert Prinzing se revelou um grande vendedor, além de político e economista. Sem vendas, nenhuma empresa é viável. Separou legalmente Gmünd de Stuttgart-Zuffenhausen, que manteve o nome de 1937, Dr. Ing. h. c. F. Porsche KG., "dedicada a promover as invenções de Ferdinand e Ferry Porsche através do desenvolvimento de projetos e da fabricação de componentes e automóveis". E saiu vendendo o 356, um a um, pessoalmente. Unindo o útil ao agradável, pois dirigia o décimo cupê Gmünd (antes usado por Anton Piëch), seguido por um dos conversíveis fabricados por Beutler, em extenuante jornada a quase todas as concessionárias Volkswagen, que funcionavam a todo vapor, espalhadas pelo doutor Feuereissen na Alemanha Ocidental.

O economista Prinzing inseriu-se com temeridade nesse mercado francamente vendedor, percebendo a reação entusiasmada dos revendedores Volkswagen: pedidos nunca inferiores a dez unidades, chegando a cinquenta. Para evitar desistências, Prinzing arquitetou um esquema inteligente: pagamento à vista da última unidade a ser entregue, o que prendia o comprador ao contrato. Deixou o 356/02-10 com um comprador particular e retornou a Stuttgart de condução, munido de uma lista de pedidos que garantia um capital inicial razoável e uma linha de crédito suficiente para iniciar a produção: 200.000 marcos, com preço unitário de venda ao consumidor de 10.000 marcos, incluindo a margem de lucro do revendedor de 4.500 dólares; para se ter uma ideia, um Chevrolet custava algo em torno de 1.000 dólares. Prinzing conseguiu tanto o capital como a linha de crédito para uma fábrica em Zuffenhausen que ainda não produzira um carro sequer!

Difícil, outra vez

Os pedidos tornaram a questão das instalações uma urgência. Em fevereiro de 1950, Klett e o general Funk adiaram a devolução para setembro. Sangue, suor e lágrimas outra vez... Onde encontrar espaço para montar os carros? A solução logo foi encontrada: alugar temporariamente 500 m² da Reutter, que faria as carrocerias, um bom lugar para montagem e teste de motor e suspensão.

Reunidos em Stuttgart-Zuffenhausen: os Tipos 32(NSU), 60 (Volkswagen) e 356 (Windhund), em 1950.

Toda hora, mais um porém. Com a guerra da Coreia, todos os postos avançados mantidos pelos Estados Unidos eram imediatamente exigidos e colocados de sobreaviso, o que provocou um novo adiamento da entrega das dependências de Spitalwaldstrasse 2, para 1951, exigindo nova interferência de Klett, que conseguiu a tolerância dos militares americanos para a instalação, na ala sul da fábrica, de um barracão pré-fabricado de madeira de 1.100 m², por 19.000 marcos (o equivalente a

De Gmünd a Zuffenhausen 151

À esquerda: Auguste Veuillet, ainda mais do que Herbert Kaes, lançou o Porsche no mundo das carridas com recordes de velocidade em Monthléry, em 1951. No centro: os carro diferiam no acabamento do para-brisas no final de 1951. À direita: Charles Faroux, organizador das 24 horas de Le Mans.

5.000 dólares). Ferry Porsche ficou desesperado, pois precisava alojar os engenheiros e escritórios, que não podiam mais continuar em Feuerbacher Weg, tal era o volume de trabalho. Em dezembro de 1950, quase Natal, haveria a mudança – finalmente – para Zuffenhausen.

Nossa história exibiu novamente outro porém, com o desentendimento entre Ferry Porsche, Louise Piëch e Bernhard Blank. Um homem que chegou a deter os direitos mundiais de venda da Porsche em 1951 achava que não valia a pena pagar outra vez um estande no Salão de Genebra. Muito incerto sobre a capacidade de Porsche produzir o carro, com vendas dos modelos suíços fracas em função do preço, simplesmente não compartilhou sua decisão com Ferry, Prinzing e Anton Piëch, que ficaram sabendo quando não havia mais tempo de assegurar a participação no salão. Além disso, as exportações para Suécia, Holanda e Portugal haviam sido feitas pela própria Porsche, a duras penas.

O grande trunfo de Porsche continuaria sendo seu próprio produto. Pouco antes do salão, Auguste Veuillet, proprietário da revendedora de automóveis parisiense Sonauto, ficou quase fanatizado com seu cupê Gmünd prateado fabricado em 1950 e levou-o, por conta própria, ao autódromo de Monthléry. Bateu vários recordes de velocidade: 144 km/h de média. Blank, às pressas, armou um tablado com o carro de Veuillet em frente ao Salão de Genebra, do outro lado da rua, e improvisou várias faixas com dados dos recordes.

Mas nada adiantariam seus argumentos de que isso tinha gerado *mais* publicidade em torno dos bólidos do que um estande no salão. Em julho de 1951, Blank, como Von Senger, estava fora do negócio. Veuillet foi recompensado pela coragem, não apenas de corredor, mas de usar um carro alemão em solo francês, onde os sentimentos antialemães eram os mais marcados na Europa Ocidental. A Sonauto tornou-se representante na França, posição que detém até hoje, brilhantemente. Na Suíça, outro representante assumiu as vendas, a AMAG; na Inglaterra, Charles Meisl. Em Nova York, o respeitadíssimo Max Hoffman.

Em dezembro de 1950, no mesmo mês em que a Porsche reocupou Zuffenhausen, Ghislaine Kaes conduziu Ferdinand Porsche no Windhund até o Salão de Paris, evento que nunca havia perdido no pré-guerra. No pequeno estande organizado por Bernhard Blank, sua presença teve uma importância especial. Tão ou mais visitado do que os carros, o idoso senhor chorou com o fato de que muitos faziam questão de cumpri-

Passeios pelos Alpes, idas a Paris e talvez um adeus a Wolfsburg foram seus itinerários.

mentá-lo, expressando admiração e reconhecimento – inclusive seu velho amigo Charles Faroux, que tanto fizera para libertá-lo da prisão. Como improviso publicitário, inventou-se um "primeiro cinquentenário" da Porsche, com base no ano de lançamento do primeiro Lohner-Porsche elétrico, em 1900. Ao saírem, engolfaram-se no trança-trança de velocidades imprudentes da Place de la Concorde, próxima ao Grand Palais. Porsche se afligiu com o intenso tráfego na famosa rotatória: "*Quantos carros!*" Ghislaine, atarefado em evitar alguma trombada, não se conteve: "De todas as pessoas do mundo, bem o senhor, que tanto contribuiu para isto, fica reclamando?"

Em janeiro de 1951, Porsche teria visitado a Volkswagenwerk a bordo do Windhund e ficado extremamente emocionado ao ver as prensas e as linhas de montagem funcionando plenamente. Apesar das contradições nos relatos feitos por seu filho Ferry, seu sobrinho Ghislaine e por Heinz Nordhoff, há algumas informações coincidentes, tais como o agradecimento a Heinz Nordhoff, ao dizer que "Só agora que o senhor provou que eu estava certo, é que eu mesmo me convenci." Tal ocorrido revelou sua dor frente a uma vida de frustrações.

A partida de Ferdinand Porsche

Sua vista estava falha, e seu coração também. Com total simplicidade e notável falta de senso de realidade, Ferdinand Porsche pediu a seu médico, o doutor Zollner, que os substituísse. "A medicina não progrediu tanto assim e, em certos casos, jamais progredirá." Porsche se surpreendeu: "Não acho que isto seja impossível". Ferdinand Porsche parecia confundir o animado com o inanimado. O pedido concentrava o drama de sua vida: como alguém podia ter tal competência técnica, inventividade, capacidade organizacional e de se cercar de amigos e colaboradores leais e ao mesmo tempo exibir essa enorme dificuldade de relacionamento humano? Talvez essa pergunta de Porsche a seu médico expressasse o que Ferry entendia como ingenuidade.

No dia 3 de setembro, a segunda reunião de dezenas de proprietários com Ferdinand Porsche comemorava seu 75º aniversário. Seu último presente, pintado de preto, foi o Porsche "Ferdinand", carro que permaneceu na família. Restaurado, faz parte do Museu Porsche. Da pessoa, ficou apenas a memória: quatro meses depois, faleceu Ferdinand Porsche, não sem participar do casamento de Herbert Kaes, no Mausfallen. Bebeu, dançou e cantou até quase 11 horas. No dia seguinte, pela primeira vez desde que Ghislaine o conhecera, acordou tarde, pois não conseguia sair da cama: sofrera um derrame cerebral. Ficou paralisado até o Natal, e o doutor Zollner insistiu numa internação, indicando o doutor Götz, do Hospital da Ordem Mariana de

Stuttgart. Uma ambulância da Cruz Vermelha acabou levando-o, no primeiro dia de 1951. No dia 30, diagnosticou-se uma pneumonia e um edema pulmonar esquerdo; tinha poucas horas de vida, segundo os médicos. O abade Johannes Kraus, que o assistira na prisão em Dijon (Ferry relata que seu pai contara toda sua vida ao religioso), apareceu para uma última confissão, meio confusa, pois Ferdinand Porsche estava obnubilado. Acabou fazendo a extrema unção, sob orações de três irmãs de caridade, cercado pela esposa, Aloisia, Louise, Ferry, Dodo e Ghislaine. No dia 5 de fevereiro, conseguiram enterrá-lo na capela – agora, não mais secreta – em Zell-Am-See. A cerimônia teve a presença de quase toda a família e autoridades, como Heinz Nordhoff e Arnulf Klett, além do doutor Seebhon, burgomestre de Gmünd. Karl Rabe, com justiça, fez o emocionado discurso fúnebre.

A última foto de Ferdinand Porsche.

Porsche tivera tempo de ver o renascimento de sua obra. Até 1963, a Porsche gozaria de um período de relativa paz, ainda que durante os anos 1950 e início da década de 1960, muitos torcessem o nariz para os carrinhos endiabrados da equipe do doutor Porsche, que andavam repetindo nas pistas a história do pequeno Davi que vencia o gigante Golias.

Quantas dificuldades! Nesse mesmo ano faleceu o doutor Anton Piëch, mergulhado em depressão. Havia tempos que Dodo e Ferry censuravam-no por negligenciar o tratamento de uma coronariopatia. Louise Piëch, que já era precoce viúva de fato, com filhos adolescentes para criar, agora era viúva de direito. Há referências de que Anton Piëch visitou secretamente a fábrica de Wolfsburg antes de morrer. Nossa história poderia acabar por aqui. Mas os efeitos da personalidade de Porsche continuariam, através de seus herdeiros, sejam materiais, como os carros, ou humanos, seus descendentes. Afinal, Porsche foi um pai: no restante do livro veremos o legado e a dinastia de Ferdinand Porsche.

No alto: a pedra fundamental da fábrica foi descoberta em um canto. Embaixo: a disciplina militar alemã encontrou melhor uso na paz: uma formação de Porsches com acabamentos personalizados.

CAPÍTULO 12
O LEGADO, A DINASTIA

O mundo das competições e a Porsche

O grupo motopropulsor Volkswagen com modificações nos cabeçotes, desenvolvidas durante a guerra, e com novos aumentos no diâmetro dos cilindros e no curso dos pistões, além de carcaças mais reforçadas, produziu os motores 1300, com 1.286 cm³ e 44 cv, e 1500, com 1.488 cm³ e 60 cv; no ano seguinte, o 1500 S, com 70 cv; em 1953, o 1300 S, com 60 cv. Conseguiam-se maiores rotações às custas dos virabrequins roletados Hirth, velha preferência de Ferdinand Porsche. Incrivelmente ruidosos, esses componentes do motor substituíam os mancais lisos por rolamentos e eram pouco duráveis; à medida que a experiência em metalurgia e principalmente o desenvolvimento de óleos e aditivos foi se expandindo, eles se tornaram obsoletos. Sua importância é histórica: a busca por desempenho forjou o mito Porsche. Ferdinand Porsche havia sido um piloto de sucesso no início do século, correndo em carros que ele mesmo projetara. Tinha a crença de que

À esquerda: o Porsche parecia ter sido feito para ralis de longa duração, como foi comprovado no Rali Liège-Roma-Liège, com o príncipe de Metternich e o conde Burkheim. À direita: Ferry Porsche e um grupo de nobres no Rali do Sol da Meia-Noite na Suécia em 1950.

"competições apuram a raça", em relação aos automóveis, e aplicou-a a vida inteira.

Os Porsche estavam fadados a ser uma raça de puros-sangues criada em corridas, parte de um legado que ultrapassou o tempo de vida de Ferdinand Porsche.

As corridas eram mais humanas naqueles tempos; os resultados dependiam muito mais da perícia dos pilotos. Depois dos sucessos em ralis na Áustria e na Suíça, aconteceria a grande entrada da Porsche no circuito mundial de competições. Em 1951, Charles Faroux convidou oficialmente a Porsche para participar da competição em Le Mans.

Um 356/2 Gmünd em alumínio, com modificações aerodinâmicas, arcos de roda cobertos e alívio de peso na classe 751-1.100 cm³, venceu com facilidade, e na classificação geral superou carros maiores; também levou de quebra o Índice de Desempenho, muito respeitado na Europa, tornando-se uma marca registrada da Porsche em Le Mans.

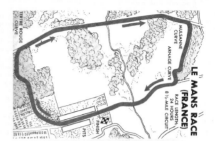

No alto: traçado de Le Mans. Embaixo: a "febre" Porsche pegara pesado e era destaque na imprensa.

A história do legado de Porsche nas competições exigiria vários livros dedicados às classes de automóveis e aos vários circuitos; um mero inventário ocuparia mais de duas centenas de folhas. O campeão absoluto de todas as classes sempre é lembrado e serve de exemplo; nenhuma outra marca conseguiu tais resultados. Nos primeiros cinquenta anos da Porsche (1948-1998), nas cinco modalidades máximas do automobilismo, temos a seguinte tabela:

Corrida	Primeiro lugar, em participações anuais
24 Horas de Daytona	18
24 Horas de Le Mans	15
12 Horas de Sebring	17
Targa Florio	11
Rally de Monte Carlo	4
Rally Paris-Dakar	2

Campeonato de marcas e construtores, 14 temporadas
Campeonatos na Alemanha, 8 temporadas

Outra grande especialidade da Porsche foi a modalidade Subida de Montanha. Na Europa, consagrou-se como campeão absoluto em 20 temporadas e superou carros de maior cilindrada. Mesmo assim, Fórmula 1 nunca foi uma especialidade da Porsche. Seus motores venceram 26 grandes prêmios e conquistaram três campeonatos em conjunto com a McLaren (financiamento TAG, Mansur Ojjeh).

Surgimento do motor Fuhrmann

O capital que Adolf Rosenberger conseguiu no acordo com a Porsche Konstruktionen foi o suficiente para que ele voltasse a se dedicar às suas paixões. Um amigo de dez anos, dono de uma indústria de alumínio e de uma fornecedora de autopeças às fábricas de automóveis, ofereceu-lhe uma parceria. Será que o carro de arrefecimento a ar poderia ter um ar-condicionado? Ofereceu a ideia, ousada para a época, a Rabe.

À esquerda: o Spyder S50, o primeiro a receber o motor projetado por Fuhrmann. À direita: Huschke von Hanstein, piloto e relações públicas.

Em Feuerbacher Weg, Ernst Fuhrmann, o jovem engenheiro de Viena, recebeu outra incumbência, o Tipo 547, que levou a doutrina Porsche às últimas consequências, ao desenvolver o modelo com dois comandos de válvulas para cada banco de dois cilindros, operados por engrenagens cônicas, virabrequim roletado e dois distribuidores – uma obra de relojoaria suíça. O virabrequim roletado foi substituído pelo tradicional em 1956, para resolver os constantes problemas de durabilidade. Ao longo dos anos outras modificações na conexão dos distribuidores e nos comandos de válvulas resultaram nos tipos 692 e 587 (com 1,6 e 2 litros, respectivamente). O Tipo 547 nasceu com 1,5 litro de cilindrada, 100 cv, 9:1 de taxa de compressão, 6.500 rpm, velocidade máxima de 200 km/h e aceleração de 100 km/h em 11 segundos. Este modelo teve uma versão especial para Le Mans, de 1,1 litro, e chegou a 2 litros (Tipo 587, 130-155 cv, 9,5:1, 6.200 rpm). Foi usado em competições por doze anos e acumulou vitórias semelhantes às do Bugatti, derrotando veículos de seis, oito e doze cilindros, principalmente nas Subidas de Montanha. O motor Fuhrmann, apelidado de *giant-killer*, elevou o Porsche ao seleto clube dos carros mais famosos do mundo, com as séries 550 e RS Carrera, voltadas para competição, e a série Carrera, apropriada tanto para passeio quanto para competição.

O motor Carrera da Furhmann permitiu aumentos de 25% em sua cilindrada.

Reunião em família: o Spyder com aletas destinado ao usuário comum; Wolfgang Porsche entrando no cockpit e seus três irmãos mais velhos, Hans-Peter, Gerhard (Gerd) e Ferdinand Alexander (Butzi) do outro lado.

No alto: os motores Carrera eram fabricados em um setor especial, na fábrica em Zuffenhausen. Embaixo: a grande saída para um nome que logo virou história na Porsche.

Na sua segunda visita à Porsche, ocorrida em 1954, Rosenberger e Rabe constataram a impossibilidade de instalar um ar-condicionado em motores de menos do que 100 cv, por falta de desenvolvimento tecnológico. Adolf Rosenberger adquiriu um 356 A Coupé Continental, o segundo especial para o mercado americano. Poucas unidades desse modelo foram fabricadas, e a empresa desistiu do nome, já registrado pela Ford. Rosenberger – aliás, Alan Roberts – tornou-se bem conhecido e respeitado nos meios automobilísticos da Califórnia. Ele entrou como sócio capitalista na Coachcraft, fundada em 1940 por Rudolf Stössel, artesão metalúrgico alemão emigrado em 1931. A experiência de Rosenberger, que agora atendia pelo nome Roberts, deu melhores condições de expansão à Coachcraft, numa época difícil para os fabricantes de carrocerias especiais. Para continuar lucrando nesses tempos difíceis, diversificou ao fabricar bagageiros e sistemas de escapamento para a Chrysler.

O lançamento do Speedster (1954)

Max Hoffman sempre sugeria a Ferry modelos mais baratos, como o precursor Convertible America, cujo design fora influenciado pelo Jaguar XK 120, a coqueluche do momento, mas infelizmente fracassou comercialmente. O segundo, chamado Speedster, neologismo americano para expressar aptidão para velocidade, inaugurou a primeira de tantas modas em nomes originados pela Porsche. Esse carro tinha capota simplificada, sem estofamento, de visão claustrofóbica quando fechada e de fazer os

À esquerda: o climax do desejo – um cupê 356 com motor Carrera projetado por Fuhrmann. À direita: o GS, 1957, com motor Carrera mais aperfeiçoado – um motor de competições em um carro de rua.

O legado, a dinastia

Um dos tipos mais raros do 356 feito por poucos meses, substituindo o "Continental" e já usando o tipo de letra tradicional.

Hoffman investiu pesado em propaganda que explorava a imagem de seu falecido amigo Ferdinand Porsche.

À esquerda: o protótipo do Speedster (1952), hoje restaurado no Museu Porsche.
À direita: o Speedster definitivo.

alemães tremerem de frio e vergonha; painel mais adaptado à visibilidade do motorista e inspirado por alguns modelos da Alfa Romeo; supressão das ferragens nas portas; delicado desenho do para-brisa, mais aerodinâmico, permitia fácil retirada para diminuir ainda mais o arrasto. Foram produzidos 200 Speedsters, todos quase instantaneamente vendidos.

O surgimento do 356 A e do Carrera (1955)

Hoje em dia, o primeiro 356 é chamado pelo apelido de "Pré-A", dado pelos colecionadores. Seu nome oficial é 356 A e distanciou o Porsche de seu "progenitor" Volkswagen ao usar uma quantidade maior de peças próprias. Com o encerramento da oferta do motor 1100, o 1600 (1.582 cm³ e 60 cv, e o S, com 75 cv) passou a ser oferecido por dez anos. Com o 1500 GS, nome oficial do motor projetado por Ernst Fuhrmann, foi lançado mais um nome que virou moda: Carrera.

O 356 A.

As marcas Lincoln, Hudson, Mercedes-Benz e Ferrari, igualmente cobertas de glória na corrida Carrera Panamericana, organizada no deserto mexicano por grupos americanos e locais, não tiveram a ideia de utilizar o nome dessa competição. Seu nome não era apenas uma artimanha de propaganda; havia gratidão em relação à prova e seus organizadores, pela oportunidade ao esforço da Porsche, cuja sobrevivência era às custas de feitos "Davi contra Golias".

Em 1956, o doutor Fuhrmann abandonou amigavelmente a Porsche para dirigir a fábrica de anéis e pistões Goetze. Em 1957, o Carrera 1500 GS ganhou uma versão equipada com acessórios de conforto; eterna surpresa de Ferry Porsche: um veículo especializadíssimo era usado fora do circuito de competições. Em 1958, rendia 110 cv; em 1959, deslocando 1.588 cm^3, 115 cv na versão de corrida e 105 cv para uso de rua, abandonou o virabrequim Hirth: a "corrida pelos cv" que imperava nos EUA era acompanhada pela Porsche.

Em 1960, foi lançado um modelo muito cobiçado, o Super 90, com lâmina compensadora de cambagem na suspensão traseira e 90 cv (indicada pelo nome). Em 1962, o Carrera 2, com 2 litros e 130 cv além de freios a disco, causou verdadeiro *frisson* no mundo automobilístico, apesar da manutenção trabalhosa, que exigia a retirada do motor para uma simples troca de velas. O Carrera foi eleito para o mercado de clássicos.

Aquele carro que Ferry Porsche imaginava poder vender 500 unidades, chegava agora a 10.000. Era uma produção em série feita manualmente de verdadeiras preciosidades mecânicas e granjeou fanática lealdade no mundo inteiro. Apesar da produção relativamente pequena, poucas pessoas não o conheciam – como todas as boas ideias, sua penetração era muito maior do que o número de unidades produzidas. Havia menos corridas na época, mas o Porsche colecionou quatrocentas vitórias. O mercado era, literalmente, principesco. Porsche inventou a ideia de que pilotos particulares podiam comprar os mesmos carros que a fábrica usava em corridas.

Alan Roberts, aquele que outrora se chamou Adolf Rosenberger, saiu da sua função ativa na Coachcraft, mas emprestou-lhes 30.000 dólares e manteve-se sócio capitalista. A Porsche se envolveu cada vez mais em competições, inclusive na Fórmula 2, e continuou em crescimento financeiro formidável.

Os empregados e a origem de seu ganha-pão.

O Speedster, em 1958, cedeu lugar a um filhote mais civilizado, feito na Bélgica por Drauz: o Conversível D, com para-brisa maior, vidros laterais e seus levantadores. O 356 B apareceu em outubro de 1959, e o conversível D recebeu o nome de Roadster. Nos anos 2000, com os preços estratosféricos alcançados pelo Carrera (sempre acima de 150.000 dólares), o Roadster se tornou um dos mais procurados no mercado de clássicos. Conservou o painel do Speedster, com uma nacela Alfa Romeo para os instrumentos, sem porta-luvas, com longo friso cromado.

O legado, a dinastia

À esquerda: o conversível D, 1958. À direita: Ferry e seu filho Butzi com o modelo hardtop.

Ferry Porsche tinha uma preferência especial pelo três-volumes (notchback). Sinal de boas finanças, a fábrica satisfez o dono e criou o modelo menos apreciado da linha 356, tanto em sua época como hoje, feito na Karmann.

Aventuras e desventuras na F1

O incomparável êxito do pequeno Porsche Spyder 550 e do 356 possibilitou voos maiores. O velho professor e Ferry sabiam do valor das competições. O fabricante inglês John Cooper adotou a configuração do Auto Union P-Wagen para um carro de corrida equipado com motor de motocicleta (500 cm³) e acrescentou algo que o P-Wagen jamais teve: leveza, dentro da mentalidade inglesa de *finesse* esportiva, onde competir era mais importante do que vencer. Ferry Porsche já se interessava pela diminuição do peso suspenso na engenharia automobilística; estimulado pelo sucesso do modelo de com-

À esquerda: corridas em Zuffenhausen.
No alto, à direita: o Rennsport de corrida.
Embaixo, à direita: o primeiro lote dos RS60.

Oferecimentos da Porsche em 1955: prospectos muito informativos.

petição 550, com motor de duplo comando de válvulas Carrera, entrou nas corridas de monopostos Fórmula 2 (motores de até 1,5 litro, na época). O regulamento da Fórmula 1 adotou o 1,5-litro, e Ferry acabou entrando na "onda". Infelizmente, os Porsches criados para as corridas de monopostos padeciam de problemas aerodinâmicos, pela excessiva altura da carcaça da turbina e pelo peso. Um motor de oito cilindros e ventoinha horizontal para diminuir a altura, desenvolvido por técnicos da Tatra, ao ser pilotado pelo grande profissional americano Dan Gurney, acabou dando algumas poucas vitórias nos circuitos de Fórmula 1. A Ferrari, a Lotus e a BRM extraíam mais potência específica com motores V-8 arrefecidos a líquido. Ferry descobriu que Fórmula 1 era uma aventura excessivamente cara.

À esquerda: o 718 marcou a primeira evolução do Spyder, com novo chassi e aletas aerodinâmicas (1957). No centro: mudança nas regras da FIA pareceu favorecer a Porsche. À direita: o Fórmula 2 de 1960, pilotado por Dan Gurney, que deu a única vitória à Porsche contra veículos ingleses.

Rosenberger orientou Stoessel para que a Coachcraft se desfizesse de sua divisão de escapamentos e descobriu-se portador de uma cardiopatia. Ele viajou pela terceira vez a Pforzheim, e conseguiu regularizar seus negócios. Em Wilhein, reviu seu antigo copiloto, Wilhelm Sebastian, agora dono de uma concessionária Volkswagen e Porsche em Weinheim, e comprou o recém-lançado Volkswagen 1500 com motor de ventoinha baixa projetado pela Porsche, que foi embarcado para Los Angeles, pois não havia importação oficial.

O Volkswagen 1500, um dos segredos mais bem guardados da época.

Pesquisa e Desenvolvimento Automobilístico em Weissach (1963)

No início, testava-se o Porsche numa das primeiras autoestradas, que ia de Stuttgart a Heilbronn e era muito pouco utilizada pelos motoristas. A insegurança ligada ao aumento do tráfego e ao comportamento suicida do motorista alemão naqueles tempos levou os engenheiros a um campo de pouso abandonado, ineficiente para testes longos com condições diversas. Em 1960, sabia-se que o 356 estava com seus dias contados, pois já havia se desenvolvido ao máximo. Então, um colaborador muito importante apareceu: Helmut Bott, o principal responsável pelas últimas séries do 356 como engenheiro-chefe dos testes. Bott escolheu Weissach, no condado de Böblingen, a 25 km de Stuttgart, para abrigar a agora tradicional equipe de Pesquisa e Desenvolvimento Automobilístico e fez muitos esquemas e desenhos técnicos, testou carros na pista, supervisionou operações nos circuitos de estrada e a mudança da equipe de Desenvolvimento para Weissach, em 1963; logo tornou-se engenheiro-

No alto: Helmut Bott, Wolfgang Porsche e Jochen Mass, em 1982. Embaixo: Weissach, o ninho dos magos automobilísticos, em 1967.

-chefe de Desenvolvimento. Quase todas as empresas automobilísticas mundiais acabaram usando o sincronizador de câmbio da Porsche, o que garantiu estáveis receitas durante os anos 1950. O câmbio automático Tiptronic dos anos 1980 dominou o mercado mundial até o século XXI; como Carrera, Targa e outras marcas criadas por inventores da Floresta Negra, virou moda. A Porsche não divulgava o nome da maioria de seus clientes estrangeiros, que incluíam até mesmo União Soviética e China. Weissach cuidava do Departamento de Competições e a partir de 1975 satisfez os desejos dos consumidores mais abonados.

Ferdinand Piëch e Butzi Porsche em uma época de maior colaboração, produziram um dos mais fabulosos carros de competição de todos os tempos, o 904 ilustrado nas fotos abaixo. Letreiro tradicional, motores Carrera de quatro cilindros e experimentos com o seis-cilindros do 911. Foi o primeiro Porsche com carroceria de plástico reforçado com fibra de vidro, insistência do fogoso Piëch. As harmoniosas linhas de Butzi, inspiradas na Ferrari, provavelmente serão copiadas nos Porsches do futuro – como ocorreu com o RS60 e o Boxter.

Salão de Frankfurt: 901

Nos anos 1960, a esmagadora maioria das mais de 5.000 fabricantes desapareceu do negócio automobilístico. Um substituto para o 356 foi mais uma tentativa de não ter este mesmo destino, bem como Weissach, e ambas implicaram investimentos pesados. Bem nesse momento, a Reutter Karosserie anunciou que ia parar suas atividades. A Porsche se deparou com um dilema, pois essa ocorrência podia significar sua falência ou garantia de crescimento. Deveria comprar as instalações da empresa vizinha que a servira fielmente desde os anos 1930? Ferry decidiu arriscar, e a Reutter Karosserie acabou se tornando a Recaro (anagrama com a primeira denominação), uma das mais eficientes fabricantes de bancos e estofamentos da indústria mundial, equipando as grandes marcas, inclusive a Porsche. A importância do novo carro, o Tipo 901, na história automobilística mundial é nem um pouco exagerada. Substituiu o 356 com louvor e sucesso e representou o verdadeiro legado de Ferdinand Porsche.

Na gestação do 901, surgiram vários conflitos entre Ferdinand Piëch e Butzi Porsche, e entre Erwin Komenda contra Butzi e Ferry. Os dois primos conseguiram trabalhar juntos em alguns modelos excepcionais na história da Porsche e do automobilismo: no 901 e nos modelos de competição 904, 906, 908 e 910, além do 917, mas o clima dentro da empresa era permanentemente tenso. O 901 sofreu adiamentos e foi introduzido apenas em 1964, um ano depois de sua apresentação em Frankfurt. Piëch tinha a mistura do gênio de seu avô com o de seu pai; poucos toleravam conviver com ele. Não tinha muito interesse em custos; nos anos seguintes, elevou a Porsche à categoria de campeã de todas as categorias e abandonou a pequena cilindrada. Assim como seu avô havia feito o P-Wagen de dezesseis cilindros, o carro de corrida mais potente da primeira metade do século XX, Piëch fez o 917, com motor boxer de doze cilindros, o carro esporte mais potente do século XX.

O 901 foi mal recebido por parte dos apreciadores mais fanáticos, pela eterna objeção do ser humano ao desconhecido. Respeitava e aprimorava a doutrina

À esquerda: os amantes da marca torceram o nariz para o 901, apegados ao 356 que lhes parecia perfeito. Ninguém imaginava que o 901 se tornaria um símbolo ainda maior. À direita: na sala de Ferry, os primos: Piëch, Hans-Peter e Ferdinand Alexander (Butzi).

Porsche, e herdou as proporções e o desenho geral do 356. O fanático torceu o nariz, achando uma "mera imitação modernosa", reação que estava em desacordo com a evolução dos tempos; jamais imaginaram que a história do 901 seria mais bem-sucedida do que a do 356 – o projeto, ao permitir maior desenvolvimento, integrou-o melhor às mudanças do comprador, cada vez mais afluente.

A equipe responsável pela criação do Porsche 911.

Outros apreciadores do Porsche de credenciais inatacáveis, como pilotos de competição profissionais e amigos da fábrica, como o jornalista Dennis Jenkinson, autor de um dos melhores livros sobre o 356, sentiram que o Porsche havia ficado excessivamente grande e desprovido da praticidade original. Era verdade. Jenkinson achava que se era para ter um carro grande, de seis cilindros, seria melhor partir para o Jaguar E-Type, outra sensação do momento. Os primeiros modelos tinham mais desempenho apenas nas retas, o que não ajudou. "Rendeu" resmungos e ameaças da Peugeot, que dizia ter direitos sobre nomes com o algarismo zero no meio no mercado francês. Demorou um bom tempo para que se percebesse que o 911 (seu novo nome) não era uma imitação do 356, mas fazia referências e "citações", prova de respeito, como se diz hoje em dia, ao 356. E mais tempo ainda para se perceber que os dois tinham desenho e construção atemporais. Eram complementares; não substituíveis nem substitutos.

Rosenberger não conseguia mais trabalhar; a idade só fazia piorar as dores aparecidas na prisão em Kieslau. Aos 65 anos, começara a receber do governo alemão uma pensão de 116 dólares, a título de compensação pelos danos causados em suas propriedades. Em abril de 1965, depois de 16 anos, mais 350 dólares por mês do governo de Baden-Württemberg, como reparação. Parte de sua indenização foi prejudicada pela desvalorização da moeda alemã.

Assim que o 911 (ex-901) demonstrou que poderia dar certo, em dois anos de oferta a Porsche encerrou a produção do 356. Como versão de entrada – pois o 911 era ultrajantemente caro – colocou um motor SC com menos potência na corroceria do 911 e simplificou o painel, que ficou com os três mostradores antigos, e o acabamento. Esse foi o primeiro 912.

Trinta anos do Volkswagen

A data do nascimento do Volkswagen, em 12 de outubro de 1936, foi marcada pelo início dos testes dos três primeiros protótipos. Um meninho de 7 anos, Dieter Grossherr, ficou tão impressionado com o besouro que, trinta anos depois, se tornou editor da *Güte Fahrt* (Boa Viagem), revista oficial da Volkswagen. Grossherr tinha a alma de um jornalista investigador e passava seus dias nos arquivos da fábrica. Espantado, descobriu menções a Adolf Rosenberger afirmando que ele fora um dos criadores do Volkswagen. Através de Ghislaine Kaes, sempre acessível à Volkswagen, encontrou Rosenberger. Grossherr parece ter sido o primeiro a "desenterrá-lo" depois de 16 anos; a primeira e última menção havia sido feita por Richard von Frakenberg, em 1950.

A morte de Rosenberger

Em 6 de dezembro de 1967, no Hospital Mount Sinai de Los Angeles, aos 67 anos, Adolf Rosenberger faleceu. Na época, seus amigos barão Veyder-Malberg e Ferdinand Porsche ainda estavam vivos. Queria ser enterrado em Pforzheim, desejo que não foi satisfeito. Seu túmulo permaneceu no cemitério judaico de Nova York.

Nesse período, a Porsche cresceu vertiginosamente: os 911 ocuparam uma nova faixa de mercado, com sucesso inaudito; os 906 e derivados de oito cilindros venciam competições como nunca.

À esquerda: o 906 com motor de seis cilindros de corrida, que levou a Porsche ao Campeonato de Marcas. Embaixo: um estande de carros antigos em São Paulo, exibindo o 917 e um 906.

Afluência e recessão, receita para grave confusão

Em decorrência de uma grave recessão econômica, na segunda metada dos anos 1960, toda a afluência e o aumento da classe média, além do milagre econômico alemão, terminaram ao mesmo tempo que o 12.000.000º Volkswagen deixava a linha de montagem. Apesar de o veículo ter começado a se acumular em algumas concessionárias alemãs, Nordhoff insistiu em não diminuir a produção.

O Opel Kadett parecia uma furadeira na faixa de mercado até então ocupada pelo Volkswagen, enquanto os Fords 15 e 17M e o Opel Rekord atacavam nas faixas de mercado mais altas, jamais alcançadas pelo Volkswagen 1500. O "grande Volkswagen" com ar de um Tatra e motor de seis cilindros do Porsche 911 fora arquivado. Nordhoff aprovou o 411 como o "grande Volkswagen". A sorte estava lançada! Persistia o problema com o pretenso sucessor do Volkswagen, o EA 158 e seus congêneres, os Tipos 1834, 1866, 1872 e 1966. Haviam crescido muito e ficado sem potência, uma doença tanto crônica como aguda dos Volkswagens arrefecidos a ar. Incapazes de corrigir outros anacronismos do Volkswagen, como a falta de espaço, convenceram Nordhoff de que jamais conseguiriam substituir o Fusca. A única característica mantida era a qualidade, que não era mais um argumento de vendas nesses tempos de afluência e obsolescência planejada. A Ghia havia sido comprada pela Ford, e a Pininfarina foi contratada para projetar, isoladamente, algumas carrocerias e finalizar o 1500, o 411 e o 911 de quatro lugares. Para a Volkswagen e a Porsche, a Pininfarina tentava manter um estilo alemão, ou quem sabe da Europa Oriental dos anos 1940 e 1950, que seguia a tendência de quanto mais desproporcional ou esquisito melhor.

Nordhoff contava com um engenheiro brilhante, mas de concepções exatamente contrárias à doutrina Porsche: Ludwig Kraus, diretor-geral da Auto Union, adquirida pela Volkswagen em 1965. Lá ficou, por designação da Daimler-Benz, proprietária anterior da Auto Union. Especializou-se em chassis e motores de baixo peso no setor de competições, com Rudolf Uhlenhaut, e sempre foi inimigo declarado do motor arrefecido a ar, que considerava um erro.

Nordhoff deu preferência a uma solução da Porsche para o sucessor do Volkswagen e manteve Kraus vinculado apenas à Auto Union, destacando um de seus lugares-tenentes para controlá-lo: o engenheiro Rudolf Leiding, ex-estagiário na Volkswagen of America, braço direito de Otto Hoehne e Joseph Werner na construção da fábrica de Kassel. Tinha lá seus direitos: Wolfsburg assumira os débitos da Auto Union e da DKW em um momento ruim. Em 7 de janeiro de 1967, Nordhoff aprovou mais uma nova tentativa da Porsche para criar um substituto do Volkswagen Tipo 1, no segmento de 5.000 marcos com quatro a cinco lugares. Em setembro, estabeleceram-se suas características principais: o 1866, cujos estudos vinham desde 1966, apresentando 1,2 litro, motor abaixo do chassi, transmissão automática e manual, com uma *enorme* diferença entre o 1834 e o 1866 (e seus derivados, 1872 e 1996): refrigeração a água. Seria o Volkswagen substituto do Tipo 1, 266 até 277, na nomenclatura Volkswagen.

Ameaças à doutrina Porsche

Em 31 de janeiro de 1967, Heinz Nordhoff reuniu-se com a dinastia Porsche: Ferry, o organizador político; "Butzi" Porsche, o neto estilista, e "Beurly" Piëch, o engenheiro com o temperamento do avô. Iniciaram-se as vendas do tão anunciado Audi 60 projetado por Kraus, um modelo com 1,7 litro, 55 cv, comando de válvulas no bloco e carroceria do agora extinto DKW F-102. Era um carro de importância ímpar, pois determinaria o futuro da Auto Union e da Volkswagen, embora ninguém sequer imaginasse.

Ficou pronta em Ingolstadt a ala para montar o Fusca, e Nordhoff indicou Leiding para dirigir esse setor. Teve sucesso ao produzir nesse ano 61.800 Fuscas, que continuavam não atendendo à demanda externa. Mas ela dava os primeiros sinais do ingrato futuro: os australianos, que gostavam muito do Volkswagen, deixaram as vendas despencar de 34.588 para 19.586 unidades por ano. Tristeza de uns, alegria de outros: mais primitivos no acabamento do que o Volkswagen, mas melhor adaptados ao gosto de mercado em espaço e desempenho, os importados japoneses se beneficiaram de acordos bilaterais com os governos que reduziram impostos.

A antiga rivalidade entre o DKW e o Volkswagen no mercado prosseguiu, agora interna: as equipes de engenharia da Volkswagen e da Auto Union não se entendiam. De um lado, o talentoso doutor Ludwig Kraus; do outro, o engenheiro Holste, em Wolfsburg; na garupa, Leiding, inimigo político e emissário de Nordhoff em Ingolstadt. O doutor Kraus estava muito descontente com a ocupação da fábrica para fazer o Fusca, que em três anos desovou mais 380.000 unidades do carrinho. Desenvolveu, sem que Leiding soubesse, o Audi 100, com moderna carroceria de influência americana e traseira fastback.

Da esquerda para a direita: Heinz Nordhoff em 1967; o engenheiro Ludwig Kraus; Kraus Leiding e sua primeira obra: o renascimento do Audi, 1966; o motor do Audi 60.

Nordhoff e Leiding tinham o hábito de fazer visitas de surpresa. Acabou o segredo, e Kraus decidiu mostrar a maquete do Audi 100, com plena consciência de que poderia ser despedido. As ordens eram claras: nada de novos projetos na linha Auto Union. Nordhoff entrou no galpão, vermelho e com o semblante carregado, um sinal de problemas graves. Mas após ter dado uma volta em torno do carro, visivelmente irritado, aprovou o desenvolvimento do veículo.

Temos que refletir sobre o muito que se dizia e se diz até hoje a respeito de Nordhoff: que foi o responsável pelo fim do DKW e que só por teimosia pessoal mantinha a linha a ar projetada por Porsche. Mas a renovação procurada por Kraus só foi possível pela anuência de Nordhoff, e de seu apoio incondicional ao desenvolvimento da Audi. Além do sinal verde, Heinz Nordhoff abriu para Kraus a possibilidade de fazer uma segunda opção para um eventual substituto do Volkswagen caso a Porsche não conseguisse. Diferente da visão que se tem de Nordhoff, ele nunca foi um eterno repetidor do Volkswagen.

Volkswagen Porsche 914 (1969)

A doutrina Porsche sobrevivia em nichos de mercado, fato refletido pelo motor central, vindo do Auto Union P-Wagen e aplicado ao Cisitalia 360 e ao Porsche número 1, o 356/1, que reapareceu em um dos mais controversos desenhos da história da Porsche. Este foi um modelo de entrada de baixo custo, feito para substituir o 912. Desenhado por um escritório externo, a Gugelot (da cidade universitária de Ülm), foi uma tentativa de inovação submersa em modismo que, ao invés de apelar para um desenho mais atemporal, mostrou que histórias muito jovens não podem ser aprendidas. O 914 tentou negar estilisticamente o mito Porsche. Não se podia acusar Ferry Porsche de não apoiar o 914; mas o carro ficou tão ambivalente quanto Ferry. A soma de sua ambiguidade pessoal e falta da genialidade paterna tiravam-lhe autoridade sobre uma equipe realmente inovadora. A ambivalência acabava aparecendo no desenho, cujas dianteira e traseira eram indistinguíveis. Na questão da identidade do veículo, surgiu a dúvida se era um carro de motor Volkswagen com quatro cilindros, 1.679 cm^3 e 80 cv ou uma unidade menos potente do Porsche 911 de 2 litros, seis cilindros e 110 cv. Modelos mais largos com motores de oito cilindros, nunca aprovados para produção, foram produzidos como protótipos, ficando para dois membros da diretoria: Ferry Porsche e Ferdinand Piëch.

O Volkswagen Porsche 914: tentativas de inovação estilística na velha base. Apesar do motor central, como no Porsche 356/1 e nos modelos de competição, faltou-lhe o fundamental: beleza e apelo.

À esquerda: Kurt Kiesinger, Kurt Lotz e Ferry Porsche. À direita: o 914 com oito cilindros, Hans-Peter, Ferry e Ferdinand.

Golpe no legado Porsche (1970)

Se o primeiro Audi, realizado por Ludwig Kraus em 1965 foi o prenúncio do fim da Era Porsche na história da Volkswagen, podemos dizer que a história da doutrina Porsche na Alemanha começou a terminar em 1970, através do primeiro veículo com a marca Volkswagen, de motor e tração dianteiros, arrefecido a água: o Volkswagen K70, nascido com o nome de NSU.

O K70, primeiro carro com motor dianteiro arrefecido por líquido.

Uma das ironias dessa história foi a seguinte: bem a NSU, que havia encomendado o primeiro projeto de um verdadeiro Volkswagen, com motor traseiro arrefecido a ar e suspensão de barras de torção, estaria fadada a fornecer o primeiro Volkswagen com motor arrefecido a água, dianteiro e suspensão McPherson (já utilizada no Porsche 911 e no Volkswagen Fusca 1302) de molas helicoidais e amortecedor interno. A pergunta era se esse novo modelo resolveria os problemas da falta de um produto mais sintonizado com as preferências mutantes do mercado.

Por incrível que pareça, os mesmos problemas acabaram aparecendo em Detroit e outras cidades, como Rochester, no estado de Nova York, nas mesmas empresas visitadas por Porsche no pré-guerra. Nordhoff, último defensor do que restava das bases da herança Porsche, falecera há dois anos. Seu sucessor, Kurt Lotz, recebeu como herança a difícil tarefa de parar a queda de interesse no Volkswagen, pelo menos na Europa. Ainda injustiçado pela história, foi um grande racionalizador da Volkswagen: centralizou a fabricação de suspensões dianteiras em uma Braunschweig renovada (ou seja, consumiu investimentos). Dotou o campo de provas de Ehra-Lessien de simuladores, como os da indústria aeronáutica, e colocou a fábrica de Salzgitter, ex-NSU, para fazer apenas motores, o que livrou espaço em Hannover para se dedicar apenas à Kombi, que aumentava suas vendas. Ou seja, o K70 não vingava no mercado, o que deixava a fábrica com uma capacidade ociosa e tornava desinteressante a continuidade de sua produção. Nordhoff havia entrado no negócio de *leasing* para obter novas fontes de lucro; Lotz prosseguiu a diversificação e entrou no mercado de aluguel de carros ao assumir 50 por cento da Europcar com garra, num subúrbio de Paris, perto da fábrica da Renault. No ano 2000, Piëch assumiu 100 por cento da direção da empresa.

Rudolf Leiding foi indicado para ser vice-presidente da Volkswagen alemã, mas recusou o cargo e preferiu ficar na Audi NSU. Ninguém entendeu o porquê. Logo surgiria a razão.

Kurt Lotz tomou a difícil decisão de tirar o doutor Ludwig Kraus da Audi NSU para substituir o pouco inspirado engenheiro Holste na Volkswagen, responsável pela projeção de uma insípida linha de motores com quatro cilindros arrefecidos a água. Kraus ficou incumbido de preparar um novo motor no exíguo tempo de três anos e o fez brilhantemente, o que salvou a Volkswagen da falência, com as linhas Polo, Passat, Golf e Scirocco. Versátil, sua criação permitiu variações de cinco e seis cilindros e equipou veículos comerciais leves que a Volkswagen logo começaria a fazer, além de alguns Audis; fariam enorme sucesso no exterior, nos Volvos 750-900, na linha K de Iacocca, que salvou a Chrysler nos anos 1970, no Brasil, no México etc. A influência de Kraus (e indiretamente da Mercedes-Benz) foi decisiva para a formação de Ferdinand Piëch e determinou todos os rumos futuros da Volkswagen, inclusive no século XXI.

O modelo 917

Ninguém esperava que a Porsche abandonasse o arrefecimento a ar, e os desenvolvimentos que estavam ocorrendo na época demonstravam essa tendência. Apareceu então o mais espetacular carro de corridas jamais fabricado em todo o mundo; o verdadeiro legado de Porsche atualizado por seu neto Ferdinand Piëch: o 917, inicialmente com 4,5 litros, levou a doutrina Porsche para doze cilindros. Um boxer de ventoinha horizontal, com provisões para dezesseis cilindros, era apenas um protótipo. A carreira do 917 se espalhou por dois continentes, em duas classes diversas. No final tinha 1.000 cv

À direita, de cima para baixo: o primeiro 917, em 1969. Prospecto para venda, tão raro quanto o carro. Ferry e os três primos responsáveis pelo motor, pela carroceria e pela fabricação. Embaixo: hoje, no museu.

À esquerda: experimentos aerodinâmicos dentro e fora da visão de Ferdinand Porsche: traseiras alongadas favorecidas pelo neto, Ferdinand Piëch, e em cunha, influência de John Wyer, o mais eficiente chefe de equipe, vindo da Inglaterra. Resultado: desempenhos nunca mais igualadas em Le Mans e em competições da América do Norte. À direita: os mesmos princípios em categorias menores, nos Tipos 906, 908 e 910, hoje exibidos em Mulhouse, na França.

e demonstrou-se ainda mais rápido do que o 962, um carro de competição da Porsche feito vinte anos depois, e do que o Carrera GT, feito trinta anos depois, de 612 cv. Os tipos 907, 908 e 910, contemporâneos do 917, surgiram devido às necessidades das competições, que apresentavam mais curvas ou aclives e declives de menor velocidade, e às políticas dos dirigentes que as organizavam.

A saída de Lotz: tempos difíceis (1971)

Lotz manteve o acordo verbal com a Porsche, mas logo foi despedido. Uma de suas últimas atitudes foi aprovar a produção e os pedidos de ferramental para o sucessor do Volkswagen. Pedira o consenso da Auto Union e da NSU para que, junto com a Porsche, idealizassem o carro. A NSU entrou como celeiro de projetos e virou celeiro de fábricas, para não se tornar depósito de problemas – seus projetos logo se mostraram inferiores. Permaneceram o doutor Ludwig Kraus e Ferdinand Piëch (Audi e Porsche, respectivamente) como equipes separadas.

Ferdinand Piëch prosseguiu dentro das expectativas de Lotz, mas trinta anos depois revelou sua tendência ao motor convencional. Piëch jamais escondeu sua paixão pela Ferrari, embora tenha feito um doze e depois um dezesseis-cilindros a ar, para bater a Ferrari. Acabou mesclando ideias do avô com paixões atuais: motor entre-eixos; ventoinha baixa (motor-mala) e arrefecimento líquido, a melhor alternativa para um carro cujo motor ficava à frente do eixo traseiro, sob o assento, além de facilitar a transformação de energia térmica em trabalho e de ser adequado às novas leis americanas quanto à emissão de poluentes.

Um motor abaixo do banco traseiro implicou em um carro de altura maior do que se costumava fabricar na época, mas semelhante à altura dos carros atuais! Tais características eram arriscadas demais para a época, que recomendava prudência pelos números envolvidos.

O legado, a dinastia

O Tipo EA 1866 de Ferdinand Piëch, comparado com o Fusca de Ferdinand Porsche.

Condutos na carroceria, ao lado das rodas de trás, coletavam ar para ajudar no arrefecimento a água dos motores bastante elásticos, de 800 cm³ (com três cilindros) a 1.800 cm³ (com quatro cilindros), rendendo de 60 a 105 cv, com margem para desenvolvimento.

Foram necessários vários anos para resolver as questões de isolamento térmico e acústico do carro com motor abaixo e interno ao habitáculo. O preço subia; em 1973, o EA 266 mais barato, de três cilindros, precisaria ser vendido a 10.000 marcos; o Volkswagen Fusca 1303, já fora de preço, custava 6.000 marcos. Ferdinand Piëch estava trabalhando nos modelos esporte e no Transporter: o 266 passava pelas mesmas tribulações do Volkswagen tipo 1 no período entre 1932 e 1938. Piëch não ligava muito para economia e acabava gastando excessivamente em pequisa e desenvolvimento, característica herdada de seu avô. Seria possível, em um mercado mais concorrido, manter uma vantagem tecnológica competitiva e repetir o mito do Volkswagen-Porsche?

Após a saída de Kurt Lotz, Rudolf Leiding o sucedeu, de modo político. Havia sido indicado para ser seu vice-presidente, mas percebeu que Lotz estava caindo e aproveitou a oportunidade para dar uma pequena ajuda. Leiding estava numa situação política excepcional, devido aos bons resultados comerciais que conseguiu alcançar na Volkswagen brasileira, filial que sustentou toda a empresa durante dois anos. Retornou novamente como diretor da Audi

No alto: Leiding decide fabricar um carro que ele mesmo inventou: a Brasília. Embaixo: outro carro particular de Leiding, o Volkswagen SP.

No alto: o Audi 80.
Embaixo: o Tipo 1866.

AG. Tinha formação no arrefecimento de motor a ar; no Brasil, responsabilizou-se pelo SP2 e pela Brasilia. Mas resolveu manter boas relações com o antigo desafeto, doutor Ludwig Kraus, cujas resoluções eram opostas a tudo o que Ferdinand Porsche fizera.

Graças a Nordhoff e Lotz, Kraus acabara de terminar o motor do Audi 80, tecnicamente avançado, com uma mecânica convencional e um preço *muito menor* do que o EA 266. Leiding, por baixo do pano, como convém a um político, começou a bater em Lotz justamente pelo endosso que Kurt dava ao 266.

No espaço de apenas cinco semanas, após tomar o poder na Volkswagen, Leiding deu três ordens. A primeira ordem dada foi cessar qualquer desenvolvimento do 266, mesmo que os carros estivessem todos construídos e em testes na Lapônia. Dez milhões de dólares, contratos para ferramental de carroceria com terceiros – tudo para o ralo. Não há precedente na história do automóvel para uma desistência dessa magnitude. A ordem seguinte foi a de queimar todos os desenhos, fotos e todos os cinquenta protótipos.

Piëch irritou-se a tal ponto que mandou colocá-los embaixo dos tanques Leopard que a Porsche estava preparando para o exército da Alemanha Ocidental. Além disso, desobedeu as ordens de um diretor reconhecido como autoritário e guardou alguns, em segredo, em um sótão que Leiding sequer conhecia! Se o 266 não resultasse em desastre, poderia ter sido a revivescência do mito Porsche e da lenda Volkswagen, mas acabou virando uma peça de museu na Volkswagen.

O Audi 80 de Kraus, na filosofia do badge-engineering, chamou-se Volkswagen Passat e ganhou uma versão fastback. Ambos os carros foram desenhados por Giorgetto Giugiaro, um estilista jovem, famoso e muito querido, aparentado do doutor Carl Hahn. Saíra há pouco da Bertone, onde fizera, entre outros, o Alfa Giulia GT.

Agruras dos grupos de trabalho

Piëch enfrentava problemas de relacionamento com a família Porsche. O trabalho em grupo ficara inviabilizado por alianças mutantes e guerras, com clivagens e subgrupos. Um problema crônico de toda empresa automobilística é a tentativa de supremacia dos departamentos técnicos ligados ao desenvolvimento e à produção; uma variante deles são as eternas brigas entre os responsáveis pelo estilo e pela engenharia. Em uma empresa familiar, esses problemas ficam elevados exponencialmente, por interferência de sentimentos pessoais, o que acaba prejudicando os grupos de trabalho.

Ferry Porsche sentiu que os problemas familiares levariam a empresa à falência, e usou sua contínua disposição para enfrentar novas situações. Naquela época, estavam se iniciando as técnicas de diagnóstico e o tratamento de conflitos grupais em empresas, iniciados por psicanalistas na Inglaterra cerca de dez anos antes. Ferry

Porsche, que possuía o mesmo interesse do pai pela cultura inglesa, ficou interessado nesses procedimentos e resolveu realizar sessões de dinâmica de grupo com os melhores profissionais no assunto disponíveis na Alemanha, na antiga residência dos Porsche, em Feuerbacher Weg. Os técnicos em psicologia de grupo concluíram que toda a terceira geração, os oito primos nos quais Ferry e Louise depositaram toda sua esperança dinástica, deveria se retirar da empresa.

Ferry Porsche não havia completado 60 anos e continuaria dividindo o comando com sua enérgica e ativa irmã Louise, como membros máximos de um Conselho de Supervisão (*Vorstand*). Em tese, ficariam fora de assuntos do dia a dia, tanto técnicos como administrativos.

Ferry e Louise bancaram e presidiram diplomaticamente a retirada dos filhos da empresa, em 1972. A partir de março, a empresa passou a se chamar Dr. Eng. h. c. F. Porsche AG.

No alto: da esquerda para a direita, Peter Falk, de óculos, Ferdinad Piëch, Hanz Hermann e Helmut Bott, sorrindo. Embaixo: Louise Piëch, com o então presidente da Áustria, em sua revenda Volkswagen.

Ferry garantiu a ida de Ferdinand Piëch para a recém-formada e promissora Audi, em Ingolstadt, onde o sobrinho dividiu seu tempo, para cuidar de projetos em andamento, como o 1866. Ferdinand Alexander Porsche abriu uma empresa de estilo, que manteve o nome Porsche e não tinha um foco específico: elaborou veículos de uso especial, bicicletas, acessórios de moda e aparelhos de consumo, como óculos de sol, canetas, relógios e rádios. Hans Peter Porsche desligou-se da produção e administrou outras empresas, algumas próprias, inclusive. Gerd Porsche sentiu-se sábio por nunca ter dado a menor importância às engenhocas da família e continuou seu trabalho como agricultor em Zell-Am-See. Wolfgang Porsche, o mais novo, teve formação em advocacia contábil, na área de controladoria, e completou calma e respeitada carreira na Daimler-Benz. Ficou por muito tempo desconhecido do grande público, mas sempre ligado ao automobilismo. Michael Piëch, como Wolfgang Porsche, fez como o seu pai e avô, e dedicou-se à advocacia.

Outras dificuldades, de ordem emocional, rondavam a Porsche. Ernst Piëch, o irmão mais velho de Ferdinand e primogênito da terceira geração, casado com Elizabeth, a filha mais nova de Heinz Nordhoff, se envolveu em especulações no mercado imobiliário americano junto ao banco de investimentos Goldman Sachs aos 43 anos. Endividado, em condições externas muito modificadas –, o sogro Nordhoff havia falecido – decidiu se desfazer dos direitos na Porsche, equivalentes a quase 10 por cento. Grupos econômicos alemães quiseram comprar as ações, mas já eram controlados por casas bancárias do Oriente Médio, cujo "combustível" era o petróleo, verdadeiro causador de tempestades e tsunamis político-econômicos. Do ponto de vista de engenharia, esses desenvolvimentos potencialmente lesivos acabaram resultando nos muito bem-sucedidos projetos financiados pela TAG, do milionário cosmopolita Mansur Ojjeh, como a motorização de carros de Fórmula 1 e alguns projetos ligados ao Porsche 917.

Ernst Piëch também saiu da Porsche Salzburg, controlada por sua mãe, Louise Piëch; disse que sua mãe ficou de tal maneira enraivecida com a venda das ações que o proibiu de usar tudo relacionado com a Porsche, inclusive produtos da fazenda administrada pelo primo Gerd.

Quem poderia dirigir o departamento de Estilo com a saída de Butzi? Devido à importância dos Estados Unidos no mercado da Porsche, decidiu-se que a pessoa deveria ser formada numa escola americana. Portanto, em 1973 escolheu-se Anatole Lapine, um refugiado da Estônia nos Estados Unidos, que tinha domínio da língua alemã.

A crise do Oriente Médio, somada a desordens financeiras internas e ao adeus à Volkswagen, traduziram-se em uma nova crise na Porsche. Apenas a engenhosidade diplomática de Ferry Porsche garantiu que Leiding autorizasse a continuação do último e limitado projeto: um esportivo baseado no Audi 80. Leiding concordou com Ferdinand Piëch quanto a usar a fábrica da NSU em Salzgitter, agora ociosa, para fornecer motores e montar o Porsche 924. Motores dianteiros arrefecidos a água salvaram, durante alguns anos, a Porsche.

Fuhrmann: um legado controverso

Depois do afastamento dos netos de Ferdinand Porsche da empresa, Ferry convidou o talentoso austríaco doutor Ernst Fuhrmann para voltar à Porsche, com uma oferta irrecusável: ocupar o cargo de diretor técnico, com poderes reais. Fuhrmann voltou entusiasmado com a oportunidade e trouxe o turbocompressor, na época ultrapassado, para a produção normal. Mais uma vez, a Porsche iniciava uma tendência que, trinta anos depois, alcançaria toda a indústria automobilística.

À esquerda: Ernest Fuhrmann, criador do motor Carrera de dois comandos de válvulas e impulsionador dos motores 911 equipados com turbocompressor. No centro: o 930, que trouxe o superalimentador de volta à indústria. À direita: o cockpit semelhante ao do 911.

Turbo

Fuhrmann usou mais uma lição de Porsche: a paixão especial por superalimentação. Nesse sistema, o compressor, acionado diretamente pelo motor, aumenta a potência, e o turbocompressor utiliza gases de escapamento para acionar um turbina, que por sua vez aciona um compressor. O Tipo 930 lançou a marca na então rarefeita liga dos supercarros. Apresentado no Salão de Paris de 1974, como ano-modelo 1975, foi instantaneamente um carro cobiçado. Embora apresentasse alguns defeitos, como o turbo lag (demora de resposta ao acelerador), nenhum outro veículo conseguia se comparar, em termos de qualidade e rendimento, ao Porsche Turbo.

A Porsche teve dez anos de estabilidade, com crescimento apenas razoável, ajudado por encomendas externas de projetos. No entanto, o maior mantenedor da doutrina Porsche, o doutor Fuhrmann, escondia contraditoriamente uma grave discordância com ela.

924, 928 e derivados: revolução marcha à ré

O doutor Fuhrmann expandiu a linha de ofertas com a criação dos modelos arrefecidos a água com motor dianteiro convencional. Aquela época era o império das linhas quadráticas ditadas pelos italianos, que usava elementos como cantos vivos e dobras retas, vistos na Porsche como modismo. Anatole "Tony" Lapine, profundamente influenciado pelo método de administração General Motors, empresa que acreditava que rivalidades incrementavam a criatividade, tinha como modo de operação a fome de inovação desenfreada que aprendeu nos Estados Unidos, o que o fazia mais leal a seu chefe, o doutor Fuhrmann, do que ao mito Porsche. Apesar de sua vontade de inovar, tomou o cuidado de não ofender o mito e manteve as linhas arredondadas, que, ao mesmo tempo, não seguiam o mito. Lapine presidiu um estilo nem um pouco inovador e tornava o Porsche cada vez mais parecido com as outras ofertas do mercado. Seu estilo não produzia qualquer impacto, mesmo que fosse aquele esquisito, marca do mito Porsche, herdeiro da tradição automobilística da Europa Central. O estilo de Lapine era feito para evitar controvérsias. Na dúvida sobre onde colocar os faróis, bastava retirá-los de cena e voltar à concepção

À esquerda: comemoração dos 25 anos de produção em Stuttgart em 1975, com a presença de funcionários e membros da família Porsche. No centro e à direita: o Porsche 924 e seu interior.

de faróis reclusos, como no Volkswagen-Porsche, ou em carros como o Cord 810 dos anos 1930, o DeSoto 1942 e o Corvette Stingray.

A General Motors criou a tradição do lettering, aplicado com maestria por Lapine no modelo especial de corridas do Carrera 911, o R (e o RS). Além do anódino 924 com motor Kraus, apareceu o 928, de configuração ainda mais adaptada aos Estados Unidos. Os antigos medos de Ferry em relação à Mercedes-Benz estavam diminuídos, e o 928 oferecia uma alternativa para a série SL da Mercedes-Benz: motorização V-8 em grande estilo, embora sem estilo. Wolfgang Möbius, que ainda trabalhava na Porsche, desenhou o 928. Há suspeitas de que tenha se inspirado no SP2 de Márcio Piancastelli e José N. Martins, de 1972.

Fuhrmann e Lapine proibiram os estilistas de trabalhar no 911, pois não viam futuro nele, embora o público e boa parte dos engenheiros vissem. Ferry Porsche, como de hábito, mantinha suas dúvidas, mas mostrou claramente seu desgosto por ver, outra vez, que o projeto de seu filho Butzi seria condenado à aposentadoria. Sua intuição lhe dizia que o 911 era o futuro da empresa.

O 924 acabou salvando a Porsche, além de dar trabalho para o operariado em Neckarlsum, da antiga NSU, uma espécie de elefante branco para a Volkswagen da época de Kurt Lotz. O motor Audi deixou o 924 meio anêmico; a transmissão traseira, em transeixo, deu-lhe a melhor característica: estabilidade. Se o 924 foi uma salvação a curto prazo, o público desconfiava que, apesar do acabamento e do marketing, não se tratava de um Porsche.

Matemática Porsche: 928 ÷ 2 = 944

Na Porsche, os "magos" de Weissach cuidaram da imagem dos produtos da empresa ao usar o bloco de alumínio para o V-8 do 928. A matemática na Porsche era meio diferente: depois do 924, vinha o 944, que era um carro com motor 928 "cortado ao meio", com 2,5 litros.

O 968 e seu interior.

O 944 evoluiu para o 968, com três litros e 208 cv, gigantesco para um quatro-cilindros. Essas mudanças salvaram o carro, que tinha ainda significativas melhorias estéticas, autêntica "porscheficação" feita por Harm Lagaay, jovem designer holandês da equipe de Lapine. Lagaay estabeleceu a linha corporativa da Porsche para os próximos trinta anos e suavizou as linhas de Butzi, ao integrá-las à safra 924-44-68, que ficou no mercado por vinte anos. Foram produzidas 325.000 unidades, que constituíram o Porsche das massas; no ano 2000, perfaziam 30 por cento da produção total da Porsche, hoje, a linha água de Fuhrmann está quase esquecida.

Em 1977, Harm Lagaay aceitou um convite da Ford, então em tempos gloriosos. O Escort e principalmente o Sierra, cujas versões turbo atingiram o nível de clássico, tinham semelhanças evidentes com os desenhos de Lagaay para a Porsche. A tendência do escambo de empregados estava aumentando.

A ideia tinha alguns ingredientes para dar certo: o 924 era uma reedição de um sedã de série, como o Porsche 356.

Junto com o gigantesco 928 V-8, eram *boulevardiers* e *grand routiers,* adequados para o uso na cidade e na estrada como nenhum outro, com suavidade e conforto de marcha, além de aceleração e velocidade quase insuperáveis. O 928 foi o único carro da Porsche que ganhou o título de Carro Europeu do Ano, o que nos faz duvidar um pouco dos critérios de jornalistas especializados. Em oito anos de produção, 61.000 pessoas compraram o 928, que começara com 240 cv e 4,5 litros, mas cresceu até os 350 cv e 5,4 litros, com motor americano, ou da Mercedes, com outra marca. Alguns saudosistas lembravam dos dinossauros de Porsche para a Mercedes dos anos 1920. A Porsche lançou folhetos em que comparava o 928 ao Carrera Turbo, pois o 928 alcançava 275 km/h, com aceleração de 100 km/h em 5,5 segundos. Nada convencia o mercado; os compradores sabiam que um Jaguar XJS V-12 era ainda mais refinado do que o Porsche V-8, embora o Porsche fosse superior em agilidade, estabilidade e qualidade. Mas qual seria o integrante da classe rica que daria preferência a um carro desse tipo? O mesmo ocorria com os seis-cilindros da Mercedes-Benz e da BMW, em relação aos quatro-cilindros 944 e 968.

Fuhrmann postergou outra proposta de Ferry Porsche: a tração nas quatro rodas. Alguns integrantes seminais da Porsche desde os anos 1950, como Peter Falk, juraram de pés juntos que Fuhrmann não tinha nada contra o 911, mas ficou evidente sua atitude contra a tradição. Outros integrantes técnicos discordaram de Falk. Friederich "Fritz" Bezner, por exemplo, achava que Fuhrman projetara uma outra marca, com qualidade Porsche (ou quase-Porsche, no 924).

No campo das corridas, com Helmut Bott, M. Jantsch, Norbert Singer (admitido em 1970), Peter Falk e outros, Fuhrmann manteve as aquisições da linha ar: os modelos 936 e 952 repetiram os feitos do 917 e conquistaram várias vitórias em Le Mans e em outros circuitos e campeonatos importantes. Em 1980, inspirado na pequena campanha de Ferdinand Porsche nos anos 1930, com Bernd Rosemeyer e o Auto Union P-Wagen de dezesseis cilindros que fizeram sensação na Vanderbilt Cup em Long Island, a equipe preparou um boxer para a série Indianápolis, que nunca concorreu.

As versões de competição eternizaram o 911; todas elas faziam uso do turbocompressor. Clássicos instantâneos e novamente vencedores em Le Mans e no mundial de marcas: 935 e 936. O legado Porsche se mantinha no esforço em competições – quase sempre, enormemente bem-sucedido.

A entrada de Peter Schutz

À direita, o germano-
-americano Peter Schutz:
salvou a Porsche, o 911 e
sua tradição.

Na tentativa de arranjar um substituto para Fuhrmann, Ferry Porsche convidou Bob Lutz, o grande diretor da Ford alemã, que achou a Porsche muito pequena para sua carreira. Lutz faria carreira como recusador de convites da Porsche, várias vezes reiterados nos anos seguintes. Um *headhunter* em Zurique indicou doze nomes, mas enfatizou Peter Schutz, ex-oficial da Força Aérea dos Estados Unidos, empresário de origem judaico-alemã de Berlim. Nunca sequer dirigira um Porsche até então, mas oferecia a perspectiva de um homem que podia executar vendas e integração e acabou sendo a escolha de Ferry. Aumentou o faturamento e investiu em infraestrutura, com o reaparelhamento do bem-conservado, mas envelhecido Centro de Pesquisa de Weissach; levou o seis-cilindros do 911 para uso aeronáutico, no monomotor Mooney, que passou a ser visto como o "Porsche do ar", mesmo usando motores Continental! Ergueu uma nova fábrica em Zuffenhausen, com áreas envidraçadas que tornaram obsoletos os tijolinhos aparentes dos anos 1930.

O Überporsche

Schutz, como Ferdinand e Ferry Porsche, precisava se apoiar em alguém que oferecesse dedicação e experiência. Não demorou muito para ver que Helmut Bott era esse alguém. Até 1985, as coisas foram bem, em parte por dar asas a Bott, já sinônimo de Weissach. Elevou-o em 1978 a membro do Conselho Diretor para Pesquisa e Desenvolvimento. Bott, como filho adotivo, fez parte do legado Porsche; comprometido como ninguém com o 356, o 911 e o motor refrigerado a ar. Sob seu comando, nomes como Hans Mezger, que entrara na Porsche em 1952, Peter Falk e Ulrich Bez forjavam a merecida fama da empresa e mantinham a qualidade técnica da doutrina Porsche.

Schutz apoiou decididamente a introdução do 911 Conversível, um projeto secreto de Bott, que teria perdido o emprego se Fuhrmann soubesse de suas andanças disfarçadas. A Porsche não fazia conversíveis desde a série 356, em 1966; adotou o projeto do Roadster, uma simplificação da capota tradicional alemã. Outro projeto mantido em segredo por Bott foi a tração nas quatro rodas – novamente apoiada enfaticamente por Schutz. Apoiou ainda a introdução do *Überporsche*, o 959 (e o 961, de corrida), que venceu duas vezes o Rally Paris-Dakar, um carro de sonho sobre o 911, que alcançava 100 km/h em 3,6 segundos. Cheio de defle-

O conversível verdadeiro com tração nas quatro rodas derivado do Audi Quattro, de Piëch.

O legado, a dinastia   181

tores de ar, dois turbocompressores e intercooler (resfriador do ar de admissão), tornou-se um clássico antes de ser lançado. No início de sua administração, por causa do governo Reagan, o dólar manteve-se em um patamar realístico, o que ajudou muito a exportação.

Modelo 959, o Überporsche.

Outro projeto que continuaria o 911 foi o outro *Überporsche,* o Tipo 969 (ou 954); um Porsche com dois turbocompressores, bastante inspirado no 959. Sua dianteira, de Harm Lagaay, seria aplicada no 993.

O termo "*Überporsche*" pode ser traduzido como "Superporsche". Seu significado era o acesso da marca ao que se convencionou chamar de "supercarro", uma rarefeita galáxia habitada por Ferrari, Lamborghini, McLaren e outros. O 911 foi equipado com embreagem e caixa de marchas renovadas, a 950, com a ré sincronizada, o que devolveu a suavidade perdida desde o 356. Os Porsches 1987 a 1989 foram os melhores da série 911 original, que logo iria ser substituída por um carro totalmente novo, mas idêntico ao 911 esteticamente, a não ser em detalhes como o para-choque integrado. A ideia de Schutz, Bott e seu sucessor, Ulrich Bez, era adequar o 911 ao mundo onde a calota terrestre estava se aquecendo. O projeto de Butzi não previu espaço para tubulações de ar-condicionado; o aumento das vendas nas áreas do oeste dos EUA e entre os países produtores de petróleo decretavam a obsolescência de um carro projetado para os climas frios da Europa Central. No 356, apenas um sistema de ar aquecido, provido pelo escapamento, parecia suficiente.

A bem-aventurada Fórmula 1

A colaboração internacional voltava a dar frutos na Era Peter Schutz, através de colaboradores como Manfred Jantke, o sucessor de Von Hanstein na posição de relações públicas e diretor de competições, que reservava boas surpresas. Fuhrmann parecia estar convicto em sua experiência de que Porsche e Fórmula 1 não se davam bem

O motor TAG proporcionou aos corredores Niki Lauda e Alain Prost 25 vitórias no Mclaren-Porsche-TAG.

O BMW fez uma provável contribuição.

e impediu Mezger, Bott e Bez das pretensões frente aos novos regulamentos da FIA, que tornavam a aventura viável. Como no 911 e no 959, Schutz deu carta branca. Sem desrespeitar a experiência, apelou para a tecnologia inglesa de chassi, suspensão e carroceria desenvolvida por Frank Williams. Nascia o Williams com motor Porsche. Faltava, no entanto, uma "entidade mantenedora", que veio sob a forma de Mansur Ojjeh, um árabe saudita de mentalidade cosmopolita. Filho de corretores de petróleo estabelecidos em Paris, era dono de uma empresa cujo nome correspondia à sua função: Techniques d'Avant Garde, ou TAG. Manfred Jantke chefiou a união da técnica germano-inglesa com o financiamento árabe, sob a supervisão de um americano proveniente do povo judeu, e as corridas de resistência e de grã--turismo, com a colaboração austríaca, na qual Niki Lauda era o representante mais nítido. A Porsche recuperou sua fama e levou-a ao clímax, tanto na Fórmula 1 quanto nas corridas de resistência e de grã-turismo. As vendas foram de vento em popa: de 28.000, em 1980, a 53.000, em 1986. Na tarefa de se ajeitar com os quatro-cilindros da Era Fuhrmann, Schutz não se desincumbiu mal e organizou reuniões com a Mercedes-Benz, BMW, Audi e Volkswagen. O excelente seis-cilindros BMW chegou a ser cogitado para substituir o gigantesco quatro-cilindros do 968.

Indianápolis

A cultura americana adquirida por Peter Schutz em seus longos anos de residência no Estados Unidos o levaram a estimular a produção de um Porsche de doze cilindros para competir na Série Indianápolis, com resultados duvidosos, ainda que não vergonhosos. Ao invés de desistir, a empresa tentou corrigir seus erros, com a liderança de Peter Falk. Acabou saindo da aventura em 1990 com alguma dignidade, mas, pela primeira vez, como perdedora. Peter Schutz ficou conhecido por sua sinceridade, mas no final ela não o ajudou muito.

O excesso de investimentos em muitas frentes, como a modernização da fábrica, a expansão de Weissach, a produção de motores aeronáuticos, o 959 e as aventuras em competições estranhas à tradição Porsche, consumiam os lucros advindos do rejuvenescimento do 911 e do esforço racionalizador sobre a linha Fuhrmann.

Com os lucros minguados e a consequente insatisfação de Ferry Porsche, uma nova divisão entre as famílias Porsche e Piëch foi desencadeada. Para piorar ainda mais a situação, o marco se valorizou frente ao dólar, e a produção baixou para 48.000 carros. Atitudes como o incremento da pro-

Porsche em Indianápolis.

dução do 924 – em que técnicos como Ulrich Bez creditaram a própria sobrevivência da empresa – não melhoravam a reputação interna de Schutz.

O ambiente econômico inóspito foi potencializado pelo equívoco de Schutz quanto ao poder dos concessionários americanos. Imaginou um esquema, aprovado por Ferry e Piëch, em que a Porsche substituiria a Volkswagen como importadora e assumiria a franquia de vendas, o que canalizaria à fábrica 50 por cento do lucro às expensas dos concessionários. Imaginando que seria aceito facilmente, quase conseguiu uma briga judicial. Por sentir a aprovação do esquema como um sinal de aprovação, Schutz impôs o plano de modo unilateral. Ferry acabou desistindo, atitude que acabou por evitar processos. Os americanos acusaram a Porsche, representada por Ferry e Schutz, de ter um autoritário. Teria confundido suas funções e atuado como diretor de Vendas? Estava vendo a perda do mercado americano; os revendedores diziam abertamente que não haveria futuro para a Porsche nos Estados Unidos. Schutz, admitido por poder suprir a deficiência de Fuhrmann em vendas, foi despedido em 1987. Não se desentendeu pessoalmente com Ferry Porsche, mas declarou, como Fuhrmann, "estar farto das interferências das famílias Porsche e Piëch na direção da empresa". Peter Schutz deixou legados importantes na infraestrutura e na visão de que o futuro da empresa estava na manutenção da doutrina Porsche, incorporada no 911. Os vinte anos que se seguiram mostraram que ele tinha razão.

O engenheiro Ulrich Bez, nascido em 1943, estava na Porsche desde os anos 1970, colaborando no RS, no Turbo, no 968 e no 993; foi para a BMW e levou consigo Harm Lagaay, onde os dois projetaram o Z1. Em 1988, Bez voltou da Coreia do Sul, onde foi diretor da Daewoo, para substituir Helmut Bott.

Ulrich Bez colaborou no desenvolvimento do 911 (à direita) e do Z1 da BMW (à esquerda).

Ele era o bom?

Arno Bohn, trazido para a Porsche por um *headhunter* depois de reiteradas negativas de escolhidos de Ferry, como Bob Lutz e Reitzler, da BMW, assumiu o comando de 1990 a 1992 e ficou com o questionável título do gestor mais problemático de toda a história da Porsche. Como Peter Schutz, não entendia nada de fabricação de automóveis, mas tinha um currículo notável: carreira na Nixdorf, fabricante alemão de computadores, cujo fundador era membro da Diretoria de Supervisão da Porsche. Pianista, piloto de aviões (como Schutz), cursos na Sorbonne e em Harvard, poliglota e boa aparência, parecia um representante da geração dos *yuppies* bem apessoados. Diferente de Schutz, apareceu num Porsche 911 L, comprado de um parente que mantinha uma concessionária. Entrevistas pessoais feitas por Ferry, Butzi Porsche

A linha da Porsche em 1990.

e Beurly Piëch resultaram na aprovação – com louvor – das duas famílias. Os técnicos reprovaram a escolha. Manfred Jantke, o competente substituto de Huschke von Hanstein, foi o primeiro dos executivos nos postos-chave a abandonar seu cargo. Alguns técnicos não gostavam da suspensão traseira do 964, montada direto na carroceria. O comportamento em curvas era um retrocesso em relação ao 911 de 1987-1988; a versão com tração nas quatro rodas desagradou ao ponto de ter que se lançar, apressadamente, um modelo apenas com tração traseira. O resultado desastroso das vendas indicava que o mercado achava que o carro não parecia um Porsche, visão compartilhada pelos técnicos chefiados por Bez; mas Bohn, presidindo o início do Tipo 993, insistia em dar palpites apressados e queria manter a suspensão.

Presidiu ainda a decisão de projetar o Tipo 986, o primeiro quatro-portas com quatro lugares da Porsche, um velho sonho de Ferry. Motor V-8 derivado do 928, o 986 inicialmente agradou a todos, mas só foi produzido em protótipo, um desperdício de dinheiro. O mercado mudara e a tentativa de vender apenas o motor fracassou.

O Tipo 993

Com a saída de Tony Lapine, a empresa retornava à doutrina Porsche, farta de inovações radicais, sob as orientações de Mezger, Stekkoning, Falk e Bez para o novo 911, que incluíam melhoras na suspensão traseira, uma padronização corporativa na estética prevista por Lagaay, aproveitando o 959. Estava nascendo o mais perfeito Porsche arrefecido por ar – que também seria o "canto do cisne": o Tipo 993. O criador do 911, Butzi Porsche, aprovou as modificações estéticas.

O 993 em 1994.

Desventura na Fórmula 1

Bohn tentou aproveitar outro projeto, de 1987, deixado por Schutz e protelado por Branitzy: o Fórmula 1 Arrows-TAG V-12, patrocinado pela Footwork, uma empresa japonesa, e pilotado por Michele Alboreto. Tal decisão trouxe maus momentos para Bez e Mezger, e quase acabou com a mitologia Porsche no imaginário popular. A melhor marca desse projeto lamentável feito em época errada aconteceu no GP do Brasil.

O Arrows Porsche, conduzido por Teo Fabi.

Louise Piëch e sua família questionaram de modo agressivo a descoberta de omissão de dados econômicos. Ficou patente que a posição precária mas estável da era Branitzy tinha se esvaído. Bohn criou conflitos de interesse, como o aluguel do avião executivo de uma empresa de seu irmão. A Porsche, outra vez, estava aberta a ataques financeiros hostis ou à compra por parte de outros fabricantes. Vitimada pela fascinação por modismos, a Porsche afundava.

A Porsche no alvorecer do século XXI

Wendelin Wiedeking, oriundo do norte da Alemanha, evidenciou tino empresarial nato e capacidade de assumir riscos. Aos 11 anos de idade, ajudou sua mãe nos negócios da família; aos 18, comprou um Mercedes-Benz. Adorava automóveis e suas versões em miniatura. Em 1976, aos 20 anos de idade, possuía mais de 4.000 modelos. As contingências da vida na Alemanha incluem o convívio estreito com empresas e negócios, especialmente os de automóveis. Aluno excepcional em uma escola técnica profissionalizante, escolheu o curso de engenharia de produção e atuou na área já em um de seus primeiros empregos, na Porsche. Acabou saindo da empresa, um tanto magoado, em 1988 e fez uma carreira de sucesso em uma pequena empresa de autopeças.

Butzi e Wolfi Porsche insistiram incessantemente para levar adiante a ideia do caçula da terceira geração de herdeiros Porsche e convidar o engenheiro Wendelin Wiedeking para voltar.

Wolfgang "Wolfi" Porsche, diferente de outros membros da família, dedicou-se às finanças da empresa e não à engenharia, além de ter puxado o senso prático e a sutileza diplomática de seu pai. Ao defender a volta de Wiedeking, Wolfgang Porsche cercou-se do aval da comissão diretiva, composta por mui-

Em 1980, a família de Ferry Porsche parecia imperar na empresa.

O engenheiro Wendelin Wiedeking.

tos membros, inclusive pela dinastia Porsche, composta pelas famílias Porsche-Piëch, e por representantes de investidores e empregados. Houve pressões e manobras diplomáticas, muito comuns nas decisões empresariais na Alemanha, onde o consenso surge em reuniões que congregam vinte ou trinta pessoas. No final das contas, a aprovação final veio de Ferry e Wolfgang Porsche. Na ocasião, Ferdinand Piëch estava muito ocupado, pois ia substituir Carl Hahn na Volkswagen.

A dinastia Porsche durante a volta de Wiedeking

Ferry Porsche foi a figura mais visível no legado de Porsche no século XX. Sua tentativa de ser discreto e não aparecer escondia um temperamento obstinado e curioso que construiu lenta e sólidamente sua própria visibilidade, tornando-o parte do mito Porsche.

A crescente complexidade do mundo ocidental foi acompanhada por um paupérrimo senso de criatividade, e continuamos sobrevivendo às custas das descobertas da época do professor doutor *honoris causa* Ferdinand Porsche.

Ferry Porsche teve que enfrentar as dificuldades típicas dos filhos de pessoas famosas, principalmente se escolheram a mesma atividade do pai. Desincumbiu-se com rara distinção desta sina. Aprendeu com o pai o ofício de engenharia automobilística e conseguiu colaboradores eficientes, mas tinha mais limitações pessoais e viveu numa época de mutações mais velozes, como disse em suas memórias. Muitos supriram suas limitações de engenharia, de administração de empresas e de coordenação de competições. Em suas escolhas profissionais, confiou em quem não merecia tal confiança, como Arno Bohn; desconfiou de outras pessoas de modo imerecido, como Erwin Komenda, e dependeu demais de outras, como Fuhrmann e Schutz. Durante sua administração, enfrentou uma indústria cada vez mais levada ao gigantismo de aquisições rapinantes e teve que lidar com rivalidades internas dos clãs Porsche-Piëch. Normalmente conciliador, jamais conciliou-se com o sobrinho Ferdinand Piëch, muito parecido com seu pai, Ferdinand Porsche, mas jamais tomou atitudes que pudessem prejudicar a carreira do sobrinho. Sempre tentou fazer o melhor para o clã e para a empresa.

Ferdinand Alexander (Butzi) estava voltando a atuar administrativamente na Porsche.

O maior herdeiro da tradição Porsche chama-se Piëch – e não Porsche. Afetuosamente apelidado pelos íntimos de "Beurly", Ferdinand Piëch é mais convencional e conservador do que seu avô, que ficou com a fama de revolucionário; não parece ter tido outra alternativa que não o temperamento autoritário e decidido, herdado do avô e de seus pais.

Uma tradição de desenho estético, dote inexistente em Ferdinand Porsche, foi acrescentada à dinastia por "Butzi" Porsche. Ferdinand Piëch e Ferdinand Alexander Porsche fascinaram-se com aspectos fundamentais da tradição italiana, mas era um problema para os Porsche que nenhum deles tivesse herdado os dotes de organização, liderança e espírito de equipe do avô. Tais dotes foram divididos entre os herdeiros: o talento organizacional do velho Porsche concentraram-se em sua filha Louise; a liderança com base em ligações cordiais foram parar em seu filho Ferry e no neto caçula, o doutor Wolfgang Porsche, que não é engenheiro nem designer.

A dinastia sempre procurou um tipo de administração que pudesse substituir a função inicialmente exercida pelo engenheiro Karl Rabe, mas nunca conseguiu alcançar tal intento. Rabe sabia de sua condição de *outsider*, mas conquistou seu espaço com o misto de lealdade pessoal e competência técnica e ficou em uma posição de

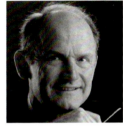

No alto: Ferdinand Piëch e o piloto inglês Vic Elford. Embaixo: Ferdinand nos anos 1980.

"tio", "avô" e conselheiro do clã. Fuhrmann, Schutz e Wiedeking, os diretores mais bem-sucedidos da Porsche, não fizeram parte da dinastia e nunca alcançaram a intimidade leal de Rabe. Certamente, faltou-lhes o *low profile* do velho vienense. Ainda está para surgir uma dupla como Ferdl e Karl.

Os rumos futuros do mito Porsche, caso existam, dependerão das pretensões pessoais dos vários integrantes da dinastia, cujas relações interpessoais são marcadas até hoje por dissensões e acordos provisórios, criando incertezas perenes. O destino da Porsche parece a gama de produtos da fábrica: esportivos, sedãs e peruas de uso misto. Ainda mantêm forma e comportamento esportivos, mas perderam qualquer caráter inovador – talvez pelos enormes riscos do mercado dos tempos de hoje.

Wiedeking, um bom monarca?

O *lobby* liderado por Wolfgang Porsche, que acabou fazendo com que Wiedeking assumisse o espinhoso cargo de uma empresa ameaçada, ocorreu na época do lançamento do modelo 993, a segunda tentativa de dar um sopro de vida ao 911. Wendelin Wiedeking impôs apenas uma condição: "carta branca", provavelmente baseado nas lições que aprendeu com as contínuas interferências das famílias Porsche e Piëch.

Um de seus primeiros atos administrativos foi manter as duas últimas contratação de Arno Bohn, acertos que representavam exceção à tendência do antigo diretor em

Anton Hunger em um 356 SC, com o artista Dietz W. Steck.

criar confusão. Suas escolhas, o doutor Anton Hunger e o engenheiro Michael Macht foram frutíferas. Anton Hunger ocupou a função antes exercida por Huschke von Hanstein e Manfred Jantke, com a mesma eficiência deles, por mais de uma década. As tentativas da Porsche de conquista da Volkswagen, que vamos ver daqui a pouco, levaram o doutor Hunger ao "gigante de Wolfsburg", para exercer as mesmas funções. O engenheiro Macht agiu como espinha dorsal no reerguimento da Porsche, quando Wiedeking assumiu suas funções plenipotenciárias. Wiedeking também manteve a equipe de estilo: o veterano Wolfgang Möbius; os ingleses Anthony Hatter, "pai" do 993, e Steve Murkett, que havia ajudado Bez e Lagaay no fracasso representado pelo Porsche Panamericana; além de Mathias Kulla, Grant Larson e Pinky Lai, um jovem de Hong Kong, que chegara à Porsche em 1989.

Após a entrada de Wiedeking na direção da empresa, Ferry Porsche continuou frequentando a companhia. Era alvo de respeito, por sua inegável experiência, mas algo havia mudado.

Wiedeking tinha várias tarefas a enfrentar: desenvolvimento dos métodos de produção e marketing; fossilização da produtividade, prolongamento final do 911; falhas de suspensão no 964; reivindicações de concessionários e da força de trabalho, que ameaçava abandonar a empresa; linhas de produção a ar e a água conflitantes e incoerentes, sem possibilidade de integração e racionalização de autopeças, duplicadas e sem economia de escala. A Porsche virara uma empresa pequena especializada em desperdício.

Materiais de alta qualidade e desenhos de alta tecnologia implicam alto custo. As duas guerras mundiais praticamente extinguiram um grupo que podia manter o mercado da Porsche – os aristocratas – príncipes, banqueiros, mercadores de armas e *commodities*. Se não fosse pelos poucos que haviam sobrado, a fábrica nem teria começado. Onde estaria o grupo que poderia substituir as funções desses "nobres"? Inicialmente, nos EUA: herdeiros das fortunas de famílias que construíram estradas de ferro, museus e material de guerra; industriais do petróleo do Texas, das indústrias automobilísticas, das produções cinematográficas, fonográficas e de comunicação e informática americanas. Os novos aristocratas habitavam palácios menores, o que se compensava por serem mais numerosos. No mundo, advogados, banqueiros (uma parte da aristocracia que continuou), financistas da City em Londres, Wall Street, Frankfurt, Zurique, Paris, Tóquio e Seul. Depois, de Moscou e Xangai, com a queda do império comunista e o nascimento de um cleptocapitalismo, no primeiro caso, e de um capitalismo estatal, no segundo: oligarcas políticos em Moscou e capitalistas de Estado chineses passaram a adorar o Porsche. E também cirurgiões de Beverly Hills, Londres, Chicago e Nova York. O mercado do pós-guerra sempre teve uma onipresente presença dos magnatas do petróleo do Oriente Médio; o primeiro comprador do Porsche produzido em série veio do Cairo. E ainda banqueiros, políticos e empresários brasileiros, indianos e dos "tigres" da Ásia. A partir de 2005, a China.

Wiedeking conhecia suas limitações e as de seu ambiente de trabalho e procurou o diretor-geral da Toyota. Os japoneses tinham, e ainda têm, uma verdadeira reverência pelo Volkswagen e pelo Porsche. Bem de acordo com a excepcional educação oriental, honrados em colaborar com uma empresa em dificuldades, enviaram técnicos em produção – na época, os melhores do mundo – para melhorar a produtividade da Porsche. Abriram um estágio na Toyota para que alguns engenheiros, como Michael Macht, fossem estudar. Macht tornou-se uma espécie de "lugar-tenente" da produção da Porsche.

A técnica *just-in-time* adaptada a uma fábrica pequena, aliança de eficiências ocidentais e orientais, resultou na redução de 200 horas para apenas 90 horas necessárias para se fazer um Porsche 993. Wiedeking e Lagaay, pelo temor provocado por experiências anteriores, decidiram manter a "tradição Butzi Porsche" e produzir o 911 baseado no 356, ainda que fazendo concessões à moda atual. Pela primeira vez, uma das ideias básicas de Ferry, a de que o piloto precisaria ter os dois para-lamas dentro do seu campo visual, seria abolida.

Inovação criativa ou mais do mesmo?

Em 1995, Wiedeking tomou mais uma decisão arriscada, que tomou corpo a partir de 1997 e se expandiu de um modo surpreendente na década seguinte.

As decisões nada revolucionárias de Wiedeking situaram-se no aproveitamento inteligente de velhas fórmulas da Porsche; se foram oportunas ou oportunísticas, só o tempo dirá: presidiu o extermínio do motor arrefecido por meio do ar. Teria havido uma colaboração secreta entre Wendelin Wiedeking e o doutor Ferdinand Piëch, que já estava decidido sobre os rumos da Volkswagen? O tempo vai dizer se a Porsche, que virou uma potência industrial, vai seguir o mesmo caminho da Volkswagen e se tornar apenas mais uma empresa, entre outras, destituída de inovação e ousadia técnica. Havia muitas indicações de que essa alternativa seja mais provável.

Fim da refrigeração a ar com o último 993 Turbo: saudades no fanático, no amante e no tradicionalista.

No Brasil, em 1996, Fusca Série Ouro. No México, último Käfer, ou Vocho, em 2003. A extinção final da doutrina Porsche se deu em 2005, no fim da Kombi com arrefecimento a ar.

A doutrina Porsche encarnou a tradição da engenharia automobilística da Europa Central, com a síntese e o aprimoramento das contribuições de Ganz, Rumpler e Ledwinka. Essa doutrina foi abandonada pela Volkswagen em 1974 e receberia o golpe de misericórdia na própria Porsche. Ao se estabelecer na América do Sul, a empresa continuaria em suas bases mais antigas, proletárias, não mais na aristocracia do carro desportivo. No México, em 2003, outro abalo ocorreria com a extinção do que os mexicanos chamaram de Vocho, o famoso Fusca para os brasileiros. Expirou de vez no Brasil, em 2005, com o fim do motor arrefecido a ar na Kombi.

A única chance deste tipo de motor poderá surgir nas rodas da história, que tantas vezes tornam novidade aquilo que aparentemente já havia sido esquecido. Engenheiros especializados e experientes nesse motor, usado até hoje nos aviões mais leves, imaginam que ele ainda é viável, caso enfrentem-se custos de desenvolvimento.

Forma utilitária ou fruto da moda?

Apesar das mudanças feitas por Wiedeking e sua equipe, foram mantidos muitos elementos usados para aparentar uma fidelidade à doutrina Porsche e aproveitar boa parte do mito Porsche. Tais medidas têm um efeito mágico muito atuante sobre a maior parte do público comprador, de mais poder aquisitivo, interessados em acompanhar a moda a qualquer preço, literalmente. Do motor arrefecido a ar ficou apenas o tão apreciado ruído semelhante a um ronco, emulado por um sistema de escapamento desenvolvido pelos engenheiros acústicos. Desde o 356, a chave de ignição ficava à esquerda do motorista, por inúmeros fatores: influência das largadas "Le Mans" (ligar o motor com a mão esquerda, engatar a primeira com a mão direita); integração dos comandos; falta de espaço na cabine, amplo diâmetro do volante de direção e ausência de trava de direção. Nada disso existia mais, mas a chave foi mantida nesse local por tradição e inverteu a lógica "a forma segue a função" por "a forma é moda". Manter o ronco e o local da chave de ignição foram concessões às excentricidades que sempre conquistaram o comprador de Porsche. O Panamera e o 356 SC emitem o mesmo ruído de buzina. A Porsche sempre compreendeu a irracionalidade do mercado, fato bem estabelecido por Edward Bernays.

De Davi a Golias

Wendelin Wiedeking, pessoa de notável capacidade verbal e indiscutível inteligência, cunhou duas metáforas para comunicar seu modelo inicial de trabalho. Uma delas, o Princípio de Davi, influência da cultura protestante alemã inspirada na sabedoria do *Velho Testamento*, formou a própria história da Porsche. Nos anos 1950, a corajosa empresa de Stuttgart-Zuffenhausen era chamada de "Davi", o pequenino hebreu que venceu o gigante Golias através de agilidade e leveza. Outras marcas cumpriam função de "Davi": as maravilhas miniaturizadas da Abarth sobre base Fiat ou Simca; a O.S.C.A., herdeira da Maserati; na França, inspirado pelo Amilcar e pelo Bugatti, o Renault-Alpine, de Jean Rédélé, e a Panhard, também equipada com motores de cilindros contrapostos arrefecidos a ar. Todos davam trabalho aos Golias Jaguar, Ferrari, Maserati, Aston Martin, Austin-Healey e Riley; o Porsche conseguia vencê-los – por isto, era o mais famoso e bem-sucedido. A partir dos anos 1960, Ferdinand Piëch convenceu seu tio Ferry do primeiro mandamento da engenharia automobilística americana (*There is no substitute for cubic inches* – não há substituto para polegadas cúbicas); a Porsche se encaminhou para as grandes cilindradas a fim de ser campeão absoluto. Demorou uma década – o 917 Can-Am, de menos de 5 litros, ainda era um Davi perto dos Golias com V-8 americanos de 7 litros – mas a simbologia de Davi foi ficando menos adequada.

A segunda metáfora de Wiedeking, também relativa à filosofia de trabalho, aproveitou um termo criado por profissionais do desenho arquitetônico, levada à Porsche por Ferdinand Alexander "Butzi" Porsche, com quem Wiedeking sempre manteve relações respeitosas e amigáveis: *Formsprache*. Pode ser traduzido para o português como "conversa por meio da forma", no desenho de algo para ser usado pelo ser humano. Corresponde ao que temos chamado nesse livro de doutrina Porsche, mantida pelo legado Porsche. Outro talentoso estilista, Walter de'Silva, nascido na Itália, responsável pela volta da criatividade na Alfa Romeo durante a década de 1990, atualmente prestando serviços à Volkswagen, disse que a *Formsprache* é "um modo de manter o estilo, a tecnologia e a funcionalidade sob a ótica do tempo".

O livro de Wiedeking: *O princípio de Davi*.

O Tipo 987, Boxster

O primeiro Porsche arrefecido a água, depois das tentativas frustradas de Fuhrmann, chamou-se Boxster, um modelo conversível. Longamente gestado, foi apresentado ao público, para saber sua reação, em 1993, como modelo de entrada da Porsche. Essa foi uma tentativa, com resultados dúbios, de ter um modelo mais barato, ou não tão caro, pois o Porsche sempre foi um carro que custava mais caro do que precisaria custar. O primeiro

O primeiro protótipo do Boxter, no Salão de Detroit de 1993: teste do interesse do público teve efeito e sucesso imediatos. O modelo de produção teve poucas alterações.

mandamento para se fazer um modelo esporte de entrada é usar peças de sedãs de série, solução utilizada desde os primeiros MG. O primeiro modelo de entrada da Porsche foi o cupê 356/2, mais barato do que o conversível 356/1 de motor central e chassi tubular. Os dois utilizaram componentes Volkswagen. Durante a Era 356, sempre houve modelos mais baratos, mais semelhantes na mecânica ao Volkswagen; chamados de Porsche Damen, uma linha voltada ao público feminino, com hábito de direção mais cauteloso. Em 1964, sobre a cara plataforma do 911, com motor de seis cilindros, ofereceu-se um modelo de quatro cilindros, o 912, cujo preço final ficou desapontador pela elevação dos gastos trabalhistas e investimentos institucionais. Em 1966, uma nova investida no segmento de entrada resultou no Volkswagen-Porsche 914, apresentado em 1969. Pode ser considerado um fracasso, por utilizar um estilo externo anti-Porsche, cheio de linhas retas e ângulos vivos, inspirado no design italiano de Giorgetto Giugiaro, Ugo Zagato e Nuccio Bertone, executados com maestria para a Fiat e a Lancia. Mecanicamente, houve uma tentativa de reedição do motor central. Nos anos 1970, a irrefreável tendência à superpopulação do mercado praticamente obrigou o lançamento do 924, baseado no Audi 80. Finalmente, um *entry-level*, que alargou a quantidade de pessoas usufruindo de um Porsche e manteve a fábrica flutuando financeiramente.

No alto: o grupo de Boxsters, modelo que representava o futuro da Porsche. Embaixo: o Volkswagen 914.

O Boxster aprendeu todas essas lições e foi o primeiro exemplo do Princípio de Davi aliado à *Formsprache*, com um estilo retrô calcado de modo direto do RS 60, veículo de competição dos anos 1950. Diferente do 356/2, do 914 e do 924, foi totalmente idealizado na Porsche, mas não usou materiais vindos de sedãs de série.

Seu comportamento em estrada decepcionou os mais exigentes. O Princípio de Davi priorizava a necessidade da contenção dos custos de produção. Apesar das preocupações sociais de Wiedeking, não houve hesitação em procurar mão de obra mais barata, encontrada na Finlândia. Tal medida não agradou os sindicatos, mas satisfez os burocratas da Comunidade Europeia. O ano de 1996 marcou o triunfo da globalização, quando ainda não eram evidentes os efeitos nocivos dessa movimentação transnacional de capital e trabalho. Tudo na vida tem vantagens e desvantagens, e o ser humano tem dificuldade em visualizar a segunda parte. Idealiza uma vida feita apenas de vantagens. Esses novos dirigentes da Porsche cairiam nessa esparrela, muitos anos depois.

Diz-se que o camelo é um cavalo desenhado por um comitê; a anedota não leva muito em consideração que o camelo pode ser um animal muito útil. O nome "Boxster", assim como o carro, foi idealizado por um comitê, num *mix* de "boxermotor" com "speedster", dois remanescente da doutrina Porsche: motor traseiro em arquitetura de cilindros contrapostos com a sabedoria de marketing de um austríaco-americano, Max Hoffman. Uma ideia tão bem pensada deu certo. Com ares musculosos e atarracados como o ídolo do boxe daquela época, Mike Tyson, o nome e o produto evocavam um boxeador (*boxer*). A aliteração com o ícone dos anos 1950, o Speedster, no Salão de Detroit, sofreu poucas modificações ao ser colocado à venda.

Em entrevista cedida pelo doutor Anton Hunger, confirmou-se que a decisão de não ressaltar no lançamento a verdadeira inspiração do Boxster – o RS 60 – foi bastante refletida. Como o RS 60 não era conhecido pelo público em geral, a propaganda falou apenas da semelhança com o Spyder 550, cuja justa fama de vencedor em sua classe na Carrera Panamericana, em Nürburgring, Le Mans e Mille Miglia forjou a história do "Davi contra Golias". Sua fama aumentou ainda mais por ter sido o "carro em que James Dean morreu".

Outro detalhe da propaganda do Boxster parece ter cometido um deslize histórico sério. Os prospectos e folhetos da Porsche apregoavam que o Boxster era o segundo veículo de uso diário da Porsche que apresentava a configuração de motor central. Era também ricamente ilustrados com fotos do primeiro Porsche, o 356/1, caprichosamente restaurado, tido como o primeiro Porsche com tal disposição. Mas, depois dele, houve o 914 (o Volkswagen-Porsche), que também tinha esta disposição do grupo motopropulsor. Esses detalhes surpreendem o estudioso e o admirador, mas não têm consequência para os usuários comuns.

O Tipo 997

O segundo Porsche sem motor com arrefecimento a ar, o Tipo 997, recebeu, por um misto de sabedoria e temor, a denominação 911, o carro esporte mais longevo da indústria; com as opções de estilo de carroceria cupê com fastback mais suave, Targa e conversível. O motor lembrava mais o do japonês Subaru do que os motores da Porsche e conservou a disposição boxer. Pinky Lai dotou o conversível de "corcundas" traseiras para enfatizar a colocação do motor, fiel ao *Formsprache* Porsche. Laivos de Tony Lapine, nos modernismos tipicamente americanos, como as curvas compostas de Bill Mitchell, logo comparadas ao físico humano que se obtém

O 997, apresentado como 911.

Subaru: como Alfa Romeo, já usava um motor boxer arrefecido a água.

na musculação, foram adicionados. Pinky Lai desenvolveu uma fórmula já existente; o Porsche 911 Turbo de Tony Lapine já era um 911 "musculado". A geração Lagaay parece ter abusado de esteroides, evidenciado não só pela "corcunda", mas também pelos "ombros" avantajados nos para-lamas traseiros. O tempo vai dizer se a geração 997 vai se tornar um clássico ou não. Alguns desses modernismos do novo milênio, como a linha altamente rebuscada, plena de "curvas francesas" desenhadas por computador que compunham os faróis, inspirados em felinos de desenhos animados; ou a complicada disposição dos instrumentos e comandos no painel, talvez fizessem o velho Ferdinand Porsche sair irado de seu túmulo, para arrancá-los das carrocerias com suas próprias mãos. Rapidamente, Lagaay deixou-os de lado, sob as preleções paternais de "Butzi" Porsche, devido à grande resistência do público. Então, os modernismos tão rejeitados foram redesenhados dentro do estilo de Butzi Porsche para o 911 original.

Um maior risco para a mitologia Porsche é a banalização do mercado. Quem imagina que comprar Porsches garante retornos financeiros exorbitantes, em nome do "mercado dos clássicos", poderá ficar frustrado. Esses Porsches, em geral bem fabricados, são produzidos em escala industrial massificada, necessária ao abastecimento do mercado. Financeiramente, as séries com motor de refrigeração a água de Fuhrmann têm se comportado como qualquer outra marca. O Boxster apresentou algumas falhas de construção que foram sanadas e não prejudicaram o mito Porsche, mas as primeiras gerações do Boxster conseguiram manter o valor de mercado mais típico do Porsche.

Uma concessão ao modismo, a forma dos faróis dianteiros, foi imediatamente criticada por Butzi Porsche e logo substituída. O 911 passou a assemelhar-se mais ao desenho de 1963, com lanternas tradicionais.

Fim da segunda geração dos Porsche

Ferry Porsche, homem de família aparentemente tranquilo e diplomata nato, adquiriu um notável senso comum às custas de um temperamento avesso a riscos, principalmente os financeiros. Automobilisticamente, tinha sensibilidade para a direção esportiva. Faleceu em 1998, logo após o lançamento dos dois primeiros Porsches arrefecidos a água.

Ele mesmo dizia ter nascido ao mesmo tempo que o automóvel. Previu o perigo do invento aos 60 anos e testemunhou, aos 94 anos de idade, as sombras do seu fim. Fez parte do rarefeito mundo dos que usufruíram do triunfo financeiro – afinal, empresas de automóveis servem para vender automóveis, encarnado no lançamento do milionésimo Porsche para a polícia alemã, fotografado com um Ferry mais velhinho e sorridente.

Sua irmã, Louise, manteve com Ferry apaixonadas divergências, principalmente nos seus numerosos momentos de ambivalência e falta de decisão. Louise foi, talvez, a única pessoa que sempre dirigiu automóveis idealizados por seu pai, por seu irmão e por seus filhos. Adorava esquiar, como seu irmão, mas acidentou-se seriamente, e várias fraturas na perna impediram-na de se locomover até o fim de sua vida. Faleceu poucos meses depois da morte de seu irmão, encerrando a segunda geração da dinastia Porsche, que teve a responsabilidade e o sucesso em tê-la mantido adaptada aos tempos.

À esquerda: a maturidade trouxe dissensões, que não os separaram. No centro: os filhos de Porsche durante a infância. À esquerda: Louise no ano de 1960.

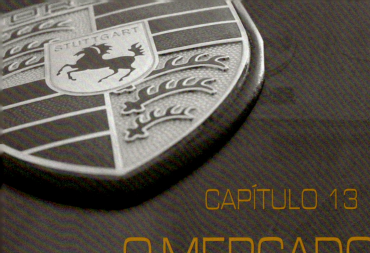

CAPÍTULO 13
O MERCADO DE CARROS MODERNO

Depois da Segunda Guerra Mundial, os jovens da burguesia tinham muitas estradas e rodovias livres e desejavam diversão esportiva, na qual a família não estava incluída. Nem mesmo se pensava em família. Esses jovens de uma geração menos numerosa cabiam em um carro que hoje parece miniatura, o Porsche 356, e foram ficando cada vez mais abastados nas décadas de 1960 e 1970. Uma produção anual de 2.000 carros era pequena, pois os afluentes, além de viajar, queriam os produtos da nobreza, marcas como Rolex, Patek Philippe, Porsche, entre outras. Apesar de seu número reduzido, essa classe cada vez menor cresceu em tamanho, fato já notado pelo primeiro estilista da Porsche, Erwin Komenda em 1963, quando estabeleceu as dimensões do 911 maiores do que as do 356 ao se basear em Butzi Porsche, um homem bastante alto perto dos baixinhos Ferry e Komenda. Para esse mercado, continuava cabendo um modelo esporte de dois lugares, só que maior e mais espaçoso. A Porsche cortejou, mas não se aventurou em modelos de quatro lugares, que seriam desnecessários e talvez contraproducentes, pois provocariam rivalidades com a Daimler-Benz, poderoso vizinho em Stuttgart.

Os jovens de hoje, especialmente os da civilização ocidental globalizada, compradores potenciais do Porsche, são maiores e precisam de mais espaço. Se o consumidor crescia em tamanho físico, o mercado cresceu muito mais. A venda de 10.000 carros por ano virou uma quantidade pequena para manter uma fábrica e acompanhar os custos do progresso tecnológico. A perplexidade de Ferdinand Porsche em sua visita a Paris, pouco antes de sua morte, pode ter sido premonitória: a Porsche tinha que se defrontar com um progresso tecnológico que ela mesma criava em seu centro de Weissach e no envolvimento em competições.

O fim dos minicarros mostrava as novas necessidades. O comprador da segunda metade do século XX passou a constituir família mais frequentemente. Embora muito menores, pareciam estar deixando para trás a tristeza e a insegurança que impediam os europeus de procriarem logo depois da Segunda Guerra. O consumidor agora precisava de espaço para uma família que simplesmente não existia na década de 1950

O mercado de carros moderno

SUV: um veículo para a guerra cotidiana

No alvorecer do século XXI, outro fator que lembrava os tempos tempos terríveis da década de 1950 emergiu. Estamos outra vez em ambientes de guerra. Os dirigentes europeus desenvolveram-se social e psicologicamente e tentaram cooperar entre si como nunca fizeram antes. Antigos inimigos, como França e Alemanha ou Áustria e Itália, são hoje aliados (com exceção da Rússia e alguns países-satélite).

A guerra, antes mundial, hoje ficou urbana, multifocal e crônica, bem como diuturnas. A classe média, agora crescendo nos países BRIC (nome dado pela Goldman Sachs para o Brasil, Rússia, Índia e China) devido à globalização, precisara se tornar uma civilização quase-militar. Cercara-se de blindagens e outros sistemas de segurança, isolando-se também em verdadeiras "ilhas". Um cidadão normal de hoje em dia poderia enfrentar um treinamento militar do começo do século XIX. Enfrentamos a guerra do método Cooper contra o infarto e aprendemos técnicas de defesa pessoal, além de manejar armas de fogo.

Na guerra tradicional, rodovias eram alvo, mas atualmente elas são palco privilegiado para guerra, pelo desenvolvimento das potencialidades do veículo automotor como arma: aríetes de maior velocidade e aceleração, ceifam mais vidas do que o stalinismo e o nacional-socialismo conseguiram fazer, juntos. As estradas se encontram congestionadas por carros muito rápidos, sem que os motoristas tenham se educado para isto. Um anônimo sedãzinho econobox de hoje em dia faria piruetas em torno de um Porsche 356 da década de 1950; um sedã médio turbo de 2 litros envergonharia um 911 dos anos 1980.

Viver ficou – outra vez – muito perigoso. Assaltos à mão armada exigem carros com estrutura que aguente blindagem. O ser humano evoluiu desde os tempos das armaduras medievais? Em megacidades, como São Paulo ou Rio de Janeiro, o perigo não se origina de exércitos inimigos, e cada cidadão precisa de um tanque particular.

A denominação SUV – *Sport Utility Vehicle* (veículo utilitário esporte) não existia, mas o veículo sim. Sua origem está na Segunda Guerra, mais precisamente no Jeep (corruptela fonética de G.P.V. – *general purpose vehicle*) com tração nas quatro rodas, veículo de uso geral, com centenas de milhares de unidades produzidas, desenhadas pela Bantam e feitas por esta, pela Ford e pela

Aero Willys, inventora do SUV na guerra, chamado de Jeep, fez um caminho inverso ao da Porsche, meio século antes: caminhou para o automóvel compacto e teve que sair do mercado. Comprada pela American Motor, continuou com seu SUV, a Rural Jeep. Os dois veículos, a Rural e o Aero encontraram um bom lar no Brasil.

Em 1961 o sofisticado conceito depois conhecido como SUV ganhou uma nova forma: o Jeep Wagoneer, da American Motors.

Willys-Overland. No pós-guerra, a origem se ramificou. Nos Estados Unidos criou-se a station wagon (perua) Willys, depois chamada de Rural quando a Willys foi absorvida pela Kaiser, e foi muito apreciada no Brasil e em países sem estradas. Afluência dos anos 1960, quando a Rural virou Wagoneer, que revolucionou o mercado e proveu muito conforto a um carro tipo jipe. Na década de 1970, o ramo inglês do Jeep criou a outra origem do SUV fora de estrada: Land Rover Discovery, que aliou luxo à capacidade de forma inédita. Na década de 1980, bem depois da aquisição da Kaiser pela American Motors, o "vagão" vira "índio", ou melhor, Cherokee. Outros fabricantes de caminhões entraram no mercado, como a International, com o Traveller. Entre o Jeep e a Rural, em 1964, apareceu o Bronco da Ford, similar ao Jeep. A Ford, o maior fornecedor de Jeeps na Segunda Guerra, ofereceu seu próprio desenho, o M 151, pouco antes da Guerra do Vietnã. A tendência se firmou de vez nos anos 1980, com a Blazer da General Motors, grande sucesso no Brasil, e a Explorer da Ford. A General Motors, que pelo seu gigantismo sempre está atrasada, chegou ao ponto de fazer uma versão em escala reduzida do gigantesco Hummer, o "jipão" da primeira guerra do Iraque, em 1991. A sociedade americana, sempre infeliz com a perda dos "barcos" e dos "dinossauros" de rabos-de-peixe dos anos 1950, aproveitou o vácuo nesse nicho de mercado para usar muitos chassis de pickups e criar SUVs muito caros e gastadores para transportar uma população obesa e postergar a falência de suas três maiores empresas automobilísticas. O Land Rover virou carruagem de famílias reais e do papado, padrão de excelência em luxo e sofisticação, e expandiu um mercado que atraiu Mercedes, BMW, Lincoln, Cadillac e Lexus.

Os SUVs fora de estrada enfrentam barro do mesmo modo que o Porsche esportivo faz curvas fechadas a mais de 150 km/h, mas dificilmente seus donos vão utilizar essas potencialidades; poucos saem do asfalto. Os proprietários desses SUVs desejam sentir segurança na guerra diária do mundo "civilizado" de hoje. Ataques terroristas em nome de religiões viraram regra e inundações exigem maiores alturas do chassi em relação ao solo. Nos incêndios e explosões de Nova York, durante o ataque terrorista de 11 de setembro de 2001, pessoas foram salvas pela resistência do SUV blindado no qual se encontravam.

Atualmente, as principais fornecedoras mundiais de SUV localizam-se na Ásia. A Mitsubishi virou sinônimo dessa classe com seu clássico Pajero. Denominação californiana, exigida pela nobreza do mercado; aprendeu a mesma lição que a Porsche: competições promovem o desenvolvimento dos veículos, e tornou território exclusivo o mais famoso rali fora de estrada, Paris-Dakar, e sua microscópica versão brasileira, Rally dos Sertões. Os campeões de vendas migraram para a Coreia do Sul, sempre com nomes americanos: Hyundai Tucson, Santa Fe etc.

Ford Bronco.

O mercado de carros moderno

A Daimler-Benz utilizou a capacidade ociosa da Porsche para fazer o melhor Mercedes dos anos 1990. Em 1995 lançou seu próprio SUV, a série ML.

Em 1995, Jurgen Schrempp, o mal-fadado diretor da Daimler-Benz que implantou a solução globalizada para sua empresa com a compra da Chrysler, queria que a Porsche o ajudasse a fazer o Mercedes SUV. Desde os anos 1960 havia uma colaboração entre estas duas empresas suábias, como já ocorrera nos anos 1930. Schrempp cobiçava uma cadeira no Conselho da Porsche, o que exigia uma compra de ações. Apesar do respeito da Daimler-Benz pela pequena empresa, o projeto não saiu do papel, pois um executivo da Porsche vetara-o. Wiedeking, recatadamente, relatou que Schrempp nem mesmo o cumprimentara em situações sociais. Infelizmente, a década seguinte aumentou a lista de pessoas ultrajadas com as ações do engenheiro Wiedeking.

A empresa sempre se preocupou por ocupar o altamente instável nicho do mercado de carros esportivos. Ferry Porsche sempre quis outro produto, mas desistiu por motivos objetivos, como a reação da Daimler, e subjetivos, como sua própria natureza ambivalente. Realmente, este nicho contraiu-se contínuamente, cerca de 34 por cento entre 1992 e 2007.

Na faixa criada pela própria Porsche, os antigos competidores que até agora não conseguiam muita coisa em termos de mercado se aperfeiçoavam, como a Toyota e a Honda. Carros que chegavam a 200 km/h, antes privilégio de poucos, passaram a ser comuns mesmo se fossem sedãs médios. E os carros esporte de hoje atingem velocidades que praticamente ninguém precisa; e nem mesmo quer, a não ser que prefira ficar o tempo todo com suor escorrendo pelas mãos.

As vantagens de uma condução esportiva baseada nas habilidades dos pilotos desapareceram com os implementos eletrônicos para controle de estabilidade criados pela Porsche para diminuir os efeitos do oversteer, uma palavra que atualmente está a ponto de fazer parte do passado.

O mercado de carros esportivos teve uma expansão e passou a aceitar carros muito mais caros, os supercarros quase fuoriserie, aceitando marcas revividas, como Bugatti, Bentley e Lamborghini. Nele entraram o Carrera GT da Porsche, a Ferrari, o Maserati, o Aston Martin, o Zonda-Pagani, o DeTomaso, e ocuparam o lugar de Beutler e Alvis dos anos 1950. Procurados por aqueles que possuíam iates e aviões executivos da Gulfstream, da Dassault, da Embraer, da Bombardier, da Beechcraft, da Cessna, da Raytheon, dentre outras. Era o argumento final para Ferry Porsche, um fabricante que sempre manteve o olho tanto nos seus produtos como no seu caixa. O filho de Ferdinand Porsche, bem-sucedido habitante do rarefeito universo de industriais na especialidade ainda mais rarefeita de empresas de família, sugeriu a ideia de que esse novo produto, com tração nas quatro rodas, sua "menina dos olhos", deveria se chamar Ferry. Inspiração da Ferrari: como o Dino, nos anos 1960, e o Enzo, no século XXI. A diretoria executiva achou que o SUV Porsche não seria o melhor exemplo do "Ferry". A opinião de Ferry a respeito do nome perdeu seu principal advogado, que acabou desaparecendo por causas naturais antes do lançamento do carro.

Como os bons vinhos, a ideia precisava maturar: um carro chamado "Ferry" podia acalentar o mito Porsche no futuro, um dos vários segredos guardados a sete chaves, até que alguma necessidade premente o fizesse se materializar. O "Ferry" poderia ser um modelo de dois lugares leve, ágil, com visibilidade a partir do cockpit excelente, de para-lamas completamente visíveis, classe equivalente ao dois litros de hoje, não necessariamente movido a gasolina; talvez híbrido ou elétrico. A aparência externa precisaria guardar semelhanças básica com os primeiros Porsches da série 356, devidamente mantidas em materiais modernos. Não poderia ser um reedição ou cópia. Teria de ser inovador.

As origens do Cayenne

A BMW é a empresa automobilística alemã mais bem-sucedida nos últimos 25 anos. Outro executivo formado neste local, o doutor Hans Riedel, cujo pai e tio haviam ajudado a construir a fábrica da Volkswagen durante a guerra, auxiliou Wiedeking a não "dormir sobre seus próprios louros" e prever produtos para o futuro. Riedel, durante uma entrevista, discorreu sobre a experiência anterior com os carros fora de estrada e sobre o mercado americano.

Temos os ingredientes de mercado e o histórico para a segunda ousadia de Wiedeking: o Cayenne, idealizado em 1997 e lançado em 2002. Como o Porsche 356, o Cayenne não era exatamente revolucionário, pois apenas havia se adequado ao presente e, talvez, ao futuro.

Uma revolução interna na Porsche? Um carro para a guerra urbana de hoje e para proteger seu proprietário e sua família? O novo produto da Porsche estava escapando do mercado de carros esporte. Afinal, os SUVs pareciam ter salvado Detroit, a BMW e a Mercedes, além de garantir crescimento aos gigantes japoneses, então por que não salvariam a Porsche? Por ter chegado um pouco tarde, foi possível aprender com os erros dos outros, mas teria que oferecer qualidade e desempenho insuperáveis. Foi o que ocorreu.

O respeitadíssimo X3.

Para fazer o 356, Ferry foi buscar recursos em seus vários depósitos, *imateriais* e *materiais*. Em função da Segunda Guerra, os imateriais (*expertise* técnica, hereditária, inclusive a leal equipe) eram vastos, e mais importantes; os materiais, representados por peças de automóveis já desenvolvidas, eram precários, mas menos importantes. A origem era quase que uma só: o Volkswagen.

Tanto tempo depois, o depósito imaterial ainda continuava a funcionar como antes. Foras de estrada ou SUVs eram veículos que precisavam de tração nas quatro rodas, o que talvez nenhuma outra empresa conhecesse há tanto tempo, já que veículos de tração múltipla já eram projetados por Ferdinand Porsche na aurora do século XX! Ferry Porsche ficou fã da tração nas quatro rodas. Nos anos 1940, testou esse sistema no Kommandeurwagen e no Schwimmwagen. Nos anos 1950, a Porsche preparou um jipe: o Jagdwagen (Carro de Caça), com motor traseiro Porsche de quatro cilindros amansado. Desprezado pelas forças armadas alemãs e pela Otan (Organização do Tratado do Atlântico Norte) por favorecimentos a políticos; escolheram o DKW Munga, conhecido no Brasil como Candango 4. Ferry apoiou Piëch no Audi Quattro. Na coleção de frustrações com Fuhrmann, estava a desaprovação do sistema no Porsche, finalmente proposto na Era Schutz, que patrocinou vencedores do Paris-Dakar (911 e 959) e os 964 e 993 Carrera 4 que aplicavam suas lições. Estes modelos enfrentaram verdadeiras guerras no Paris-Dakar e foram alvejados por tribos africanas em disputas territoriais.

O Cayenne, SUV de desempenho incomparável e luxo à altura.

Em 1989, o sedã de quatro lugares, 969, contemplou a provisão para tração nas quatro rodas. Em 2009, foi a opção básica no Panamera.

E o motor? Wiedeking percebeu como transformar o desperdício do sedã 969 em algo útil...

O diferencial do Cayenne

Uma diferença do Porsche Cayenne em relação aos seus rivais é a capacidade de enfrentar grandes obstáculos, como dunas, aridez e buracos para nenhuma rua de São Paulo colocar defeito. Nenhum outro SUV, nem mesmo o Range Rover, ou os excepcionais Mitsubishi Pajero dos anos 1990, puderam ultrapassar ou, em alguns casos, igualar-se ao Cayenne. Veículos definitivamente fora de estrada, como o Land Rover e o Jeep Wrangler, podiam igualar-se ao desempenho do Cayenne em pisos ruins ou trilhas. Dentro da doutrina Porsche, desde o 356, o Cayenne oferecia qualidades de marcha encontráveis apenas em sedãs.

Ferdinand Piëch lutava com uma Volkswagen que trabalhava acima de sua

No alto: Wendelin Wiedeking, amante das miniaturas, contemplou o lançamento do Cayenne com uma linha completa de cores do novo carro. Embaixo: versão especial do Cayenne para a Rússia.

Cayenne, em outubro de 2001: salvamento da Porsche, novos caminhos em direção ao gigantismo.

possibilidade física: não podia fabricar um SUV próprio. Eram épocas de colaboração mútua que lembravam a dupla Nordhoff--Ferry Porsche; a mesma equipe do Cayenne, chefiada por Horst Marchart, preparou o Volkswagen Touareg, fabricado em Bratislava (ex-Škoda), adquirida na época da presidência de Carl Hahn.

A Porsche também estava trabalhando acima de suas possibilidades em Stuttgart--Zuffenhausen. Wiedeking estava dentro de bons tempos em termos de sorte. A queda do muro de Berlim e a união entre Alemanha Oriental e Ocidental criaram incentivos econômicos governamentais parecidos com os que existiam no Brasil na época do Grupo Executivo da Indústria Automobilística. Criou-se uma fábrica ecológica e limpa em Leipzig, como forma de desenvolver economicamente esta importante cidade histórica da Alemanha que decaíra para a quase-miséria sob a dominação da União Soviética.

Com a Porsche Leipzig, o engenheiro Wiedeking representou uma geração alemã mais próxima da liberdade dos fantasmas da Segunda Guerra, com preocupações sociais atuais. Durante uma década, acumulou o salário mais alto dentre todos os executivos alemães, que lhe deu tempo para levantar fundos junto a seus pares – executivos e empregadores de alto poder aquisitivo – para uma série de obras beneméritas e fundos de auxílio. Foi dele a insistência de levar a fábrica do Cayenne para a região subdesenvolvida do Leste, a antiga Alemanha Oriental.

A filial da Porsche em Leipzig foi vista como uma grande oportunidade econômica da população empobrecida em tempos de opulência financeira. Poucas semanas antes da inauguração da fábrica, Leipzig foi inundada, e Wiedeking decidiu desistir da enorme festa, mas foi convencido pelo primeiro-ministro da República, Gerhard

À esquerda: apresentação do carro, com imagens de Ferry já falecido, no telão. À direita: reza cristã e um RS60.

Schroeder, e pelas famílias Porsche-Piëch, a quinta geração da dinastia, a mantê-la. Um dos primeiros a chegar foi o primeiro-ministro, em nome do qual foi feita a festa. Em seu modo um tanto excêntrico, posou medindo a pressão de um dos enormes pneus da Cayenne. Houve também uma aparição *post-mortem* de Ferry, em enorme telão, ao estilo de "O Grande Irmão", de George Orwell, observando o evento.

Quem carrega quem? Magnífica foto, alegoria otimista de excelentes publicitários. Inversão de valores...

Será que veio da Porsche a inspiração dos SUVs atuais? O que um veículo com o máximo de conforto, velocidade, segurança e solidez para um usuário em um ambiente militar teria que oferecer? Essencialmente podemos citar: tração nas quatro rodas; motor que o levasse a pelo menos 80 km/h e adaptado a ambientes excessivamente quentes e frios; chassi elevado e engrenagens demultiplicadoras na suspensão traseira, além de suspensão capaz de enfrentar todo e qualquer terreno, e carroceria fechada construída segundo a técnica Briggs.

Uma ideia sujeita a discussões é o Kommandeurwagen como ancestral de todos os SUVs, principalmente os fabricados pelas forças inglesas que cuidaram da Volkswagen até que Nordhoff assumisse. O único Tipo 87 que sobreviveu foi fabricado por ordem de um fã do carro, o major Ivan Hirst, servindo-lhe como transporte pessoal. Pode ser visto hoje, no excelente Museu da Volkswagen. Altão, parrudo, tem um rolo frontal idealizado pelo próprio Major Hirst, para melhorar sua capacidade de vencer obstáculos nas impossíveis estradas do pós-guerra, e parece topar qualquer parada, como o Cayenne (que também não tem a metralhadora do Kommandeurwagen original). Outra semelhança entre o 82 e o Cayenne é não ligarem muito para a economia de combustível.

É a ideia "SUV fora de estrada", em resumo, cinquenta anos antes do uso do próprio nome na língua inglesa, que ainda nem tinha se tornado a "segunda língua universal".

Lançamento do Cayman

O sucesso do Boxter, do 997 e do Cayenne permitiu mais um modelo esportivo: o Cayman, que incorporou o estilo de cupê, fechado, ao conversível Boxster. Esse estilo já tinha sido experimentado com sucesso no esportivo Audi TT. Nada de novo na face da terra: tanto o Audi TT como o Cayman reeditaram o estilo do primeiro Karmann-Ghia, que reeditava o estilo do Bugatti Atalante, com equilíbrio estético inigualado.

O nome, retirado de uma espécie biológica da família dos crocodilos da América Central, relembra os "paraísos fiscais", uma espécie de Meca das grandes fortunas do mundo ocidental e oriental. Fascinação por dinheiro; animais de vida rapinante. Se a metáfora é válida, acabou criando uma séria interferência nos rumos da Porsche.

O Cayman cupê e seu interior.

As novas velhas ideias de Wiedeking

O mercado comprovou as hipóteses arriscadas de Wiedeking, e a Porsche ampliou seu espectro, bem adaptado ao mundo de violência abundante e abundância violenta. O crescimento econômico mundial parecia infindável. O Porsche Panamera, decidido em 2005, novamente apelou para ideias antigas. Seu planejado congênere na Volkswagen foi rejeitado: um carro que tem o nome "do povo" fica um tanto incoerente em suas versões dedicadas a elites.

O fanático jamais se reconciliou com o lançamento do 911 em 1963, pois não o considerava um "Porsche puro". O 911 conseguiu seu lugar, às custas de provar – inicialmente, em competições extremamente variadas – que merecia ser reconhecido e substituir 356. Sua carreira foi mais bem-sucedida do que a de seu antecessor.

O final do motor arrefecido a ar criou uma nova espécie, os *refuseniks* saudosistas. Envelheceram ou faleceram, a não ser dentro do mercado de clássicos. Sempre mantido pela Porsche e centenas de empresas paralelas, com a fabricação de algumas peças e promoção de veículos – cujas portas "fecham como a de geladeiras" de uma caixa quase indestrutível – com gincanas e competições. O que importa é seduzir novos donos nas novas gerações, e isso tem dado certo a curto prazo. Se o admirador mantém o mito, quem mantém o "tônus" da empresa é o comprador normal, subme-

À esquerda: o Volkswagen Touareg. À direita: o Volkswagen V10.

tido à moda, com maior quantidade de dinheiro, que mantém fisicamente a empresa. A administração Wiedeking, através do doutor Hunger, tinha plena consciência deste "fio da navalha". A Porsche tem dosado, com muito mais sabedoria do que antes, suas vitórias nas competições de longa duração. O Audi venceu em Le Mans no início dos anos 2000, quando a Porsche ficou – convenientemente – adormecida. Nessa época, diferenças rivais entre Wiedeking e Piëch não haviam se exacerbado, ou, quem sabe, havia um tipo de cooperação meramente comercial. Incluiu um compartilhamento de tecnologias: o motor W-12 e V-10, além das carrocerias dos modelos Touareg e Cayenne. A dose completou dez anos, quando, aparentemente, a Porsche e a Volkswagen – leia-se, Wiedeking e Piëch – e suas equipes podem ter sentido que seria providencial uma nova injeção de ânimo para reviver as vendas de carros esportivos, um segmento em contínua queda.

Em 2008, a Porsche retornou como vencedora na categoria GT2 em Le Mans (nas versões europeia e americana), Daytona e Nürburgring. Fica difícil estabelecer diferenças importantes entre Audis e Porsches em Le Mans, já que o aproveitamento tecnológico é o mesmo.

A Porsche precisou abandonar sua base histórica, os esportivos de dois lugares. Boxster, 911 e Cayman são esportivos muito mais civilizados do que qualquer Porsche já feito – uma tendência iniciada no 993. A delicadeza suave dos desafios esportivos do 356 e a força bruta dos primeiros 911 passaram a ser coisa do passado.

Bom rei, ou um déspota esclarecido?

Um jornalista alemão fez um trocadilho internacional usando o nome "Wiedeking" e misturou alemão com inglês. Obteve a palavra "Wieder King", ou "o novo rei". Talvez o jornalista não tenha se dado conta que sua observação, de conotação imediata lisonjeira, encerrava um vaticínio sombrio.

A Porsche de Wiedeking não só se manteve como a única empresa automobilística independente do século XXI, mas tornou-se a única fábrica automobilística continuamente lucrativa.

Gerações que produziram Porsche, Ganz, Ledwinka e Tjaarda não acontecem de uma hora para outra. Mesmo Ferdinand Porsche teve apenas uma ideia inovadora: a propulsão híbrida. Isto não o denigre, pois Albert Einstein também só teve uma ideia, aos dezesseis anos. Esse é o problema de todas as fábricas hoje em dia. Talvez essa pobreza de criatividade, somada a uma tampinha de porta-luvas e um amortecedor a gás e outros *gadgets* do tipo, ilumine, em parte, os movimentos de Wiedeking e seus colaboradores, inclusive personalidades da família Porsche. Foram se colocando gradativamente na área das finanças, a grande área dos tempos modernos. Podem estar tanto decretando o final da Porsche como podem estar apenas colaborando com a manutenção da empresa. Apenas o tempo poderá dizer. Por enquanto, engolfaram-se nos descontroles ávidos do sistema econômico mundial. Analisar essa história é um tanto arriscado, pois ela ainda está ocorrendo.

A dependência do mercado americano tornou-se dependência do mercado russo, mas o que poderá acontecer quando os dois faltarem? A engenharia ficou submetida às finanças, de uma forma nunca antes vista.

O legado de Porsche – que sempre esteve às voltas, revoltado ou não, com questões de finança – prosseguiu com lances surpreendentes nessa área cada vez mais prevalente. Depois de um bom tempo de bonança econômica, houve turbulências devido a excessos. Contingências externas à Porsche desempenharam seu inevitável papel. Fatores internos, inclusive as personalidades dos responsáveis, completaram o quadro: papel talvez evitável.

Negócios são negócios

Alfred P. Sloan, o presidente que construiu o crescimento da General Motors na década de 1920, tentou exclareceu o objetivo das fábricas de automóveis ao dizer que "Não estamos aqui para *fazer* carros, mas para *vender* carros".

Frase provocativa para engenheiros e estilistas, mas sincera e realística. O doutor Anton Hunger relatou que havia notado que as motivações românticas de admiradores genuínos são bem diversas das realidades de mercado enfrentadas pelas equipes técnicas e financeiras da fábrica.

As intermináveis controvérsias e conflitos entre produção e desenvolvimento de produto originam-se das dificuldades de se enfrentar essa realidade. Engenheiros e designers mantêm um pouco de romantismo quanto ao seu trabalho. Financistas podem manter relações semelhantes com as questões financeiras, mas as duas são difíceis de conciliar.

Durante uma crise financeira, quase todos perdem muito e pouquíssimos ganham muito. Esses pouquíssimos são manipuladores de mercado. Na Alemanha, foram chamados de "gafanhotos" desde o século passado; denominação que voltou.

Especuladores, como diz o nome, espelham o mercado. Assumem riscos, como os comerciantes e industriais; manipuladores determinam, e não assumem riscos, que ficam para os investidores passivos do mercado. Investidores passivos constituem a "massa crítica" do mercado, composta pela classe média, média alta e alta, com a supervisão de casas bancárias e instituições estatais, e envolvem fundos de poupança. A Porsche não queria ser vista como parte desse seleto grupo de manipuladores.

A fábrica da Volkswagenwerk originou-se como uma espécie de elefante branco, pelo seu tamanho, durante o período de dominação nacional-socialista. Graças à capacidade de trabalho sofisticado do povo alemão, aliada a preparo técnico e honestidade de projeto e construção integrados no seu primeiro produto, a Volkswagen se tornou bem-sucedida no sistema democrático-capitalista. Nas condições de adversidade do pós-guerra, prosperou; foi o motor do "milagre econômico" alemão.

Algumas presidências da Volkswagen, após o falecimento de Nordhoff, a mantiveram no topo, apesar de faltar-lhes um produto comparável ao Fusca. Sua diferença no mercado era a qualidade. O sonho de substituir o Volkswagen se transformou em pesadelo; depois, em alucinação. Ferdinand Piëch, bastante envolvido nesse sonho, viu seu projeto

À esquerda: Schmücker. No centro: Heinz Nordhoff e Carl H. Hahn. À direita: Nordhoff.

ser substituído por um carro mais domesticado e adaptado aos tempos, o Golf, que manteve a Volkswagen dentro de sua capacidade de produção. As responsabilidades incluíam manter uma cidade inteira, sem outra fonte de rendimento e nascida artificiosamente durante o período nazista. As presidências de Nordhoff, Schmucker e Hahn conseguiram o maior sucesso nessas tarefas. Lotz e Leiding viram-se dentro de controvérsias, mas ainda é cedo para avaliar as administrações de Piëch. Inicialmente marcada por medidas ousadas e bem-sucedidas, com iniciativas trabalhistas consideradas heréticas na sua época, como a combinação com os operários de diminuir o número de horas de trabalho, resultou em suportável baixa salarial acompanhadas da manutenção do emprego.

A Era Piëch na Volkswagen

Ferdinand Piëch, cuja semelhança técnica com o avô faz dele o grande herdeiro do legado Porsche, tem uma história marcada por sucessos, mais do que insucessos, seja no seu curto período como diretor de Engenharia e Competições na Porsche ou na Volkswagen AG. Prosseguiu sem a função executiva que gozou por quase dez anos, de 1993 a 2002, mas como eminência no Conselho Diretor, e fez dois sucessores. Reviveu a reputação de Engenharia da Volkswagen, tornada um tanto anódina durante a gestão de Nordhoff e também de seu pupilo, Carl Hahn, que tinha formação em economia, e não em engenharia. Piëch teve uma excelente escola na Audi, cuja "adoção" em momento difícil teve digna retribuição. Audi tornou-se o terceiro rival da Mercedes-Benz e equiparou-se ao segundo, a BMW, em tempos que a Daimler degenerou e a BMW cresceu.

As ligações com a Porsche, suspensas com Rudolf Leiding e retomadas na época de Peter Schutz e Norbert Singer, quando Piëch comandava a Audi, foram incrementadas na sua gestão. Dele surgiu a iniciativa de criar o New Beetle, que iniciou a onda nostálgica de estilo, prontamente imitada por marcas americanas, como Camaro, Mustang

À esquerda: Ferdinand Piëch, em 2003. À direita: em Le Mans, em 1988, Wolfgang Porsche, à esquerda, e a esposa Suzana Porsche, à direita.

No alto: o New Beetle. Embaixo: o New Beetle conversível.

e Chrysler; europeias, como Mini (anteriormente um produto inglês, agora feito pela BMW), Renault, Fiat e Citroën; e japonesas, como a Nissan. Paradoxalmente, Piëch negou a doutrina Porsche e desenvolveu o New Beetle com refrigeração a água. Embora tenha iniciado a inspiração mundial de desenho em padrões atemporais e clássicos, é um Golf mais divertido para dirigir e menos prático. O Mini BMW e o novíssimo Fiat 500 (já que o Nuova 500 já havia sido lançado em 1957) não cometeram tal heresia: mais fidedignos aos originais, relegaram ao New Beetle a posição de mera caricatura, um *fake* do Fusca. Piëch exclamou irritado "sem aletas!" aos designers americanos da Califórnia que fizeram o New Beetle, referindo-se a frestas e grelhas funcionais exigidas por motores arrefecidos por ar que fizeram a fama da Porsche e da Volkswagen. O perfil do New Beetle é "puro"; como os primeiros Passats de sua gestão, que sequer tinham grades dianteiras!

O amor de Piëch sempre foi a engenharia, assim como Ferrari e Bugatti foram seus modelos ideais, cujas qualidades procurou emular desde os tempos do 906. Longe do avô, seu comportamento não mescla o popular com o aristocrático; Piëch comporta-se apenas como aristocrata. Deu à Volkswagen uma identidade contraditória, longe do "carro do povo", o que resultou no nome ter ficado meio impróprio. Talvez Ferdinand Piëch, como a Alemanha, desejasse que todo o povo fosse muito rico, mas, mercadologicamente, deu "tiros no próprio pé". O Volkswagen Phaeton é um Audi A8 sobre um chassi D1. Como o Bentley, o Phaeton continua marcando o maior insucesso de Piëch. Em si, bastante eficiente, tem sido um verdadeiro fiasco no mercado. Sempre existem milionários *low profile*, mas será que eles gostariam de ser vistos em um carro onde a marca é *low profile*? Sua fábrica, a *Gläseme Manufaktur* (Fábrica Transparente), exala um odor dos tempos de juventude de Piëch e erige uma ideia da administração nacional-socialista reprovada pelo seu avô: paredes e corredores de vidro onde o comprador podia ver a montagem de seu carro. Apesar das semelhanças Piëch jamais se aventurou em trapalhadas políticas, e a fábrica não tem o intuito de conseguir votos do povo e sim desenvolver o povo, com a instalação de sua estrutura em Dresden, cuja população ainda é pobre.

No alto, da esquerda para a direita: o Phaeton e seu motor W-12. Embaixo: a "fábrica transparente" em Dresden.

Parece ter dificuldades de escolher subordinados; como presidente do grupo VAG, teve que dispensar o diretor Herbert Demel, que já havia feito enorme confusão na Volkswagen do Brasil ao torná-la uma fábrica "sem produto" que interessasse o mercado, afirmando que "faltava criatividade" à Audi.

Ferdinand Piëch assumiu em um ambiente econômico extremamente hostil, logo após as crises econômicas causadas por cleptocracia na Rússia e autoritarismo centralizador na Ásia; logo depois, navegou bem sob os novos ventos de excesso de dinheiro fácil, com autocracia que ocasionou aquisições de luxo questionável. Apesar de tudo, conseguiu reerguer a imagem da Volkswagen. Uma de suas últimas ações foi construir outra fábrica em solo americano, onde conseguira melhorar mais uma vez as vendas. Em termos numéricos, a Volkswagen dominava 10 por cento do mercado americano até 2007.

Bugatti representava o sonho de Ferdinand Porsche. À esquerda: o símbolo. No centro: o Bugatti Atlantic. À direita: os modelos experimentais EB110 (esporte) e o EB112, desenhados por Giugiaro.

Por regulamento, após dez anos o Dr. Piëch saiu da administração direta da Volkswagen, mas não criou um vácuo. Continuou mandando, ao fazer substitutos submissos, e manteve-se solidário às leis alemãs de inspiração democrática e participativa, instituídas logo depois de 1945. A geração de Piëch sofreu enorme influência da tradição britânica de indefinição manipulativa diplomática com pitadas dos métodos americanos de comércio e democracia. Na Volkswagen, atingiram forma final em 1961. Tentaram adequar ao sistema capitalista a empresa de automóveis KdF criada no sistema nazista. A tentativa criou uma empresa com participação de acionistas, como qualquer empresa capitalista, mas de natureza público-privada, ao manter uma espécie de "mão de ferro" do governo federal da Alemanha (na época, Ocidental), do governo da Baixa Saxônia e do conselho de empregados. O esquema deu razoavelmente certo e enfrentou eras de turbulência econômica; manteve-se, do período gestado por Nordhoff ao de Winterkorn, como empresa-maior do milagre econômico alemão e protegeu emprego e desenvolvimento como nenhum outro empreendimento automobilístico no mundo.

Lamborghini, que ousou desafiar a Ferrari, passou às asas de Piëch. Sempre auxiliado pela Volkswagen, Audi, Seat e Škoda – um verdadeiro exército multinacional.

CAPÍTULO 14
O REENCONTRO ENTRE IRMÃS

O caçula da terceira geração, Wolfgang Porsche, educado à moda inglesa, acompanhou desde pequeno as atividades da empresa. Ao sair da Daimler teve papel seminal na readmissão do doutor Wiedeking. Pequena parcela dos apreciadores da marca o conheciam por ser mencionado nos livros de memórias de seu pai e se fazer sempre presente nos eventos esportivos e sociais da empresa – dedicava a todos uma fala cordial, recatada e macia. Mais observava do que falava. Desempenhou um papel social de relações públicas. Foi se tornando ficou umbilicalmente ligado à empresa, diferente de seus outros irmãos e primos que também não tinham formação tecnológica.

À medida que passou a primeira década do novo milênio, com o aprofundamento da violência no varejo das sociedades ocidentais e a desilusão do paraíso prometido pela União Europeia, Wolfgang Porsche passou a ser membro do Conselho Diretor da empresa: com paciência e *low profile* finalmente assumiu altas funções na Porsche, mesmo desprovido de formação em engenharia ou design automobilístico, como era o caso do irmão mais velho, Butzi, ou do primo Beurly.

Wolfgang Porsche, em 2002, dirigindo em um Speedster de 1956.

Através de manobras ligadas às regras do grande capital, Wolfgang Porsche e Wiedeking, auxiliados por uma equipe, levaram adiante um plano secreto: a compra da Volkswagen!

Pela primeira vez desde o "racha" de 1972, havia unanimidade entre as duas famílias, incluindo Ferdinand Alexander "Butzi" Porsche e sua influente esposa, Suzanne, além da anuência e da participação de Ferdinand Piëch, agora ex-presidente, mas ocupando uma cadeira de

O reencontro entre irmãs

No alto, à esquerda: o Volkswagen 1953, no Brasil. No alto, no centro, e à direita: o 356 A Carrera e o Speedster. Embaixo: a linha 911 (997/2) para 2008.

membro do Conselho da Volkswagen e da Porsche. No entanto, outros integrantes graduados do Conselho da Volkswagen, como Carl Hahn, tinham algumas reservas ao plano.

Tudo começou com um *takeover* secreto de 20 por cento das ações um tanto desmoralizadas da fábrica que, se não dominava, pelo menos sustentava toda uma cidade, Wolfsburg.

Possuir a Volkswagen era o sonho de Ferdinand e Ferry Porsche, mas fora frustrado durante os anos de dominação do nacional-socialismo. A empresa foi mantida pelo exército inglês logo após o término da guerra. Ressuscitada, acabou funcionando como entidade mantenedora da Porsche durante os anos 1950, com Heinz Nordhoff e a união das famílias Nordhoff-Piëch. Como tudo na vida muda, esses tempos melhores acabaram abruptamente com a morte de Nordhoff. Nas rodas da história, houve um divórcio seguido de reaproximação. Afinal, Volkswagen e Porsche vieram do mesmo lugar; o Volkswagen, mais do que qualquer outro invento, proporcionou a mobilidade automobilística para a classe média e recriou o próprio conceito de classe média, e o Porsche se tornou um dos muitos privilégios dos entusiasmados por engenharia e velocidade.

Vinte por cento das ações da Volkswagen? Nenhum grupo havia conseguido ter a mesma quantidade de ações do governo da Baixa Saxônia, por força da lei promulgada na Alemanha em 1961, como segurança de maioria decisória. Na então Alemanha Ocidental, leis eram um assunto muito sério, e esta lei mostrou a confluência ou conjunção entre firmeza e interesses pessoais de Heinz Nordhoff e seus auxiliares com a mentalidade comunitária do povo alemão da época, tempos do Volkspartei, os partidos de sustentação e apoio das grandes massas de trabalhadores. Criou 324.000 operários com uma tradição – agora histórica – de se envolver nos destinos da Volkswagen.

"Éramos apenas um pequeno fabricante de carros em Stuttgart. Agora vamos ser uma das maiores empresas automobilísticas do mundo", disse na costumeira aparente cordialidade e voz baixa e sutil – o melhor modo de atrair a atenção dos outros – o advogado Wolfgang Heinz Porsche, agora diretor do Conselho Supervisor da Porsche. Um cargo que equivale a líder; a aliança com o Wiedeking supriu sua deficiência de conhecimento técnico, dando-lhe uma liderança real.

O azar – ou sorte – do mercado de capitais fez com que uma companhia como a Volkswagen, avaliada em 150 bilhões de dólares, pudesse ser adquirida por uma empresa com 1/15 do seu tamanho, a Porsche. A surpresa foi tal que o *New York Times*

Suplantando a Porsche, em termos de prestígio: com a ajuda da divisão Audi, Piëch racionalizou a Bugatti. Alguns protótipos como Wimille chegaram ao Veyron com 600 cv.

conseguiu uma entrevista com Wolfgang Porsche, que declarou que seu avô e seu pai teriam ficado muito felizes com essa compra. Mas emendou a declaração, que poderia ser interpretada como um ato digno de uma dinastia de imperadores: "Não foi por essa razão que compramos a Volkswagen; isto foi apenas uma reação colateral!"

A comparação com efeitos de remédio na medicina pode ter sido meio estranha no meio de uma entrevista ao jornal mais respeitado do mundo. Wolfgang Porsche explicou ainda mais sobre a "doença" que merecia remédio: um ataque agudo de algum *corporate raider*: "A Porsche precisava trazer a Volkswagen para si, para ter certeza de que nenhuma outra companhia se apossasse dela. Vamos usar as prensas da Volkswagen para a carroceria do Panamera, nosso quatro-portas a ser lançado em 2009".

Wolfgang Porsche tentou explicar que o movimento de aquisição feito pela Porsche seria diferente se aplicado por outra empresa. Tinha a seu favor a dinastia e o mito; advogados são assim, sempre dando explicações.

Em 2008, as antigas tensões e quase tragédias dentro das famílias Porsche e Piëch pareciam menores. Wolfgang Porsche mereceu o crédito de pacificador, tarefa de bombeiro que seu pai Ferry tentava fazer. Ficou pródigo em entrevistas, antes total raridade, para periódicos alemães e estrangeiros. Na revista popular *Stern*, usou ambíguamente uma frase do primo, Ferdinand "Beurly" Piëch, que dissera anteriormente ter "perdido uma grande oportunidade", nos anos 1980: comprar uma empresa de motocicletas italiana, a Ducati. Wolfgang disse, em tom amigável: "Meu primo tem toda razão. Uma moto de 180 cv faz o mesmo serviço de um Bugatti de 600 cv".

Apoio ou alfinetada? A ambivalência da mensagem pública aparecia na referência à Bugatti – uma das compras faraônicas de Ferdinand Piëch. Estariam os netos competindo para saber quem conseguiria realizar os sonhos do avô?

Tal ocorrido mostrou que as famílias continuavam a manter áreas de dissenso. O doutor Wiedeking acabou dizendo que gostaria muito que a colaboração mútua continuasse a existir. Observadores do comportamento humano sabem que a necessidade de declarações públicas frequentemente significam o contrário do que apregoam; o que é verdade não demanda justificativas nem explicações.

A balança pendia para as posições defendidas por Wolfgang Porsche e Wendelin Wiedeking, um quadro propício para confusões com um adversário que a maioria das pessoas gostaria de ter como amigo: o fogoso Ferdinand Piëch. Wolfgang Porsche começou a declarar a mais de um entrevistador que as velhas tensões precisavam diminuir se a Porsche ia mover-se para uma escala maior.

À esquerda: Ferdinand Alexander "Butzi" Porsche, em 1994. À direita: doutor Wiedeking e Härter, em 1998.

Ferdinand Piëch, agora membro do *Vorstand* da Volkswagen, passou a defender intransigentemente uma cláusula de funcionamento do grupo VAG, que impede qualquer colaboração entre as coligadas Audi e Volkswagen, sem o consentimento prévio da Volkswagen. A colaboração de Wendelin Wiedeking no Audi R8 que venceu Le Mans três vezes foi fundamental, assim como a retirada estratégica da própria Porsche dessa corrida de longa duração, a mais famosa do mundo. No final dos anos 1990, Wiedeking parecia ser uma espécie de "agente" de Piëch.

O doutor Wiedeking tornou-se conhecido na Alemanha e também em muitos outros países, inclusive no Brasil. Seu comportamento sempre recordou a ideia de que "o boi só engorda sob os olhos do dono". Teria imaginado ser dono, e não apenas diretor, da Porsche? À época do lançamento do Porsche Carrera GT, em 2004, mostrou-se uma pessoa combativa e bastante segura de suas opiniões. Alguns observadores na Inglaterra e nos Estados Unidos acham que ele não é receptivo a outras visões. Capaz de uma sinceridade que parece rude entre alguns da imprensa, comunica-se com rara precisão, utilizando-se de palavras simples em um inglês claro. Ao comentar a situação da Porsche e da Volkswagen, confirmou que essas duas empresas poderiam ser alvo de ataques dos grupos especializados em *takeover* acionário agressivo. Em retrospecto, pode-se afirmar que o próprio doutor Wiedeking já estava planejando uma ação desse tipo. Diz-se que a melhor defesa é o ataque. No xadrez do mercado de ações, os riscos são consideráveis; em alguns casos, os jogadores acabam indo para o xadrez.

Segundo a imprensa econômica internacional, o *takeover* foi idealizado por Wiedeking, que acabava de ser agraciado com o título de doutor. A engenharia econômica ficou a cargo de Holger Härter, seu diretor financeiro.

A aliança Porsche-Wiedeking sofreu uma perda com os problemas de saúde de Ferdinand Alexander "Butzi" Porsche; e um tipo de nuvem ensombreceu as relações de trabalho, até então cordiais, entre Wiedeking e Ferdinand Piëch.

Temporariamente, os conflitos entre as duas famílias amainou; a séria doença de Ferdinand Alexander Porsche e a idade de Gerd e Hans-Peter tornaram forçoso Wolfgang Porsche garantir a operação, que tinha na retaguarda a fortuna familiar que seguramente ultrapassava os 20 bilhões de dólares. A dinastia Porsche tinha, nesse momento, uma dupla de chefes um tanto curiosa: um primeiro-ministro com ares de rei, Wiedeking, e um monarca com ares de eminência parda, Wolfgang Porsche.

Quando o senhor Wiedeking me propôs esta coisa, eu pensei: acho que estamos ficando um pouco malucos. A Volkswagen é muito grande! – disse Wolfi, que ocupava o mesmo escritório de seu pai, Ferry, que lá trabalhou por quase cinquenta anos, com um hiato breve quando Fuhrmann havia sido o chefe. Nessa época, irritado,

Ferry mudou-se para um prédio alugado, ao lado da empresa, em uma rua chamada Robert Bosch, um outro mito automobilístico de Stuttgart. Nesse mesmo local, durante a guerra, com os mesmos tijolos aparentes da moda arquitetônica da época, os técnicos costumavam projetar motores especiais da Volkswagen. Nos anos 1950, o mesmo prédio foi usado para projetar e testar motores da Porsche. O envolvimento emocional de Wolfi deve ter sido grande, mas os números falaram mais alto. Ferdinand Piëch mantinha-se silencioso, mas não discordava, o que foi tomado como sinal de que concordava. Não nos foi possível saber se ou o quanto participou das manipulações financeiras.

Nova declaração: Wolfi não escondeu sua opinião de que o Phaeton deveria ser retirado de produção. Durante os meses em que a Porsche parecia ser a próxima proprietária da Volkswagen, a ideia de que o equivalente Volkswagen do Panamera sequer ia nascer foi confirmada. O Phaeton havia causado perdas que mancharam os bons resultados da Volkswagen em outras áreas.

Houve uma mudança notável nos hábitos da Porsche, que cessou a divulgação dos dados contábeis trimestrais, coisa que não ocorria desde os tempos de Arno Bohn. Balanços tornaram-se secretos, e Wiedeking começou a criticar a divulgação dos mesmos dados pela Volkswagen, coisa amparada por lei, pois dizia que isto havia tornado o grupo uma presa fácil para os *corporate raiders*. O presidente executivo da Volkswagen, doutor Martin Winterkorn, que age em conformidade extrema com Ferdinand Piëch, ameaçou desistir de seu cargo se a Porsche aumentasse sua interferência.

Durante os processos de aquisição, Wolfgang Porsche voltou a dar entrevistas, nas quais fazia questão de declarar que seu primo Piëch criara "muitas coisas boas para a Volkswagen, mas não tenho muita certeza de que todas elas serão necessárias nos próximos anos. Há muitos projetos que estão dando prejuízos". Wolfgang Porsche falava na qualidade de dono que esperava aumentar suas posses, como se já fosse proprietário ou membro do Conselho da Volkswagen.

Em 2007, e mais de dois anos de investimentos totalmente secretos em bolsa de valores por toda a Europa, cerca de oito bilhões de dólares haviam sido gastos. Havia segurança para se fazer um primeiro anúncio público.

Bomba econômica e política

No século XXI, tempo de mudanças alucinantes e aceleradas, a Porsche, paradigma de velocidade, encontrou, outra vez, um tipo de muro. A Porsche revelou possuir 31 por cento da Volkswagen. O mercado suspirou, mas não de alívio; políticos e sindicalistas engoliram em seco.

Ajudada por excessos do sistema capitalista, ou seja, as teorias de alavancagens e mercados futuros de ações – a rigor, um transplante do jogos de azar, tão típico dos cassinos – a diretoria da Porsche jactou-se publicamente: possuía opções de mercado futuro suficientes para tomar milhões de ações.

Wiedeking, sempre afeito a entrevistas, não deixou dúvida: garantira o percentual de 51 por cento para uma data futura que apenas ele e sua equipe sabiam. Deixou transparecer assim que a Porsche havia se livrado de qualquer pressão externa. O governo alemão, o governo da Baixa Saxônia, as ações de outros especuladores e dos sindicatos de metalúrgicos, até mesmo os humores da bolsa: não havia mais nenhum grupo ou indivíduo que pudesse manter um poder comparável ao de Wiedeking, Wolfgang Porsche e seus auxiliares. Isto ocorreu no mesmo momento dos alertas de poucas pessoas, que ninguém levou a sério: as admoestações de Nouriel Roubini, os conselhos de cuidado de especuladores como George Soros e Warren Buffett, e as ignoradas premonições apocalípticas de Alan Greenspan. Todos diziam que o cenário econômico mundial estava flanando sobre mais uma "bolha" que poderia explodir a economia mundial. Alguns solicitavam um tipo de controle externo, estatal ou outro qualquer.

Wendelin Wiedeking.

Wiedeking, aos 55 anos, tinha o maior salário em toda a indústria, o que significava que ele era uma das pessoas mais bem pagas na Alemanha. Em 2004, ele relatou sobre doações milionárias a entidades filantrópicas, com grupos que ele mesmo organizara. Pareceu-me uma generosidade pessoal ímpar. Pensei nas doações às comunidades de Leipzig e Stuttgart, com o envolvimento de entidades religiosas; quando mencionei minha lembrança, o doutor Wiedeking apenas sorriu.

Uma das estimativas da imprensa mundial era que o ganho anual de Wiedeking em 2007 estaria próximo dos 100 milhões de dólares. Estimativas mais conservadoras, vindas da Europa, diziam que era maior do que 85 milhões de dólares. Poucos artistas em Hollywood ou jogadores de futebol alcançavam essa marca. Começaram a chover protestos em todos os níveis, inclusive da primeira-ministra Angela Merkel, que foi criada na Alemanha Oriental. Muitos alemães ainda acreditavam no recato sóbrio. Os Porsche declararam em alto e bom som que Wiedeking valia cada centavo que recebia.

A lei nietzscheana do "eterno retorno" parece influir quando elevadas somas financeiras entram em jogo. Apesar dos esforços de Wolfgang Porsche, as tensões de mais de quarenta anos entre as famílias Piëch e Porsche acabaram se reacendendo.

O apoio de Ferdinand Piëch a Wiedeking sempre foi nublado. Seria amizade de ocasião, tão típica de políticos, em que uma reserva de suspeição sempre espreita? A conduta sempre repleta de surpresas autoritárias de Piëch jamais foi bem-vista por vários membros das duas famílias, que mantiveram com ele problemas aparentemente insolúveis. Em 2009, Ferdinand Piëch estava entre 72 e 73 anos de idade e continuava sendo o mesmo engenheiro brilhante que sempre foi; não padecia de enfermidades incapacitantes que acometeram seu primo de tendências mais artísticas, Ferdinand Alexander Porsche.

Porsche, superior nas corridas e na competição financeira em 2008. Pelo menos era o que se pensava.

Em outubro de 2002: as famílias Porsche e Piëch no centro das decisões: Ursula Piëch, seu esposo Ferdinand Piëch, Wolfgang Porsche, Susanne Porsche, Julia Porsche, Hans Michael Piëch e Veronica Piëch.

Ditados populares podem resumir uma hipótese nos eventos ocorridos entre meados de 2007 e o terceiro trimestre de 2008: será que Wolfgang Porsche achava que as favas já estavam contadas e que seu primo era quem estava arriscado a ir às favas?

O desafio não declarado, mas claro aos observadores, para Ferdinand Piëch o encontrou em um momento difícil. A decisão de abrir a fábrica nos Estados Unidos mostrou-se problemática; dos 10 por cento do mercado americano em 2007, a Volkswagen ficou lutando com unhas e dentes para manter míseros 2 por cento em um mercado que havia encolhido de modo assustador em 2009. Piëch advogou que lucros maiores por unidade eram melhores do que os obtidos com a economia de escala, onde os lucros se vinculavam à quantidade. Ressaltou que a Volkswagen se imporia por oferecer maior qualidade. Piëch não havia aprendido nada com as abundantes lições da história. Durante os tempos de Nordhoff-Lotz-Leiding-Hahn, a Volkswagen tinha quantidade e qualidade, sem ter que optar apenas por uma. É verdade que a Volkswagen jamais ofereceu preços de aquisição que pudessem ser vistos como baixos, nem mesmo na época do Fusca. Infelizmente, na Era Piëch, produtos Volkswagen fabricados fora da Europa têm prescindido de qualidade, com utilização de peças chinesas e sul-coreanas. As fábricas no México e no Brasil, anteriormente orgulhos e sustentáculos da matriz, tiveram direções inconstantes, pouco profissionais e sem imaginação, com pouca capacidade de assumir responsabilidades maiores. A Volkswagen brasileira acabou ficando praticamente sem produtos de interesse do mercado e afastou-se de modo irremediável do público consumidor. Ao mesmo tempo, seus departamentos de Produto conseguiram criar produtos autofágicos que concorrem na mesma faixa, como o Golf, o Gol, o Polo e o Fox. Ferdinand Piëch teve uma liderança multifacetada. Introduziu uma certa paz com os operários em um momento difícil e mostrou a necessidade de diminuição das horas de trabalho como alternativa a uma dispensa em massa, em 1999, quando houve queda nas vendas. Pode-se argumentar que essa é uma filosofia tipicamente alemã do pós-guerra, em que os trabalhadores são voz ativa nos rumos da empresa. Utilizou táticas dominadoras, que andaram lembrando a alguns observadores algo que ele pode ter aprendido em sua infância e adolescência, sob o regime nacional-socialista. Periódicos econômicos passaram a vê-lo sofrendo de uma "febre de aquisições", quando comprou marcas de prestígio, inclusive um dos sonhos de seu avô, a Bugatti.

Bentley tornou-se alemã.

Outro insucesso de Ferdinand Piëch, ainda que relativo, ocorreu nos tempos de plenitude, em meados dos anos 1990. Achou que podia comprar a marca Rolls-Royce, marca de maior prestígio no mundo inteiro, mas viu que não podia. Ficou apenas com a marca Bentley, por um acordo secreto entre a BMW e a Vickers, fabricantes de peças para aviação. Piëch acabou sendo rotulado, por parte da imprensa e de seus colegas, de ingênuo. Mais uma vez parecia com o avô, visto como ingênuo na área política. O autor da verda-

Mark Donohue possui o recorde de velocidade em circuito fechado: 221,12 milhas por hora (353,79 km/h), em 1972, em Talladega, nos Estados Unidos, com o Porsche 917/2, de doze cilindros e dois turbocompressores, com 5,4 litros de cilindrada. Em 2005, a Porsche de Wiedeking e Piëch decidiu testar o Carrera GT, de 5,7 litros e dez cilindros com equipamentos de segurança para andar diariamente. O filho de Mark Donohue, também corredor, compôs um time com o apresentador Jay Leno, colecionador de carros antigos. Os rendimentos provenientes da divulgação no programa de TV foram para as vítimas do furacão que abateu Nova Orleans. A tentativa foi frustrada: o Carrera GT chegou a 195 milhas por hora (276 km/h) em um circuito um pouco diverso.

deira armadilha jurídica que enganou Ferdinand Piëch foi Bernd Pietsderichen. E não é que Ferdinand Piëch criou depois a sensação de que podia "dar a volta por cima"? Em 2003, ao entregar o cargo de presidente da Volkswagen, contratou como seu sucessor Bernd Pietsderichen, que permaneceu no posto por dois anos. Ficou conhecido como responsável pela decadência no mercado americano e em outros mercados, como o brasileiro, e foi demitido – com humilhação. O novo diretor, doutor Martin Winterkorn, é um antigo colaborador com fama de protegido de Piëch, totalmente identificado nas tendências empresariais e automobilísticas.

Mais insucesso na aventura de um de seus comandados, de origem basca, o senhor Luiz Ignácio Lopez de Arriortúa. Ficou bem conhecido no Brasil pela introdução de uma das fábricas de caminhões (a Volkswagen Caminhões e Ônibus em Resende, no Rio de Janeiro) fora do estado de São Paulo. Fora acusado de práticas comerciais delinquentes, que se caracterizavam como informação privilegiada. Trabalhara, pouco tempo antes, na Opel, e levou consigo segredos de fornecedores. O processo legal movido pela General Motors decidiu por sua culpa, e Ferdinand Piëch alegou desconhecer tais atividades.

Três anos depois deste processo, como membro do Conselho, Ferdinand Piëch teve que enfrentar acusações sobre supostas caixinhas e dinheiro por fora, de um modo particularmente desrespeitoso a sua função e trabalho de décadas. Festas de arromba para agentes do sindicalismo e pagamento em dinheiro vivo com alegado intuito de evitar incidência de impostos foram recebidos com surpresa pelo experiente engenheiro. Disse, publicamente, desconhecer todos esses assuntos. Processos legais estão em andamento na séria justiça alemã, famosa por sua sabedoria frente aos direitos humanos. Independentemente das conclusões judiciárias, um processo mancha a imagem pública de qualquer pessoa. Ser acusado, por si mesmo ou por outros, de desinformação e falta de autoridade pode ocorrer, como paradoxo humano, em alguém que fizera sua história corporativa plena de competência.

Muitos empreendedores retiram-se de cena em tempo, pois o prolongamento da carreira pode abrir espaço para a infiltração de reveses em histórias de sucesso. Mas Ferdinand Piëch não se preocupa com sua imagem controversa e turbulenta; e tem contado com a defesa de antigos colegas. Brilhante técnico, cultivou com suas ações a fama de ser bom de briga. O doutor Wiedeking acabou se encontrando em campo adversário, e a continuidade de uma carreira igualmente longa de dezesseis anos de diretoria-geral da Porsche, a melhor sucedida em toda historia, mudou sua conduta. Usando sua própria metáfora, seu Princípio de Davi, locupletado de sucessos, transformou-se em "Finalidade de Golias". Conseguiu suporte temporário da família Porsche e de alguns sucessores na família Piëch. Crescimentos desmedidos normalmente são receita para desastre. Entrou em jogos muito arriscados, e o desfecho mais provável acabou acontecendo. Estaremos assistindo passos para uma eventual decadência da Porsche à medida que ela busca constituir um império? Por exemplo: as diferenças com outras marcas tornam-se gradativamente impossíveis de serem vistas. A Porsche também não tem mais presença nos ralis há décadas. O Carrera GT poderia receber o título de melhor Ferrari jamais feita, por ser um produto distante da doutrina Porsche.

O golpe final foi a manipulação financeira. O doutor Wiedeking e sua equipe conseguiram manter a imagem da Porsche como uma entidade atlética, cuidando de sua forma financeira. Mas pareceu ter ficado mais obesa; exibiu características que falavam mais do uso de esteroides do que exercício físico. Por exemplo: a Porsche ficou, pela primeira vez na história, menos dependente do mercado americano. No futebol ou no basquete, jogos com bola, rapidez e surpresa são essenciais. Isso vale para empresas industriais? A Porsche substituiu a dependência americana por dependência à Rússia e à China, economias ainda mais instáveis, por força de seus mercados menores. Em todo caso, a diretoria de Wiedeking parecia manter as finanças da Porsche em bom estado.

No alto: Carrera GT, de dez cilindros, em 2004. Embaixo: Porsche Cayenne, em 2010: 100.000 exemplares em oito anos.

Talvez tudo isso esteja ligado ao tempo em que vivemos. O desaparecimento de Paul Newman e Steve McQueen, que durante os anos 1950 e 1960 mantinham de graça o *flair* da Porsche, pode não ser um bom agouro. Em 2007, as vendas para os Estados Unidos caíram 10 por cento; Wiedeking e Riedel imaginaram que isto se devia à situação geral do país; 6.000 carros destinados inicialmente aos Estados Unidos foram desviados para a Rússia e para a China e pelo menos 200 vieram parar no Brasil. "Estamos trabalhando com horas extras, no sábado, e nossa produção de Cayennes não supre a demanda", dizia a diretoria sobre um modelo convencional que já atravessou sete anos, sem modificações fundamentais. Preparavam sonora cerimônia para a marca de 100.000 "jipões", inédita na Porsche. Trabalhar aos sábados parecia um anátema para o operário alemão desde os anos 1970.

Será que o sucesso "subiu à cabeça" desses executivos? O doutor Wiedeking e sua equipe, ao mesmo tempo que irritavam as autoridades alemãs e os acionistas ao manter em segredo os resultados de balanços quadrimestrais, passou a divulgar, no final de 2008, cifras que beiravam a jactância. Apenas com os investimentos em ações da Volkswagen, a Porsche teria lucrado mais do que 5 bilhões de dólares em 2007. Como no ano de 2008 as ações na Volkswagen subiram ainda mais, a Porsche se transformou em uma empresa que faria inveja aos bancos de investimento, que, sem exceção, haviam naufragado na crise de Wall Street ocorrida na mesma época. Ah, se estes banqueiros pudessem contar com um administrador de fundos de *hedge* do calibre do doutor Wendelin Wiedeking e sua equipe! Declarações de brilho temporário, como toda ilusão.

A engenharia financeira continuava tendo mais invenções do que a engenharia tradicional de Weissach, e Wiedeking e Wolfgang Porsche propunham mudar o estatuto da empresa. A Porsche deixaria de ser uma companhia alemã para ser uma companhia europeia, uma multinacional encerrada na Europa.

Passo ousado, logo obstado

Deixar de ser uma companhia alemã para se tornar uma companhia europeia comprovava uma tentativa de evitar a aplicação das generosas leis de proteção ao trabalho da Alemanha, mesmo que essa proteção dependesse muito do modo como fosse aplicada. Os governos, que dificilmente levam em conta aspectos de contabilidade (avaliação dos custos de produção *versus* verbas a fundo perdido), muitas vezes dispensam lucro e, no final das contas, responsabilidade. Poucos governos conseguem avaliar, por questões ditas políticas (como eleições e manutenção de poder) que "proteção" também está na dependência de responsabilidade e competência técnica individuais. Meritocracia técnica ou política são um enigma a ser respondido.

Para complicar um bocado o cenário, havia os métodos de aliança entre empresários e operários na Alemanha, pela instituição sacrossanta dos *Vorstands*, conselhos de supervisão com participação de empregados. Wiedeking e sua retaguarda na família Porsche apontaram-na como responsável por fazer tudo o que é ultrapassado e digno de ser enterrado. Apoiaram-se em aspectos contraditórios desse sistema, que criaram enorme celeuma tanto na Alemanha como fora dela; embora tenham elevado o nome do país por manter o emprego e investir no longo prazo, inclusive em pesquisa e desenvolvimento, começaram a se tornar geradoras de escândalos financeiros e administrativos a partir do final dos anos 1990. O Deutsche Bank, a Deutsche Telekom, a Deutsche Bahn (ferrovias alemãs), a Siemens, a MAN (tradicional fábrica de caminhões, agora dona da Volkswagen Caminhões e Ônibus), a Schaeffler (empresa familiar de rolamentos), a Volkswagen e a Porsche têm sido publicamente acusadas de um amplo espectro de problemas, inclusive espionagem industrial – espionagem das atividades dos operários, de jornalistas, de membros do *Vorstand* que não se comportam direito (segundo as regras baixadas pelo próprio *Vorstand*), pagamentos de comissões do tipo "caixinha" para fornecedores, distribuidores e membros do *Vorstand*, acúmulos de débitos não autorizados nem declarados. Todas elas confessaram essas práticas, quando investigadas ou processadas pelo sistema judiciário alemão.

Se tudo já não estivesse suficientemente complicado, mais uma dose de problemas: o final de 2008 e o começo de 2009 trouxeram à luz a existência dos cúmulos do capitalismo selvagem, disfarçados de desenvolvimento. Parecia que o capitalismo, inconformado com a extinção do delírio comunista, decidiu fazer as mesmas coisas que tanto criticou. Deu munição aos revivalistas de Karl Marx: o capitalismo de selvageria ávida e anticapitalista, autofágica. Paradoxalmente, capitalistas lembraram muito mais as teorias econômicas "estruturais" comunistas. Baseados em modelos probabilísticos matemáticos teóricos de planejamento, que supostamente justificariam alavancagens e securitizações, prometeram ganhos infinitamente crescentes e negaram a realidade de que se poucos ganham muito, muitos perdem. Alavancagens referiam-se a emitir promessas de lucros baseados em coisa nenhuma. Alicerçaram "lucros" contábeis em planilhas de computador, mesmo que a realidade fosse, por exemplo, uma ausência de produção ou bens palpáveis. Securitizações era a outra maneira de assegurar lucros: operações em que algumas instituições asseguram uma determinada dívida, após terem criado – e cobrado, sob forma de corretagens – fragmentações dessas dívidas e espalhado as dívidas iniciais em outras dívidas. Ficaram tão espalhadas, como as bombas de fragmentação testadas nos Balcãs e em Angola, que hoje em dia ninguém sabe onde podem ter ido parar ou quando elas podem explodir, assim como se desconhece os efeitos dessas dívidas. Alavancagens e securitizações: termos pseudotécnicos para explicar jogatina de quem não tem cacife? Algo que nem mesmo os cassinos de Las Vegas fizeram até agora.

Embora normalmente se aponte apenas a bolha do mercado financeiro imobiliário em vários países, que começou nos Estados Unidos, como culpado da atual crise, o papel desempenhado por mais uma invenção financeira econômica moderna, os fundos soberanos (*sovereign funds*), dominados por tecnocratas e funcionários dos governos, não pode ser subestimado, sob o risco de se criar novos cadafalsos para poupanças e poupadores comuns. O Brasil tem tentado criar fundos desse tipo utilizando os recursos da Petrobrás.

Entrando nos mercados financeiros de fundos de *hedge* e dizendo-se dona de 51 por cento da Volkswagen no mercado futuro, a Porsche acabou comprando mais uma encrenca federal, que envolveu o sistema judiciário e o poder legislativo alemão, além do parlamento europeu. Wiedeking pressionava ao afirmar que era necessário mudar as mentalidades, argumento coerente de alguém cujo currículo mostrava a mesma atitude no âmbito de produção da pequena empresa Porsche de 1992.

A transformação da "doutrina Porsche de engenharia" na "doutrina Porsche de engenharia econômica", brandida como uma modernização do ultrapassado, incrementou reações desfavoráveis do governo e do povo alemão. O anúncio público de um protocolo de intenções provocou protestos sérios, pois previa que os 12.000 empregados da Porsche teriam a garantia de um assento em cada três em relação à quantidade total dos que compõem o Conselho de Supervisão da Volkswagen-Audi. A Porsche teria a mesma quantidade votante da Volkswagen com um número acachapantemente menor de empregados, algo em torno de 330.000 na Volkswagen. Seria possível que uma empresa que vendia 100.000 unidades por ano pudesse comprar uma que jorrava seis milhões de unidades só com as artes financeiras dos *hedge funds* e *sovereign funds*? Um dos muitos órgãos burocráticos criados após a extinção do império soviético, herdeiro do Mercado Comum Europeu dos anos 1950, agora dentro da União Europeia, chama-se Comissão Europeia e foi criada com a função de proteger os mercados internos da União Europeia.

Não mais do que de repente, Bruxelas e Stuttgart viram-se casados. No lado da cama de Bruxelas, cidade da nova classe burocrática de uma instituição supranacional, com funções de Estado distanciadas dos anseios por vezes irracionais das populações que gostariam de representar. Do outro lado da "cama nupcial", a cidade tradicionalmente produtiva de Stuttgart, maior centro de fabricação de máquinas de precisão do mundo – os burocratas empresários vinculados ao lucro, poderiam usar aquela nova classe burocrata supranacional. De modo benevolente, podemos imaginar que todos tinham a melhor das intenções: em Bruxelas, a de proteger as populações nacionais, e em Stuttgart, a de proteger acionistas e produção. Diz-se que de boas intenções, o inferno está cheio; e as populações, os acionistas e os produtores querem distância cada vez maior desses burocratas.

Esse casamento de interesses deu certo e surpreendeu todos os observadores. Até então, as relações dessas duas forças haviam sido de conflito – por vezes aberto.

Desde sua idealização há quase duas décadas, os órgãos sediados principalmente nas cidades de economia deprimida, como Bruxelas e Estrasburgo, têm tentado representar um poder estatal supranacional com atribuições estatais. Seus idealizadores acham-se no futuro (idealizado por eles): imaginam ser o que veio depois das cidades-estado, uma criação da Idade Média. Imaginam, como se imaginou para fazer Brasília, que a instalação de um centro de decisão administrativa poderia levantar essas economias deprimidas e diluir os nacionalismos. Esse novo poder desejou estar muito acima do antigo mas totalmente atuante poder nacional, que é restrito a cada um dos países que o compõem. Era a consumação do sonho de base universalista-iluminista; chamou-se União Europeia. Seria, ou será, uma federação maior do que os Estados Unidos. Sonhos que começaram com o Mercado Comum Europeu dos anos 1950, um dos produtos da catástrofe que foi a Segunda Guerra. Sonho continuamente minado por novos nacionalismos – que se julgavam extintos. Sonho de fraternidade, igualdade e liberdade econômicas. Outros fatores minam esses sonhos. Um deles, a tendência humana de praticar corrupção burocrática; outro, as veleidades de criar e participar de elites autoritárias. Fatores aleatórios e externos, nunca levados em conta em sonhos, como o crescimento da Ásia, parecem ter minado esses planos europeus.

Nesse contexto histórico nasceu a canhestra aliança entre a Porsche e os burocratas de Bruxelas – em nome da modernidade, com limites muito difíceis de serem vistos, pelo menos atualmente, dos nomes de outros patrocinadores, com poder político e econômico.

De 2006 até 2008, a Porsche e a Comissão Europeia renovaram seus ataques para livrar a Volkswagen das leis baixadas pelo governo alemão. O poder político-econômico apareceu, se lembrarmos que a Volkswagen continua sendo o maior produtor de automóveis da Europa. O alvo principal desses ataques era a Lei Volkswagen, ilegal pela União Europeia, por ser antieconômica, anacrônica, anti-iniciativa pessoal, entre outras desvantagens. Deveria ser revogada, já que lei não se coloca na cadeia, e a União Europeia nem tem cadeia.

O governo alemão, chefiado por Angela Merkel, manteve interesse no bem-estar do operariado, que acabou se tornando uma classe afluente e causava verdadeira inveja aos alemães da parte oriental, que tiveram que amargurar uma penúria imposta pelo sistema comunista. Angela Merkel, filha da Alemanha Oriental, criada dentro do mais rígido estatismo, resistiu a essa guerra. Havia encontrado em Helmut Kohl, do Partido Democrata Cristão (CDU), de orientação católica, o desenvolvimento de suas ideias políticas, sem se descuidar das preocupações políticas quanto ao operariado. Encontrou aliados no governo da Baixa Saxônia, dominado pelo Partido Social Democrata (SPD), na pessoa de Christian Wolff, e em elementos internos à Volkswagen, representados pelos sindicatos operários. Todos eles, principalmente após a emergência da crise econômica de 2008, estavam em franco desacordo com essas pressões e tinham força para impedir essa decisão, com 20,3 por cento das ações da Volkswagen. A Lei Volkswagen dava a esses 20,3 por cento um peso de 25 por cento, quando o assunto envolve decisões administrativas sobre os rumos da Volkswagen. É um poder de veto que representava minorias. A democracia alemã é uma das mais protegidas do mundo, e as leis são feitas para valer: respeitam minorias, uma lição do período nacional-socialista, e cumprem a promessa de não deixar que abusos de poder ocorram outra vez. Lá não é possível maracutaias como as aquisições de telefônicas por decreto do próprio presidente, que criam privilégios de nepotismo, como houve no Brasil. Brigitte Zypries, ministra da Justiça alemã, decidiu manter a posição, com ênfase no veto, do governo da Baixa Saxônia.

Enquanto isso, houve reuniões bastante acirradas em um campo neutro: os escritórios da IG Metall, o poderoso sindicato metalúrgico alemão. Bernd Osterloh, representante dos operários da Volkswagen que reprovava as medidas da Porsche e da Comissão Europeia, moveu ação alegando que o *takeover* da Porsche sobre a Volkswagen estava sendo feito contra a vontade da força de trabalho da Volkswagen. Os empregados da Volkswagen sabiam que isso poderia tirar seu poder de influência na empresa, gozado havia décadas. O líder operário da Porsche, que exercia a função de chefia do Conselho de Trabalho, Uwe Hueck, em entrevistas televisionadas, de modo um tanto irado e truculento e com o punhos fechados à moda de um boxeador, declarou que "a força de trabalho na Porsche irá manter sua independência... Jamais será subjugada. Fizemos um acordo de codeterminação de dez anos que inclui o direito de veto dos empregados da Porsche contra a terminação desse acordo antes do prazo. Isto é inegociável".

Começou, com a notável mudança dos ventos financeiros, uma verdadeira luta para adquirir influência no chão de fábrica da nova empresa que iria nascer após a absor-

Uwe Hück, à esquerda, e Hans-Peter, à direita.

ção da Volkswagen pela Porsche (*takeover*, no jargão financeiro global). O sistema de codeterminação que existe na Alemanha desde a queda do nacional-socialismo – os alemães têm enorme cuidado em não entrar em situações autoritárias – permite que os sindicatos e os trabalhadores possam ter um assento nos comitês de decisão. Inicialmente apenas queriam ter voz ativa nas mudanças de pessoal, mas passaram a influir de modo direto nas decisões de estratégia industrial. O pacto ao qual se referia Hueck foi feito internamente na Porsche, sem a participação da Volkswagen, apesar de se estender a todas as empresas sob aquilo que quase todos estavam projetando ser o novo império da Porsche, do qual a Volkswagen iria fazer parte. A acusação foi pública: no ponto de vista de Hueck, Osterloh é que iria fazer um *takeover* hostil baseado em quantidade (330.000 *versus* 12.000 homens, como vimos anteriormente), em nome da democracia, subvertendo o *takeover* financeiro da Porsche. Osterloh revidou, ainda na defensiva: "Deste jeito que a Porsche pretende, vou vender o meu próprio povo. Se a Porsche for adiante, a Volkswagen vai ser apenas uma filial como qualquer outra, não mais a matriz". A força de trabalho da Volkswagen tinha a tradição de ter sido enormemente respeitada, desde a época de Nordhoff e Hugo Börk. Aos 61 anos, perderia toda sua força vital.

Logo depois do *takeover* financeiro realizado pela Porsche, Bernd Osterloh abriu uma ação legal contra a empresa. Argumentou que uma empresa baseada em Stuttgart, em um outro estado, estaria fazendo um exercício ilegal do poder econômico no trabalho quando decidiu unilateralmente impor uma igualdade na comissão supervisora, o *Vorstand*. Os 12.000 empregados da Porsche poderiam ter o mesmo poder dos 330.000 empregados da Volkswagen. Nada disso estava ocorrendo factualmente, mas havia avisos em tom de ameaça.

A corte de justiça alemã, com bom-senso, impediu que tal fato se concretizasse. O veredicto assinalava que a Porsche realmente havia instituído um fato iníquo. Como ainda não estava contando com a maioria de ações e, por conseguinte, não tinha nenhum poder decisório, não havia nenhuma razão para emissão de sentenças legais. Como todas as decisões judiciais de bom-senso, desagradou todas as partes mais interessadas em ações preventivas.

Quase um ano depois das ações da Porsche, um compromisso entre as duas partes não ocorreu e acabou ficando desatualizado. Naqueles momentos, era nítido que a equipe do doutor Wiedeking estava usando artimanhas de pressão institucional e política que ultrapassavam os limites da engenharia de automóveis. Mestres em ideias e jogadas rápidas, Wiedeking arquitetou mais uma saída. Se o governo alemão queria continuar a causar problemas, e se a Porsche podia usar as regras e decisões das várias comissões da União Europeia como escudo, a solução seria retirar os escritórios centrais da empresa da Alemanha. Alguns membros da família Piëch já estavam acostumados a fazer seus negócios na Áustria desde o fim da guerra. Vimos que Louise Piëch conseguiu a sobrevivência da empresa e de sua família através deste estratagema.

Wolfgang Porsche, na ocasião, apelou para mais um ditado popular, ao mencionar sua aliança com Wendelin Wiedeking: "Só vamos ter problemas quando não houver mais confiança mútua. Todo mundo sabe que ninguém pode escolher sua família, mas você pode escolher a empresa que quer comprar!"

Seu modo de se expressar parecia, como sempre, um tanto dúbio. Ele se dizia confiante de que a Volkswagen só podia se sair muito bem sob o comando da Porsche, mas acrescentou: "Se não pudermos confiar nos outros, então teremos problemas". Porsche se referia a Wiedeking? Ou ao seu primo Ferdinand Piëch?

Fatores como tempo, dinheiro e cérebro, necessários em ações como essa, talvez possam fazer falta nos campos da engenharia automobilística. Todas essas novidades mostram a falta de aprendizado de aspectos da história da Porsche. Algumas funestas consequências não demoraram mais do que um trimestre para aparecer.

A equipe de Wiedeking passou a perder parte do apoio, até então incondicional, da parte da dinastia chefiada por Wolfgang Porsche. Embora ele, pessoalmente, jamais tenha retirado seu suporte a Wiedeking, percebeu que tal medida equivaleria a tentar apagar o fogo com gasolina. A recém-adquirida união entre as famílias mostrou-se de pouca duração. A mesma coisa que poderia diminuir as rixas familiares passou a ser um novo elemento de discórdia, um pouco aumentada pela presença de uma quarta geração. O jogo econômico estava se tornando, irreversivelmente, um jogo político.

Como no mercado de automóveis, onde o produto final leva mais de dois anos para ser realizado e na hora em que é lançado podem ter acontecido mudanças drásticas nesse mesmo mercado, a decisão de comprar a Volkswagen foi feita em determinadas condições externas que indicavam o acerto da medida. Mas a história recente acelera mais rápido do que gigantescas motocicletas Kawasaki.

Enquanto as aquisições secretas de ações da Volkswagen eram feitas, acumulou-se experiência em absorções e junções empresariais. Firmas alemãs, extremamente experimentadas nas alternativas globais, tiveram problemas em se adaptar a diferentes contextos culturais, como a Daimler na África do Sul e a Volkswagen na Nigéria. Imaginaram poder aproveitar infraestruturas e grifes de prestígio prontas. Compraram, junto com os americanos da Ford e da General Motors, todas as grandes marcas inglesas de prestígio: Chrysler, pela Daimler-Benz; Rolls-Royce, pela BMW; Bentley e Lamborghini, pela Volkswagen; Volvo, Jaguar, Aston Martin e Land Rover foram absorvidas pela Ford; a pequena Saab, pela General Motors.

Pareciam estar indo bem; a maturação de grandes negócios e de sua contabilidade demandam alguns anos para se estabilizar. Como no caso de Arno Bohn, certas modas pegam e parece uma praga no mundo a existência de pessoas famosas sem nenhuma razão objetiva ou racional para tanto. Experiências alemãs repetiram as expansões, *takeovers* e *mergers* da indústria automobilística europeia e americana, criadas para fazer frente aos competidores asiáticos, com resultados igualmente desapontadores – nos melhores casos. Nos piores, os resultados foram desastrosos, com a esperança de lucro (valor futuro) se tornando prejuízo. A conclusão para isso tudo é que uma aquisição pode se revelar uma vitória de Pirro.

A crise econômica de 2008, cujo estopim foram os empréstimos imobiliários *subprime*, provocou uma subversão ideológica que tem obrigado os governos de países capitalistas a assumirem dívidas normalmente associadas aos governos comunistas. A crise econômica tem obrigado uma venda forçada dos ativos de produção. Marcas prestigiosas viraram "buracos sem fundo". Em 2008, a Ford acabou perdendo quase todas as suas marcas de prestígio para grupos orientais, como o todo-poderoso conglomerado industrial indiano de Ratam Tata em 2008, que também está tentando emular o mercado de veículos populares com o Tata Nano. No entanto, a Tata também enfrenta dificuldades. A fábrica do Nano, depois de pronta, teve que mudar de terreno, acossada por pessoas mais interessadas em controle ecológico.

Até mesmo a Opel, que acabou virando a central técnica e de estilo de uma decadente General Motors, acabou sendo colocada à venda. A General Motors acabou virando uma empresa estatal. Marcas como Pontiac foram relegadas à história; Saturn, com a missão de exterminar os importados, foi exterminada, assim como o Hummer. Todos eles seguiram Oldsmobile e Plymouth em direção ao Valhala automobilístico. É verdade que as intervenções estatais em países desenvolvidos são muito diversas das locupletações estatizantes de outras culturas, que estão sempre elegendo novos privilegiados das elites políticas, mas ainda é cedo para avaliar o resultado.

Em 2008 alguns dos analistas de mercado, como o antigo banco de investimentos Morgan Stanley, começaram a emitir avaliações dizendo que a Porsche não conseguiria levar adiante o que empresas muito maiores e com subsídio estatal, como as sul-coreanas, não conseguiram.

Durante três anos, a diretoria da Porsche apregoou que estava salvando a Volkswagen de predadores corporativos estrangeiros, os chamados *corporate raiders*. Boa parte dos empregados, o governo e alguns observadores passaram a concluir que a Porsche era mais um deles.

Áreas de colaboração recente, como as linhas Cayenne e Touareg, e o uso da Volkswagen para a fabricação do Panamera não serviram de consolo. O Panamera, que inseria a marca nos sedãs de alto luxo e de comportamento esportivo, não usava nenhuma das peças de suspensão do Cayenne. A Volkswagen suspendeu seu modelo congênere. Não existia mais a economia de escala e racionalização que marcou os primeiros sucessos de Wiedeking. A inclusão da linha de SUV certamente salvou a Porsche no início dos anos 2000, mas insistir no mercado de altíssimo luxo com mais uma nova linha, cujo lançamento se deu bem no meio da maior crise financeira desde os anos 1930, poderá, além de descaracterizar a filosofia essencial da Porsche, redundar em desacertos ainda maiores. O mercado específico da linha Porsche tem sofrido queda de aproximadamente 40 por cento, proporção idêntica ao sofrimento da produção automobilística do mundo desenvolvido.

Volkswagen Tovareg, em 2004: dez cilindros, similar ao Cayenne em desempenho.

As conquistas de Ferdinand Piëch (março de 2008)

Insinuações dos observadores da imprensa econômica, que comparavam as aquisições e ações de Ferdinand Piëch com sonhos expansionistas desmesurados, seriam excessivamente tingidas pelo veneno das relações humanas, a inveja? Para Wolfgang Porsche, seu primo continuava sendo confiável. Sejam lá quais forem suas motivações psicológicas mais profundas, Ferdinand Piëch e seus colaboradores na Comissão de Supervisão da Porsche Automobil SE, que agora se tornou uma *holding*, acabaram aprovando a compra daqueles 20 por cento de ações da Volkswagen que já haviam garantido no mercado futuro; recapitulemos que a Porsche já detinha 31 por cento da Volkswagen. Tudo indicava que Wendelin Wiedeking tinha o apoio das duas famílias e logo iria obter a maioria controladora.

Do ponto de vista dos empregados, a situação foi ficando cada vez mais complicada. Todos estes fatos fizeram os trabalhadores liderados pelo decidido senhor Hueck tremer só de pensar que a Porsche poderia não conseguir administrar uma companhia muito maior, de características históricas e de produção ainda mais disparatadas do que a própria Porsche, como costumam ser as empresas multinacionais. Wendelin Wiedeking afirmava que tudo estava dando certo, de acordo com o que ele e sua equipe – principalmente seu diretor financeiro – haviam planejado. Se a alma do negócio é a propaganda, naquele momento, quase toda a imprensa fazia parte da propaganda.

Poucas horas antes do anúncio a respeito da nova aquisição de ações, a Volkswagen – leia-se Ferdinand Piëch – anunciou ter assumido o controle de um fabricante sueco cuja marca virou um sinônimo mundial de transporte de carga, inclusive no Brasil: a Scania, por 4,4 bilhões de dólares, um lance aguardado havia alguns anos, pois a Volkswagen já detinha cerca de 31 por cento do capital acionário da veneranda empresa. A VAG agora possuía 68,6 por cento. Uma barbada; a Ford havia pago pela Volvo Automóveis, dez anos antes, mais de 7 bilhões de dólares.

911 (ou 997/2), em 2008 – fantástico desempenho nas curvas.

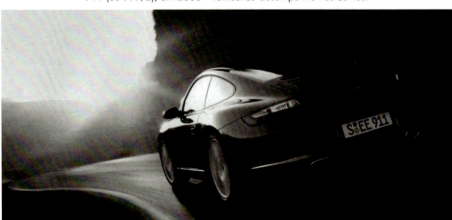

Além da compra da Scania, foi negociada também a compra de ações da MAN, um dos maiores fabricantes de caminhões da Alemanha; a Volkswagen já detinha 29,9 por cento do capital acionário do tradicional fabricante alemão. Ferdinand Piëch declarou à imprensa econômica que todo esse *know how* instrumentaria sua pretensão de ocupar a maioria do mercado americano de caminhões. Fica implícito, portanto, que o objetivo maior era o controle da maioria do mercado mundial de caminhões. Um processo um tanto secreto ocorrido em 2008 tornou totalmente alemã a subsidiária brasileira Volkswagen Caminhões, obra de Arriortúa e de brasileiros como o administrador Miguel Barone, ainda hoje muito querido da força de trabalho, embora não esteja mais na Volkswagen do Brasil.

Em 1961, a Volkswagen tornou-se uma empresa mista em ações no mercado, mas parcialmente estatal.

A Volkswagen estava se tornando o maior fabricante de caminhões do mundo, título acrescido ao de maior fabricante europeu de automóveis. A Porsche Automobil Holding SE, poucos dias depois, emitiu uma notícia que mais parecia jactância. Disse ter tido vendas na casa dos 180 bilhões de dólares por ano; o que equivaleria a 6,7 milhões de unidades produzidas.

A Porsche, virtual dona da VAG, teria um produto para todas as classes sociais? Para todos as necessidades? Alcançava praticamente todo o espectro automobilístico geral? Poderia se perguntar: alguém teria um fabricante de implementos agrícolas, tratores ou máquinas de terraplanagem à venda para ser englobado por algo um tanto parecido com uma *Blitzkrieg*, em tempos de crise?

Reviravoltas mirabolantes no mercado acionário em crise

Todos os donos e fanáticos, ou mesmo as pessoas acostumadas a um tipo de "automobilismo de poltrona", sabem que a Porsche sempre foi muito famosa por seus carros capazes de proporcionar uma enorme capacidade em negociar as curvas de uma estrada ou pista, além de possuírem uma aceleração estontante, pelo menos desde o advento dos motores Carrera de quatro cilindros e dos 911 de seis cilindros.

O Porsche, antigo domínio de especialistas, ficou sendo o carro de maior sucesso entre os banqueiros sedentos de risco, que fizeram a história desde os tempos dos *junk bonds*, nos anos 1980, e passaram pela transformação dos mercados financeiros em uma Las Vegas global. Limites entre jogatina e prática de taxas de juros ficaram tênues; fariam um agiota dos anos 1960 corar de vergonha. Atraíram a classe média e em alguns casos forçaram-na a fazer a base da pirâmide Ponzi que sustentou esses jogos pesados. Mesmo fundos de poupança foram atraídos. Criou as periódicas crises como a que vivemos agora.

Boxster, cuja menor potência é compensada pelo motor central.

O Cabriolet 911 (ou 997/2) consegue manter com enorme felicidade o inconfundível *flair* da Porsche – as linhas da Europa Central, presente desde os anos 1930.

Nosso mundo contemporâneo tem muito de muito. E tudo de tudo. Ao mesmo tempo, boa parte das pessoas influentes andou jogando pelo ralo valores como experiência, sensatez, prudência ou controle de avidez. Já se disse que habitamos uma época sem valores, mas essa visão talvez seja fruto de falta de atenção. Quem sabe habitamos um mundo onde o maior valor possa ser denominado banalização?

A Porsche entrou em mercados que pareciam ser sua salvação, como o dos SUVs, e voltou a pensar em um quatro-portas com quatro lugares. Afinal, o mercado no qual está inserido, o de carros esportivos baixinhos com dois lugares, entrou em um processo de encolhimento, agravado nos últimos dez anos. O que vai ocorrer agora, com a pior crise econômica mundial desde a década de 1930? Os limites de desempenho não fazem mais sentido, nem são práticos. Carros que atingem 100 km/h em três segundos, com motores de potência maior do que a de um pequeno avião, que chegam aos 1.000 cv, também acabaram ficando banais e praticamente sem uso. Isso também ocorreu com Airbus série 600, que não consegue encontrar pistas para decolagem e pouso, e com alguns carros, que não têm onde trafegar. Também este mercado ficou cheio de muito de muito e tudo de tudo, à exaustão. Dificilmente um Porsche fabricado a partir das séries a água vai se tornar um carro colecionável como o 356 e os primeiros 911. Também a Porsche se rendeu a mudanças frequentes da carroceria e do grupo motopropulsor, ainda que não se separe demais de sua linha corporativa, devido a desagradáveis experiências anteriores.

A fábrica e sua diretoria foram se aproximando do temperamento dos banqueiros, dos diretores de bancos de investimento e dos administradores de *hedge funds* – os *baby- -boomers* – os maiores compradores do carro. Um *fringe benefit*, como dizem os americanos, possibilitou que os integrantes desta classe passassem a se interessar e a promover o Porsche e aumentassem por algum tempo o nicho de mercado. O carro também voltou a aparecer em vários filmes de Hollywood.

Em um período muito turbulento entre os últimos meses de 2008 e início de 2009 a Porsche parecia ter lucrado algo entre 12 a 15 bilhões de dólares. Se o tempo tivesse parado, o doutor Wiedeking e sua equipe teriam se tornado campeões econômicos.

Aquelas mesmas ações da Volkswagen que eles andaram comprando paciente e silenciosamente durante dois anos anteriores deixaram embasbacados e perturbados não apenas os sindicatos e governos. Os mercados acionários estavam colecionando perdas que deixaram os mais ousados investidores tremer de terror, com ameaças de uma depressão que não se via desde os anos de 1930, e a Porsche parecia estar ganhando *muito* dinheiro.

À esquerda: o 996 e o 356/1, em 2002. No centro: o 928 S, em 1983.
À direita: o Speedster 964, em 1981.

Tinha todas as características de um jogo calculado, como no xadrez, para se conseguir alguma vantagem. Pelas leis normais de mercado, foram elevando o preço das ações, anteriormente deprimidas pelo desempenho cada vez mais sofrível da Volkswagen – em função de dificuldades de produto, da concorrência sempre mais acirrada vinda do Oriente e das turbulências do mercado financeiro. O vórtice de suspeitas também era infindável: estaria havendo informação privilegiada de pessoas com trânsito nas duas empresas?

Os elevados preços das ações da Volkswagen provocaram uma atitude – novamente, normal nestes mercados – dos administradores dos *hedge funds,* que continuaram existindo apesar da crise econômica global. Começaram a anunciar a venda de ações da Volkswagen. O problema é que – ainda dentro da normalidade – anunciaram vendas de ações que esses mesmos *hedge funds* não possuíam. Isto pode deixar o comprador dos Porsches e o povo em geral, sem prática neste tipo de jogo financeiro, perplexos. Como é possível uma pessoa vender algo que ela não possui? Mas é isso que acontece nos mercados futuros, um mercado de apostas. Grupos e instituições fizeram uma aposta, como as que ocorrem nos cassinos: os preços das ações da Volkswagen iriam cair. Além do mais, alguns destes fundos compraram também algumas ações da Porsche e acrescentaram a uma aposta arriscada outra aposta: que as ações das duas empresas teriam preços convergentes.

Estavam atuando os mesmos ingredientes que, aplicados globalmente, resultaram na crise financeira mundial: apostas que se contrapõem umas às outras e vendas de ações que pouquíssimos possuíam. Todas essas apostas e vendas centravam-se em vendas muito rápidas de ações, dessas que produzem subidas e descidas estonteantes no mercado, que parecem ter vindo para ficar. Isso pode ser notado quando se observa hoje os fatos há pouco tempo ocorridos, em que os diretores da Porsche tentaram dar um golpe de mão, agindo como garotos em um jogo de bafo. Nele, é necessário virar os cartõezinhos para assumir sua posse, tomando-os do adversário. Os riscos de tais aquisições pareciam ser tão sérios que alguns diretores de bancos de investimentos acharam melhor avisar todo mundo de suas suspeitas.

A Porsche continuava comandada por Wendelin Wiedeking e Wolfgang Porsche, aparentando ter algum tipo de anuência de Ferdinand Piëch e seus outros executivos. Ficou sendo vista, inicialmente, como muito hábil nos mercados de derivativos de moedas. Estavam interferindo de modo muito pesado, o que criou uma espécie de campo minado nos mercados de opção futura sobre as ações da Volkswagen.

A linha 911 (997/2), em 2008: o sonho continua...

No início de outubro de 2008, já durante a tragédia dos mercados, um dos diretores de Morgan Stanley, o senhor Adam Jonas, avisou sobre os riscos de se fazer um pôquer milionário com apostas contra a Porsche. Outro poderoso financista, Max Warburton, da empresa Alliance Bernstein, que tem se mantido flutuante no oceano nada pacífico da crise financeira, deu entrevistas dizendo que a Porsche iria fazer uma fortuna de bilhões de dólares assim que o mercado futuro começasse a sufocar eventuais vendedores de ações da Volkswagen no curto prazo.

Os porta-vozes da Porsche acharam de bom alvitre desmentir essas notícias e dizer que tudo não passava de contos de fadas. Mas a vida do doutor Wendelin Wiedeking, da Porsche e de seus eficientes executivos sempre pareceu um conto de fadas. Poucos observadores puderam ver que havia algo nisto tudo que não era real, embora as suspeitas de manipulação e informações privilegiadas fizessem parte do dia a dia dos mercados. Fofoca invejosa ou expressão da realidade? Observadores políticos e psicólogos sabem que pronunciamentos públicos que buscam desmentir um fato podem carregar, subliminarmente, confissões de culpa.

No final de outubro, do mesmo modo que nas pistas de Weissach os pilotos de testes davam um puxão na alavanca do freio de estacionamento e faziam os carros rodopiarem em 180 graus, a Porsche executava manobra análoga a essa no mercado financeiro. Uma nota oficial avisou que a empresa era dona de 43 por cento das ações da Volkswagen; detinha contratos no mercado de derivativos que alcançavam mais 32 por cento dessas ações. Ou seja, a Porsche "amarrara" os direitos sobre quase *todas* as ações disponíveis. Seria dona de 75 por cento da Volkswagen. Os apostadores individuais e aqueles que jogavam nos *hedge funds* perceberam, como sempre muito tarde, que haviam sido apanhados em uma situação que o mercado tem chamado de compressão infinita. Como numa queda de braço ou numa gravata em luta livre, esses apostadores travestidos de investidores teriam que se desfazer de suas ações a preço de banana (que também estavam sendo negociadas por valores infinitamente menores nos mercados de *commodities*). Pior ainda, teriam que comprar milhares de ações às pressas pelo preço que a Porsche decidisse vender, se é que venderia.

Era hora de cumprir a promessa de disponibilizar ações que nunca tiveram, segundo as regras do mercado futuro. Para se ter uma ideia, durante 2007 a cotação das ações da Volkswagen não alcançava 200 euros. No início de outubro, as ações da Volkswagen valiam algo em torno de 250 euros; e haviam se mantido estáveis de julho a setembro, em torno de 200 ou 250 euros. Caíram para 200 em meados de outubro, subiram para 1.000 euros, e até mais, durante três dias, na terceira semana do mesmo mês.

Isso tornou a Volkswagen a empresa mais valiosa do mundo – em tempos de recessão, com praticamente todas as indústrias subvalorizadas. Nesse momento a Porsche ganhou entre 12 e 15 bilhões de dólares de acordo com os cálculos de observadores. Um analista financeiro descreveu o caso como sendo uma das mais brilhantemente concebidas transferências de dinheiro jamais ocorridas no mundo. Análises financeiras podem ser atividades bastante duvidosas; logo depois, o preço das ações da Volkswagen despencou. Em menos de dois dias, poderiam ser compradas por menos de 500 euros, caso houvesse alguma para ser vendida.

A diretoria da *holding* Porsche Automobil SE sentiu-se motivada a dar mais um recado público em nota oficial: disse que jamais tivera a intenção de ficar fazendo dinheiro no mercado do derivativos. Algo muito coerente, já que se tratava de uma empresa que até então lucrava fabricando e vendendo automóveis. Mas era coerente apenas na elegante justificativa, digna de advogados, e não encontrava nenhuma correspondência na prática. Por isso a Porsche divulgara o balanço de 2008 com um lucro de 6,8 bilhões de euros. Não dissera claramente que isso vinha do mercado de derivativos; 1 bilhão de euros era o que realmente amealhara com comércio de automóveis.

Como nos dois anos anteriores, voltou a insistir que desejava proteger a Volkswagen dos *corporate raiders* e que essa "proteção estava ampliada pelos seus próprios planos de compra futura das ações da Volkswagen". Era o mesmo discurso público feito por Wendelin Wiedeking e Wolfgang Porsche durante os dois anos anteriores. Coerência dada pela realidade ou por advocacia?

No finalzinho de outubro, a Porsche anunciou a venda de 5 por cento de suas opções futuras. Tinha cacife para isso, pois era dona de praticamente todas as opções futuras de ações disponíveis em mercado, o que contribuiu para abaixar os preços. A equipe do doutor Wiedeking usou esta venda para apregoar que não tinha intenções de manipulação de mercado.

Como os balanços parciais continuavam sendo secretos, não se sabia se a informação de posse dessas ações futuras – em torno de 25 por cento do capital da Volkswagen, já que algo em torno de 50 por cento já estava sob controle da Porsche e 20,1 por cento era do governo da Baixa Saxônia – iria se basear em dinheiro próprio (reservas ou poupança) ou se estava estribado em empréstimos ou outros débitos. A imagem pública era de que a Porsche havia ganho muito dinheiro com aquela elevação ocorrida no mês de outubro.

Se as coisas se passaram desse modo, esta empresa que dispõe de tantos admiradores e constitui verdadeira dinastia de estilo e engenharia, estava passando, outra vez, por acontecimentos dramáticos.

Se fôssemos terminar nossa história da saga da Porsche, uma hipótese bela – como são os carros da empresa – seria que os admiradores poderiam nutrir a fantasia de que a Porsche era uma espécie de anjo exterminador de uma praga de gafanhotos que havia esculhambado o sistema financeiro internacional. Todos os que trabalhavam fora da Porsche e não tinham acesso à sua contabilidade real, ou observadores mais superficiais, tinham certeza que Wiedeking e sua equipe navegavam em ares de intuição e bom-senso.

Durante todo esse tempo, Wiedeking voltou a reivindicar a implantação de uma engenharia de capital eficiente e disse que desejava mudar a cultura da Volkswagen. Implicitamente apresentava suas credenciais para isso: o trabalho de dezesseis anos na Porsche. Coerência e persistência ou insistente teimosia? Mudar uma sociedade humana de 64 anos, parcialmente socializada, semiprotegida, que tem sustentado várias cidades e regiões? Se não havia manipulação de mercado, havia manipulação de informações.

Com o passar do tempo, os efeitos deletérios começaram a emergir. Os acontecimentos dramáticos acabaram tendo aspectos de tragédia e acabariam custando, pelo menos, uma vida. O verdadeiro motivo da inusitada oferta de venda de ações e da compra secreta foram aparecendo.

Cayman, 2009: apesar do estonteante progresso da fotografia, ilustrações continuam captando melhor o "espírito" dos projetos. A Porsche nunca deixou de usá-las.

No final de outubro, ainda dentro do furacão financeiro que assolava nosso mundo, ocorreram novas baixas em ações de outras casas bancárias que haviam sido bancos de investimento e conseguiram se manter funcionando, como a Morgan Stanley e a Goldman Sachs, além de bancos tradicionais como o Société Générale francês, mas ficaram sob suspeita de estarem expostos a essas ações da Volkswagen no mercado futuro. Até o momento que escrevemos este final do livro, não se soube se outros fundos *hedge* – que hoje em dia têm sido extremamente mal-vistos no mercado e quase nunca são procurados por investidores alemães – também foram afetados. O que contribuiria para inviabilizar todo o sistema financeiro ocidental de uma vez por todas, inclusive com todos os bilhões e trilhões de dólares já despendidos no seu próprio salvamento. Naufragaria toda a classe média que entrara, muitas vezes independente de sua vontade ou arbítrio, nesse mercado.

Na Alemanha, fatos desse tipo não passam sem uma seríssima investigação policial; ainda mais agora, com os governos bancando o jogo. As aquisições feitas de modo secreto, por meio de grupos que ninguém sabia, e a falta de divulgação dos balanços parciais (geralmente trimestrais ou quadrimestrais) da Porsche durante esses anos criaram a suspeita de que os lances rápidos da Porsche não eram apenas uma questão de sorte. Nem sequer de competência financeira.

O governante máximo da Baixa Saxônia (um tipo de primeiro-ministro estadual cujo equivalente brasileiro seria um governador de estado), Christian Wolff, falava aos quatro ventos que a atitude da Porsche era um caso de pilhagem oportunística, um modo um tanto educado de falar de pirataria. Bernd Osterloh sempre pensou do mesmo modo. Apesar das suspeitas das autoridades, dos líderes do trabalho e dos sindicatos, além de alguns no mercado, a Porsche parecia ter se tornado uma empresa incomparavelmente lucrativa, provavelmente devido à justa fama técnica conquistada. Por sua qualidade técnica também desbancou marcas como a Ferrari, a Bugatti, a Bentley, a Maserati, a Mercedes-Benz, entre tantas outras.

Ferdinand Piëch se manteve em notável silêncio. Pensava-se que estava – finalmente – vencido, e com ele vencida estava uma parte das duas famílias.

Em novembro de 2008, quando a crise econômica era um fato consumado, mas o clima econômico havia se transformado outra vez, ocorreu uma interferência mais severa da coligação do Partido Democrata Cristão e dos social-democratas, liderados por Angela Merkel e por Walter Steinmeyer. Os partidos desta coligação sempre foram francamente a favor do operariado afluente. Informalmente, essa coligação, que governara a Alemanha desde 1948 é chamada de Volkspartei. Produziu líderes da estatura de Konrad Adenauer, Ludwig Erhard, Willy Brandt, Helmut Schmidt e Helmut Kohl, o patrono de Angela Merkel. Tudo leva a crer que a demora dessa interferência se deu porque a coligação estava sob fogo cerrado, enfraquecida pelas críticas, que era a base sobre a qual a equipe do doutor Wiedeking e parte da família Porsche estavam assestadas.

A coligação CDU-SPD conseguira manter-se no poder graças à crise econômica e suas atitudes serenas frente a ela. O desemprego e a queda estrondosa da produção industrial, em um país extremamente dependente dela para exportação, haviam encontrado uma política macroeconômica mais generosa, aplicada em todos os países ocidentais. Hoje em dia tenta-se aprender das lições da crise de 1929. Se essas políticas vão funcionar, ainda é cedo para saber. Em todo caso, na história da Porsche a interferência dos políticos se deu sob a forma de um novo anexo à Lei Volkswagen, prontamente aprovado no parlamento alemão. Para começar, assegurou-se que a Lei Volkswagen não seria revogada. O governo da Baixa Saxônia, a despeito de outras mudanças importantes na legislação alemã, manteve seu poder de veto. Além disso, o anexo à Lei Volkswagen criou dispositivos para impedir que o Conselho Diretor fechasse qualquer outra fábrica do grupo Volkswagen dentro da Alemanha, onde fábricas históricas, como a de Kassel, haviam deixado de produzir. A Porsche começava a pagar um preço alto, em termos de sua popularidade, pois havia criado uma linha de montagem e fabricação na Finlândia. O temor do galopante desemprego que estava se instalando em solo alemão colocou sob ataque as filiais tchecas e chinesas da Volkswagen.

Porsche Cayenne, em 2009.

Em função desse ambiente econômico inóspito, as dúvidas cercando a tomada de poder da Porsche sobre a Volkswagen foram levadas para a Comissão Europeia, o órgão burocrático da União Europeia para assuntos e dissensões na área da economia. Instauraram-se processos jurídicos e pareceres técnicos que alegavam procedimentos impróprios, colocando a Alemanha contra a União Europeia. A silenciosa chanceler Angela Merkel, famosa por seu tato em evitar colisões e embates, agora havia sido contemplada com um problema diplomático. Foi vista como alguém protecionista, antimercado livre e capaz de interferir, com o poder estatal, sobre a economia. Ela estava francamente desfavorável aos administradores de *hedge funds*, e fazia discursos sobre a impossibilidade de que as políticas econômicas da Europa fossem ditadas por essas instituições; o folclórico e combativo dirigente máximo da França, Nikolas Sarkozy, fazia coro com Angela Merkel. A Porsche e a Volkswagen, símbolos emocionais máximos do orgulho industrial alemão, começaram a ser vistas como antialemãs por favorecer as políticas europeias. A confusão parecia total.

Dois meses se passaram e o governo alemão respondeu dentro dos modelos da diplomacia. Postergou qualquer decisão radical, uma arte que Angela Merkel tem levado aos píncaros da perfeição, e disse que leis futuras seriam negociáveis dentro do parlamento europeu e pela Comissão Europeia de Economia. Trocando em miúdos, por tempo indeterminado a Lei Volkswagen ficaria intocável. Não daria para ser diferente: a União Europeia ainda não inventou nenhum exército que possa invadir países que não estão de acordo com seus ditames burocráticos. O grande problema destas regras é sua pouca ou nenhuma sensibilidade para problemas locais, um problema muito comum em países como o Brasil, unido por regras burocráticas que favorecem determinadas regiões.

A Porsche conseguira um tipo de escudeiro ou testa de ferro? Provou ser um escudeiro tipo Sancho Pança e um testa de vidro. Havia se colocado sob o risco, em conjunto com o governo alemão, de ser discordante de seus próprios interesses. Os processos legais entre a Comissão Europeia e o governo alemão previam pagamento de multas no valor de 155.000 dólares (ou 100.000 euros) por dia.

Se do ponto de vista do planejamento de produtos as lições históricas haviam começado a ser mais superficiais, outras lições do passado passaram a não funcionar mais para a Porsche.

Pode ser que não tenham sido apenas os seus automóveis que mudaram, mas seus hábitos legais também. Vimos que a Porsche foi acionada por inimigos poderosos no passado: o governo francês do pós-guerra; a Tatra tchecoslovaca (em relação à refrigeração a ar do Volkswagen e do Porsche); os antigos proprietários do sistema de cupões mensais (*Spärkarte*) do regime nacional-socialista; a Ford (com o nome Continental); a Peugeot (com o nome 901); a General Motors/Opel (no caso do sequestro de dados relativos a fornecedores, com o diretor Arriortúa, já na época de Piëch). Mesmo quando era o caso de inimigos nada poderosos (como Adolf Rosenberger, profundamente magoado com o tratamento que recebera do governo), a atitude da Porsche sempre foi de buscar algum acordo, ditada pela diplomacia de Ferry Porsche, para quem um mau acordo era melhor do que uma boa demanda.

Neste caso, a atitude tem sido outra. A Porsche passou mais de um ano chafurdando em um conflito legal contra o governo da Baixa Saxônia, sobre a questão do veto. Seus advogados criaram uma ação civil na cidade de Braunschweig, onde existem filiais da fábrica da Volkswagen desde o governo nazista. O governo da Baixa Saxônia tentou mudar a corte de julgamento para a cidade de Hannover, por achar que ali ia ocorrer

A competição aperfeiçoa a espécie: o conceito darwiniano se aplica ao mundo do automóvel. Desde o tempo de Ferdinand Porsche, as vantagens técnicas e de mercado provenientes das corridas converteram-se em postulado. As classes de grã-turismo e os protótipos em provas de longa duração tornaram-se domínio da Porsche.

uma decisão independente dos poderes da Porsche. Algumas pessoas aprendem com a história: o mesmo estratagema foi usado na época da administração inglesa e voltou a acontecer na época das ações legais promovidas pelos antigos donos dos cupons mensais de posse do KdF-Wagen.

No início de 2009, os principais personagens em meio a manobras judiciais, protestos e resmungos pareciam ser Wendelin Wiedeking, que tinha poder, inteligência, carreira e atitude mais típica de um lutador que nunca se deu por vencido; seu diretor financeiro, Holger Härter, que foi apontado como o cérebro das alquimias que pareciam ter dado 15 bilhões de dólares na aquisição das ações da Volkswagen; Wolfgang Porsche, agora o chefe da família Porsche, secundado por seu irmão mais velho, Hans-Peter, que também havia amargado um tipo de expulsão na decisão familiar de 1972.

As relações de Wiedeking e Piëch foram se tornando cada vez mais insondáveis, mas era evidente que não havia mais colaboração mútua. Piëch continuou silencioso, mas sua atitude como membro do *Vorstand* da Volkswagen foram de apoio às medidas do governo, pelo menos implicitamente, pois não se manifestou contra. Como Ferdinand Piëch era dono de 46,3 por cento da Porsche Automobil Holding SE, e a família Porsche contava com 53,7 por cento, a coisa ficou bastante contraditória.

Esta história, tão plena de dramas, entrou numa zona de perigo. Se a Volkswagen pudesse ser comprada pela Porsche, Ferdinand Piëch perderia boa parte de seu poder, colecionado depois de décadas e de algumas derrotas. Esta história foi ficando mais misteriosa; declarações à imprensa de Wolfgang Porsche e de Wendelin Wiedeking; silêncio sepulcral de Ferdinand Piëch.

Será que o sonho de Ferdinand Porsche finalmente se realizaria e a Porsche se tornaria proprietária da Volkswagen?

A vida pode ser bela, mas é difícil

As crises econômicas globais sempre cobram preços altos, mas nenhum é tão caro quanto as vidas humanas nela destruídas, crônica ou agudamente. O imbróglio político-econômico originado em uma compra secreta de ações da Volkswagen em mercados derivativos e futuros contabilizaram pelo menos uma vítima humana: Adolf Merckle.

Aparentava ser um multiempresário extremamente bem-sucedido. Aos 74 anos continuava chefiando os laboratórios farmacêuticos Rathiofarm e Phoenix, e uma gigantesca empresa de construção civil, a HeidelbergCement. Gozava de muito prestígio pessoal; tido como severo empreendedor, era o protótipo do industrial alemão: recatado, sóbrio e avesso à publicidade. Na mais recôndita verdade, comportava-se como um jogador inveterado. Comprometeu mais de 1 bilhão de euros de sua fortuna em uma aposta contra o aumento das ações da Volkswagen. Na tradição de irresponsabilidades de seu tempo de infância, que criou juventudes hitleristas, suicidou-se. Não levou o povo alemão junto consigo, mas podemos pensar o que deve estar vivendo sua família. Também podemos pensar nos sentimentos do condutor do trem de alta velocidade que trafegava sobre os trilhos da antiga cidade universitária alemã de Ülm. Foi debaixo deste meio de transporte, tão útil e eficaz, que o senhor Merckle decidiu terminar seus dias, deixando dívidas impagáveis.

Este fato podia ser visto como mau prenúncio. Depois de seis meses da divulgação apressada da compra da Volkswagen pela Porsche, como se alguém pudesse se apoderar de algo equivalente a quinze vezes de seu tamanho, a Porsche desistiu do lance.

Mais do que isto: se ia haver alguma aquisição, o sentido era exatamente o contrário. O *Vorstand* da VAG e as famílias Piëch e Porsche decidiram fazer uma fusão das duas empresas, a VAG e a Porsche Automobil Holding SE. Todas as fusões que envolvem uma companhia maior e uma menor produzem apenas um resultado. A Volkswagen assumiria a Porsche, uma pequena empresa, até então independente, cujas ações são integralmente controladas pelas duas famílias.

A volta do velho senhor

Em 2008, Ferdinand Piëch veio a público e tornou claro quem iria ocupar o *cockpit* – ele mesmo. Sorridente, aproveitou a cerimônia do lançamento de mais um produto Volkswagen (o Polo, um tipo de herdeiro espiritual do Fusca), na ilha ao sul da Itália, Sardenha. Declarou que as sete marcas – Audi, Bentley, Bugatti, Lamborghini, Seat, Škoda e Volkswagen – receberiam uma coirmã, uma divisão chamada Porsche. A integração terá a direção de Martin Winterkorn, diretor-geral da Volkswagen.

Piëch saboreva o gosto de cada palavra. Nem esperou perguntas:

> Não posso imaginar como o senhor Wiedeking se conformaria em ser apenas um chefe de divisão dentro de nossa nova empresa. Como alguém acostumado a ascender na carreira poderia descer tantos degraus e praticar uma certa humildade? Como um grupo como a VAG concordaria em assumir 9 bilhões de euros (cerca de 12,3 bilhões de dólares) que a Porsche queria conseguir, para controlar 75 por cento da Volkswagen?

Pela primeira vez, ouviu-se a confirmação pública de que a Porsche estava no negativo, acumulando um débito digno de algum governo.

O tom resoluto e firme, sem papas na língua, típico de Ferdinand Piëch, substituiu o tom otimista, diplomático e meio oblíquo de seus adversários. Tinha ocorrido um salto tipo Golias. Gigantes costumam ser meio pesados para dar saltos.

O plano Wiedeking-Wolfgang Porsche, que havia levado mais de dois anos para ser executado, fracassou. Onde estavam os 42,6 por cento de ações com direito a voto e os 31,5 por cento de opções apregoados como seguros? Vimos que, em novembro de 2008, a Porsche havia conseguido algo em torno de 6,4 bilhões de euros pela valorização ocasionada pela compra que a mesma Porsche havia efetuado. A engenharia financeira de Härter, gêmea siamesa dos porões de Wall Street, City, Zurique, Hong-Kong e outros centros financeiros, provou ser alquimia: tão sólida que se esfumaçou no ar. Alguns observadores fizeram as contas e descobriram que o grupo chefiado por Wendelin Wiedeking ainda precisava arranjar algo em torno de 10 bilhões de euros para consumar suas opções, que correspondia ao número divulgado por Ferdinand Piëch.

"Fácil", prosseguiu dizendo o até então festejado diretor da Porsche: "temos uma linha de crédito".

Não tinham. A linha de crédito, em tempos de recessão, desaparecera.

Em janeiro de 2009, a Porsche aumentou sua aposta para conseguir o controle da Volkswagen, e triplicou sua dívida líquida neste processo. Novos cálculos divulgados em periódicos econômicos falaram em 9 bilhões de dólares, ocorrendo quando as vendas da Porsche estavam em queda livre, diminuindo o *rating* sobre o qual bancos concediam empréstimos. Subitamente, não havia nem mais promessas de dinheiro para a Porsche honrar juros assumidos.

Em março daquele ano, a Porsche ainda conseguiu "rolar" a dívida junto aos bancos ao oferecer 3,3 bilhões de euros em seis meses. Deu como garantia as ações da Volkswagen que havia acabado de comprar. Parecia um boxeador apanhando, com o treinador hesitando em jogar a toalha.

Wiedeking e Härter pareciam magos que toda hora tiravam cartas de uma cartola. Última prestidigitação: investidores de um emirado árabe – o *sovereign fund* da República do Qatar, dominada por uma família de sultões, compraria a dívida. A alternativa era perigosa, pois os grupos econômicos dos emirados não possuem tradição de auditoria contábil. A estrutura política dos califados não favorece transparência. Um dos efeitos disso já estava ocorrendo no desespero dos empreiteiros e credores envolvidos nos investimentos imobiliários de Abu Dabi e Dubai. A Volkswagen do Brasil também manteve relações com países árabes: grupos do Iraque foram sócios minoritários durante vários anos ao comprar os direitos do Grupo Monteiro Aranha nos anos 1970; desfizeram-se das ações para a própria VAG pouco tempo depois. As relações da Porsche com investidores árabes são antigas – o primeiro 356 exportado foi para o Cairo – e, muitas vezes, mutuamente frutíferas. Mas não se pode equiparar os investimentos dos tempos de Mansur Ojjeh e da TAG com as atuais condições qatarianas. Um eventual comprometimento desses investidores do Oriente Médio ficou condicionado a uma resolução das discórdias entre as famílias Piëch e Porsche, novamente reacendidas.

A guerra continuou, em sentido contrário. A Volkswagen começou a conquista da Porsche, com um "general" trabalhando para os dois lados: Ferdinand Piëch.

Se...

Se a Porsche conseguisse usar os 75 por cento de ações Volkswagen, teria o direito de avançar nas reservas financeiras da Volkswagen, que somavam algo em torno de 10,7 bilhões de euros, e os alemães sempre foram um povo que acredita em poupança. Parecia um tipo de cofrinho infantil, pronto para ser aberto. Parece incrível que Wiedeking e Härter imaginassem conseguir dar um golpe desse tipo, frente ao braço bastante acostumado a quedas de braço de Ferdinand Piëch. Pode ser que os sucessos de Wiedeking tenham-lhe subido à cabeça; é difícil não creditar suas manobras a uma ambição desmedida. Se a lição de história de Davi e

Golias pudesse ser totalmente aproveitada, o destino do rei Davi com seu filho Absalão funcionaria como aviso. Mas as lições da história não vingaram; como o doutor Fuhrmann, que imaginou ser parte da família Porsche, teria o doutor Wiedeking entrado na mesma ilusão? A entrada do doutor Wendelin Wiedeking parecia ter dado à Porsche, pela primeira vez em trinta anos, estabilidade econômica. Algo que parecia impossível para uma empresa tão pequena e imersa em um mundo econômico que se livrara do canibalismo para se tornar rapinante. Com Wiedeking, a Porsche estabilizou-se no grande capital por uma década. Os sonhos de Ferdinand Porsche e a tentativa de Ferry Porsche tornaram-se realidade no mundo capitalista, na época em que parecia que o sistema abandonara o "capitalismo selvagem" e praticava a ética protestante, herdeira do *Velho Testamento*, e tentava transformar guerras entre países em guerras comerciais. Rotas de colisão não admitem volta. Resultado: Ferdinand Piëch ganhou a queda de braço, mesmo que o adversário tivesse dois braços (o de Wiedeking e o de Wolfgang Porsche). O provável expulso virou o que expulsa, na mensagem explícita durante o lançamento do Polo.

A verdade financeira acabou aparecendo: dois anos de maquinação resultaram em um débito da Porsche em torno de 5 bilhões de euros – cálculo muito conservador, obtido após alternativas para reduzir o montante. Dois meses depois, descobriu-se que o total era superior a 10 bilhões de euros. Se financeiramente a Porsche ia bem, economicamente era um desastre.

Ferdinand Piëch se opôs terminantemente à venda de uma parte da empresa familiar a um investidor externo e obteve o apoio da família Porsche. Apoio não incondicional, mas existente, que envolvia a manutenção do status de Wolfgang Porsche, simbolizado pela ocupação da sala de seu pai.

Conduções para milionários ocupavam as indústrias no início do século XX: 1- Marmon, de 1928. 2- Duesenberg SJ, de 1933. 3- Facel Vega Excellence, de 1958. 4- Ferrari Superamerica, de 1961. 5- Maserati Quattroporte, de 1964. 6- Iso Lele, de 1972. 7- Mercedez-Benz 360 e 500 SLC, dos anos 1990.

Os golpes de Ferdinand Piëch prosseguiram; era uma luta entre rivais, com sua posição destacada em jogo. Conseguiu que o Conselho Diretor da Volkswagen não assumisse nem mesmo um centavo do débito da Porsche – apesar dela ser dona comprovada de 50,8 por cento das ações da mesma companhia – para não danificar o crédito da Volkswagen na praça.

Havia alternativas bastante desagradáveis – e Wiedeking não tinha mais nenhuma participação nelas. Uma delas era que as duas famílias conseguissem o dinheiro usando seus próprios créditos privados. A outra era a aquisição pela Volkswagen da *holding* Porsche Automobil SE, afogada em dívidas. As duas alternativas davam a Ferdinand Piëch uma refeição de sonhos: controle inatingível da primeira empresa automobilística da Europa. Acompanhado de molho francês, que poderia ser chamado de "vingança agridoce": ficar na janelinha e ao mesmo tempo ocupar a direção. Um ciclo iniciado com a grave dissensão de Ferry Porsche e Ferdinand Piëch, em 1972, conseguia chegar a seu fim?

Cada vez menos esporte, cada vez mais esportivo

Nos anos 2000, a Porsche lançou um sedã de quatro lugares com alto nível de desempenho. Facel Vega, Iso, Maserati, BMW e Mercedes já o haviam feito, com graus variáveis de sucesso. O nome escolhido, Panamera, seguiu a mesma tendência de seus antecessores ao se basear no nome de uma corrida.

Em 1952, o onipresente Max Hoffman, ao saber que Studebaker pretendia lançar sedãs compactos, sugeriu a Porsche projetá-los. Ferry e Rabe levaram o 359, protótipo de quatro lugares derivado direto do 356, como "cartão de visitas". Hoffman ficou bastante aflito: o comportamento em estrada beirou o lamentável. A surpresa desagradável cedeu lugar a uma agradável: a Studebaker aprovou a Porsche depois de uma voltinha no 359, pois os seus diretores tinham sérias limitações no conhecimento de automóveis. Karl Rabe produziu dois sedãs médios de quatro portas, o Tipo 542, com motores V-6 de 3,54 litros, com arrefecimento a ar (542L, de Luft, com 95 cv) ou água (542W, Wasser, com 106 cv), ventoinha axial como no motor Fuhrmann, válvulas operadas com balancins, virabrequins de aço forjado e opção de uso de ferro-grafite moldado em esferas, muito avançado para a época. Seguia a doutrina Porsche, com arquitetura superquadrada com baixa rotação. Dessa vez a recepção foi fria; apenas um engenheiro, John Z. de Lorean, ficou muito animado. O triste estado das finanças da Studebaker não permitiu prosseguir o projeto. Provavelmente seria um fracasso no mercado americano, mergulhado na "guerra dos cv", com verdadeira ojeriza por sedãs médios. Asfixiou excelentes carros: Aero Willys, Henry Jr. e Hudson Jet, na mesma faixa do 542, por falta de compradores.

O 356 de quatro lugares.

Outros modelos de quatro lugares projetados pela Porsche para a Volkswagen alcançaram a fase de protótipo, assim como, nos anos 1960 e 1970, os modelos do 911 e do 928; permaneceram nesta fase por temor à reação da Daimler-Benz. Um americano encompridou a carroceria monobloco do 911 e acrescentou mais duas portas dianteiras, conseguindo um quatro-lugares de proporcionalidade invejável. A fábrica reprovou o desenho.

A casa Porsche era o único fabricante realmente independente de grandes grupos. Acumulou sucessos incomparáveis com o Centro Tecnológico de Consultoria e Projetos expandido em Weissach. Venceu preconceitos e deixou de ser vista como manufatureira de veículos esquisitos. Criou um dos objetos de consumo mais idolatrados no mundo inteiro. Os membros da dinastia continuaram mergulhados em dissensões, rivalidades e acordos cambiantes.

Panamera, um negócio da China (28 de abril de 2009)

A Porsche atiçou o interesse da imprensa no quatro portas, em 2007.

Panamera, esperança gestada na administração de Wiedeking, foi lançado quase alheio à crise econômica que atualmente assola o mundo ocidental, em um local distante: Xangai.

A indústria local chinesa apresentou muitos carros-conceito. Podemos ilustrar, paradigmaticamente, com a Geely, cujo diretor se intitula o novo Henry Ford. Mostrou plataformas para vinte veículos diferentes: algo que a General Motors nos anos 1950, nem tampouco a Toyota de hoje, jamais fizeram.

Genebra era o local escolhido para o lançamento do Panamera. A visão do gigantesco crescimento dos mercados asiáticos – especialmente a China –, com uma classe rica em ascensão, criou uma opção, adotada incontinente. Panamera, como Marco Polo, iniciou sua fama em Xangai e foi o produto mais visitado e esperado. Afinal, no ano-fiscal de 2008 as vendas da Porsche para a Ásia duplicaram, calculada em 8.190 carros, enquanto que o mercado na Alemanha – sempre o mais pujante – havia diminuído em 5 por cento. Para saber o significado disso, comparemos com as cifras no Brasil – poucas centenas – e com os Estados Unidos em crise eco-

O Panamera, finalmente: por 150.000 dólares.
À direita: o primeiro prospecto – um cauteloso carro de sua época.

nômica, com números sempre descendentes. A Porsche esperava fabricar pelo menos 20.000 Panameras – o *break-even point* normal na indústria para automóveis de nicho. Declarações óbvias, anódinas, quase que platitudes emitidas em nome de Wiedeking, diziam que a Porsche buscava presença mais forte e novas oportunidades de mercado na China e Oriente Médio. Estilo *low profile* incoerente com o ritmo excitado do diretor onipresente, quase com o dom da ubiquidade em todos os lançamentos da Porsche através do mundo, um autêntico *globe-trotter*. Observadores externos (da imprensa e de outros comentadores) ficaram com suspeitas dignas de um Hamlet, de que havia algo de podre no reino da dinâmica Porsche. Outros diretores representaram a Porsche, ostensivamente substituindo o diretor-geral. Um deles, Klaus Berning, vice-presidente executivo para vendas e marketing, falou de um modo um tanto vago e cauteloso. Sob a luz intensa dos refletores chineses, com um cartaz branco contendo inscrições bilíngues, ficou pouco à vontade para dizer que "estamos entrando em um segmento de mercado completamente novo em relação aos consumidores com os quais estamos acostumados e, ao mesmo tempo, estamos expandindo de modo consistente nosso *portfólio* de modelos". O mercado não era novo em si, dadas as vendas anteriores; haveria algo "completamente novo" ocorrendo nos bastidores? Consumidor rico é consumidor rico em qualquer lugar do mundo; por isso o Porsche tem penetração. O que a Porsche "não estava acostumada" deveria se situar em outros terrenos. Insistir que o Panamera era um "produto consistente com o *portfólio*" deixou implícito que alguém achou que não era.

Se a China vai economicamente muito bem, lançar um produto de altíssimo luxo que não dá nenhuma bola para consumo de combustível era um fato naturalmente sujeito a críticas em uma Europa que se sente às portas da pobreza. Wiedeking não tem culpa pela crise econômica geral, mas acabou se inserindo na mesma mentalidade que a criou; será responsabilizado por aplicar rios de dinheiro – que havia ajudado a ganhar – que poderiam ser reservas em tempos de vacas magras. E rios de dinheiro que não tinha, em um palpite infeliz.

À direita: o Panamera, nome derivado de "panamericana", surgiu em um protótipo de 1989 e foi dado de presente a Ferry em seu 80º aniversário. Embaixo: está no museu, perto do Tipo 754-7.

No alto: Walter Röhrl.
Embaixo: Wolfgang Dürheimer.

Poucas empresas automobilísticas têm uma equipe de propaganda como a Porsche. No entanto, estes profissionais, de resto tão competentes, resolveram enfatizar que o Panamera subiu vinte e tantos andares, de elevador, quase raspando a carroceria nas paredes, para ser exposto. Uma boa metáfora para a situação da empresa. Outra vantagem do Panamera lembrou a prática bastante conhecida dos jovens e de outras pessoas com pouco dinheiro, cujos tanques de combustível estão sempre mais perto do vazio do que de qualquer outra coisa. O Panamera possui um sistema que desliga o motor quando ele não é necessário, como nas paradas nos semáforos: o fato de economizar combustível e reduzir emissões é mais alardeado do que seus motores V-8. Versões de seis cilindros e motores híbridos estavam sendo preparados em Weissach.

Embora ainda carecesse de testes definitivos, não parecia faltar nenhuma capacidade de desempenho neste novo Porsche: 100 km/h em 4 segundos, 303 km/h de velocidade máxima. Como o Cayenne, acompanhava qualquer carro esporte. O veteraníssimo engenheiro e piloto Walter Röhrl, que trabalhava na Porsche desde o 356, uma das molas-mestras do 959, 993 e 967, citado na revista *Sportauto*, levou o Panamera Turbo de 500 cv e tração nas quatro rodas para fazer a volta no Nordschleife, o antigo circuito de Nürburgring. Conseguiu o tempo de 7 minutos e 56 segundos. Até então, o Cadillac CTS-V sedã, de 556 cv, era o campeão nesta classe, com 7:59.32; o esportivo Corvette ZR1, que mantinha o título de automóvel de produção mais veloz neste circuito, obteve 7:26.4, seguido bem de perto pelo Nissan GT-R, com 7:26.7.

Wolfgang Dürheimer, o outro vice-presidente executivo da Porsche, da área de Pesquisa e Desenvolvimento, membro da Comissão de Supervisão da empresa em um cargo de chefia, igualmente desajeitado sob a luz dos refletores, parecia fazer um papel que não era seu. Deu declarações técnicas:

> A tarefa crucial de nossos engenheiros foi combinar o DNA esportivo do Porsche com espaço e conforto de dirigir típicos de um sedã luxuoso. O Panamera é um conceito de carro alternativo para o consumidor *premium*, competindo com veículos bem estabelecidos. Será o líder do segmento em termos de desempenho, dinâmica ao dirigir e eficiência.

Quer dizer, o Panamera promete ser o que o Cayenne foi no segmento SUV. Outra presença no Salão de Xangai foi Wolfgang Porsche, que também parecia estar pouco à vontade.

Após bons negócios na China, todos os operários e empregados administrativos da Porsche entraram em greve, revoltados – aparentemente – contra a reviravolta. Teriam que se inserir dentro das diretivas da Volkswagen. Uwe Hueck voltou à carga de entrevistas e ameaçou ao dizer que as filosofias de trabalho eram tão diversas que teriam apenas uma alternativa: o fim da Porsche. Apenas o tempo dirá se há verdade nesse sombrio vaticínio.

Fim da administração de Wiedeking

Em 23 de julho de 2009, a Porsche anunciou a saída de mais um de seus diretores. Como indenização, foi combinado o valor de 199 milhões de dólares. E também declarações honrosas: em vez de ter sido despedido, ele teria "deixado seu lugar, para não se constituir em impedimento para a fusão com a Volkswagen – algo que desaprovou até o fim".

Wendelin Wiedeking havia transformado a Porsche na empresa automobilística mais lucrativa do mundo durante uma década. Trabalhou, ao todo, por quase dezoito anos nos tempos em que fazer automóveis passou a significar prejuízo (na maioria das empresas) ou, na melhor das hipóteses, lucros marginais (como o caso da Ford) ou presunção de lucros para o futuro (como no caso da Hyundai). Foi o responsável pela manutenção da independência da Porsche, que estava seriamente ameaçada – caso único e isolado em todo o universo automobilístico da virada do milênio. Talvez tenha sido uma pena o fato da sua saída ter sido traumática, revertendo e manchando uma carreira que, durante algum tempo, havia sido excepcionalmente bem-sucedida.

Quem poderia ocupar a função de Wiedeking? Com uma rapidez previamente combinada, assumiu o engenheiro Michael Macht, diretor de logística e produção. Apesar de seu nome, que significa "poder" ou "força" em alemão, garantiu alguma serenidade nesse tempo turbulento. Macht, de aspecto e contato afável, já era empregado da Porsche durante a época em que Wiedeking assumiu a direção. Sua carreira foi patrocinada por Wiedeking; os dois têm treinamento profissional semelhante. Macht, jamais visto como ousado, parece constituir a possibilidade de pacificação de um ambiente de trabalho mais turbulento do que os gases de escapamento dos motores Porsche a combustão.

Michael Macht.

A conclusão do capítulo Wiedeking na Porsche é impactante, mas não surpreendente. Os rendimentos que acumulou justificariam folgada aposentadoria, embora sua competência dificilmente o deixará sem emprego. Enfrentou dificuldades pessoais consideráveis: depois de dois meses de sua dispensa, autoridades judiciais alemãs introduziram inquéritos policiais sobre possível manipulação de mercado acionário e uso de informações privilegiadas para instrumentar processos legais.

Esses difíceis episódios que cercam o final de nossa história esbarram nos mesmos problemas éticos que mancharam a memória de Ferdinand Porsche, ao escorregarem para conotações políticas. Será inevitável que isso ocorra, quando quantidades de dinheiro elevadas estão em jogo? A imprensa mantém seu hábito de irritação já tradicional com Ferdinand Piëch, decorrente de uma visão de julgamentos. Tem debitado o final do processo em um "ajuste de contas" rival. Estes componentes emocionais, de todo dispensáveis, tiveram seu papel nos eventos que se passaram e não podem ser vistos como irrelevantes.

Mais simples e prosaica talvez seja a explicação baseada na tradição histórica das famílias Porsche e Piech: dispensam diretores incapazes de dar lucros à empresa. Quando capazes de elevar rendimentos, foram dispensados quando as dívidas ultrapassavam a receita; dispensados sumariamente, quando lucros ficaram mais raros do que água no deserto, como nos casos de Ernst Fuhmann e Peter Schutz. Isso implica na extinção do negócio. Tanto Wiedeking e Wolfgang Porsche como Piëch estavam trabalhando com a ideia de que alguma extinção era uma finalidade inexorável. Algum tipo de aquisição, independente do sentido (Porsche englobando Volkswagen, ou vice-versa) teria que ocorrer. Se a sugestão de Ferdinand Piëch de constituir um império familiar moldado segundo a tradição Rotschild é válida, o desfecho da Era Wiedeking está dentro da tradição da casa. Ainda é impossível saber se uma teoria do testa-de-ferro é válida ou não.

Em agosto de 2009, finalmente os livros fiscais e os balanços da Porsche foram conferidos, após a exoneração do doutor Wiedeking e sua equipe. Deixou um problema não apenas emergente, mas urgente, a ser enfrentado pelas famílias Porsche e Piëch: a intensa carga de débitos assumida pela Porsche. Apesar das declarações de Ferdinand Piëch, acarretou, irremediavelmente, um rebaixamento no perfil de crédito da Volkswagen. Será que os herdeiros da dinastia terão que apelar ou, quem sabe, esvaziar seus próprios bolsos? A Volkswagen acumulou reservas econômicas, mas o estado geral das finanças mundiais, e no mundo do automóvel, já danificara seu perfil de crédito. A decisão das duas famílias e da direção da Volkswagen de colocar a Porsche como mais uma subsidiária da VAG fez com que a agência Moody revisse para baixo o índice da VAG, até então colocado como nível A3, em função dos débitos assumidos pela Porsche. Revisão não definitiva: outros graus de rebaixamento podem se seguir.

A VAG continua sendo o maior fabricante de automóveis da Europa. No final de julho, elevou o capital em 4 bilhões de euros, ou 5 bilhões e 700 milhões de dólares para comprar a Porsche – cerca de 40 por cento do débito bruto, até pouco tempo secreto, assumido pela equipe de Wiedeking. Conclui-se: a Volkswagen está executando planos para comprar o negócio de carros esporte da Porsche do modo mais rápido possível e precisará continuar a reforçar seu capital.

"Minha outra empresa é a Porsche" (13 de agosto de 2009)

Durante muitos anos, os americanos inventaram uma moda que pegou no resto do mundo: adesivos com dizeres espirituosos, bem-humorados e por vezes irônicos, colocados nos para-choques ou nos vidros dos automóveis. Iniciava-se a Era dos *Bumper Stickers*. O ápice ocorreu nos anos 1970; quase nenhum carro trafegava sem algum adesivo. Era a época do *flower power*, ideologia que pregava paz e amor, promovida pelos *hippies*. *Bumper sticker*, um acessório barato, ficou popular; o *bumper sticker* mais popular dentre os proprietários do carro mais popular do mundo, o Volkswagen, trazia os dizeres: "Meu outro carro é um Porsche".

Certamente, seu inventor jamais poderia imaginar que os dizeres bem poderiam se tornar uma bandeira para a Volkswagen, se pudermos lidar com o desastre com bom-humor. A Volkswagen poderia colocar como título do plano divulgado em agosto: "Minha outra empresa é a Porsche".

A Volkswagen e a Porsche, cujos nomes oficiais são respectivamente Volkswagen AG e Porsche Automobil Holding SE, representadas por seus respectivos comitês de supervisão e pelos proprietários da Porsche, decidiram, em reunião oficial, iniciar o plano de estrutura de um novo grupo automobilístico.

O plano, assinado pelo Conselho Supervisor da Volkswagen, denominado "Acordo Compreensivo para um Grupo Automobilístico Integrado com a Porsche", é uma estrutura de transação em várias etapas a ser completada no ano de 2011. As partes comprometeram-se a preservar a base financeira sólida da Volkswagen e a independência da Porsche; a manter alto crescimento, ganhos e sinergia, acompanhados de segurança de emprego para todos os trabalhadores.

Vamos resumir a ata: descreveram-se detalhes sobre como será a aquisição da Porsche pela VAG, decidindo-se que 40 por cento da nova empresa deverá ficar como propriedade das duas famílias, embora o alvo se situe nos 50 por cento. As duas famílias concordaram em deixar explícito quais serão os direitos de todos os outros acionistas que cheguem a juntar pelo menos 20 por cento de ações: ninguém das famílias Porsche e Piëch vai dar qualquer importância a quaisquer contestações jurídicas e intergovernamentais da Comissão Econômica Europeia que possam vir acontecer. Essas instituições, ainda um tanto teóricas, continuam em desacordo com a Lei Volkswagen, de jurisdição apenas nacional. Isso implica que a nova empresa está claramente de acordo com o governo da Baixa Saxônia manter seus 20 por cento, a segunda posição acionária, incluindo direito de veto minoritário. Se esse veto poderá ser exercido por outro eventual grupo, é assunto a ser discutido.

Ficou resolvido que a Volkswagen assumiria, até o final de 2009, 42 por cento da Porsche AG. Ao mesmo tempo, os donos-acionistas da empresa de comércio de automóveis Porsche Holding Salzburg cederiam sua posse para a Volkswagen. A finalidade, expressa no plano, é a fusão da Porsche SE com a Volkswagen, a ser completada em 2011. Explicita o documento: "...requer a aprovação de todos os acionistas das duas companhias".

O presidente do Conselho da Volkswagen, Martin Winterkorn, uma espécie de lugar-tenente de Ferdinand Piëch, fez uma declaração final pomposa e com pretensão histórica, mas sem aprender as lições da história:

> Volkswagen e Porsche levaram a cabo o passo decisivo em direção a um futuro conjunto. Somos um grupo que dispõe de dez marcas fortes e independentes; vamos expandir ainda mais nossa posição global, que já é única. Ainda mais do que antes, dispomos daquilo que é necessário para nos tornarmos o número um da indústria automobilística. Integrando-se à Porsche, a Volkswagen está prosseguindo de modo sistemático sua estratégia multimarcas. Sob o guarda-chuva do grupo integrado, novas oportunidades de crescimento para a Porsche surgirão. Seguindo conversas construtivas, che-

gamos a um acordo que soluciona e reflete os interesses de todas as partes envolvidas. Estou convencido de que o desfecho desta integração vai resultar nos melhores veículos para nossos consumidores, segurança de emprego e a criação de um valor a longo prazo para nossos acionistas.

Os termos não foram usuais. A tradição das declarações públicas das empresas alemãs é mais anódina. Fez um tipo de propaganda triunfalista, distribuiu alfinetadas sutis no grupo que havia saído e depreciou outros fabricantes. Seria tal ato qualificável como pura fanfarronice? O final do discurso apregoou uso de uma lógica estratégica racional, proposições financeiras atraentes e responsabilidade social; implícito estavam o fato de que nada disso ocorria anteriormente.

Transformando o acordo em números prospectivos, se todas as sinergias derem certo e o mercado puder continuar a crescer, o grupo terá vendas de 6,4 milhões de unidades, construídas por 400.000 pessoas. Isso é possível, pois o lucro operacional anual da VAG, nestes tempos de recessão gravíssima, chegou a 700 milhões de euros. A Volkswagen foi a única empresa que conseguiu tal resultado; e não necessitou de nenhuma verba pública.

O doutor Winterkorn, semelhante ao pensamento de Ferdinand Piëch, ainda expressou que, em termos de presença no mercado global, abrangência dos segmentos de mercado, tecnologia e inovação, poder de compra global e base de manufatura, o grupo estaria em posição privilegiada. Enfatizou que o relevo excepcional e único da Porsche, uma espécie de perícia técnica e lendária (o termo usado na versão em inglês do documento foi *legend*), iria incrementar o valor da família de marcas da Volkswagen. Os produtos são complementares, e adicionar a Porsche capacita a Volkswagen de uma expansão significativa no segmento de mercado de elite (*premium*). O acréscimo do Centro de Desenvolvimento de Weissach vai incrementar ainda mais a liderança inovadora do grupo. Além disso, a integração da Porsche Holding em Salzburg, que sempre foi altamente lucrativa, vai reforçar ainda mais as atividades de distribuição do Grupo Volkswagen: fincado em treze estados do leste e em cinco do oeste da Europa, e também na China, sua experiência em vendas no atacado já constituiu uma parceira para o sucesso da Volkswagen. A independência da Porsche no grupo integrado seria salvaguardada, alinhada com o aprovado modelo descentralizado de administração da Volkswagen. Como no caso da Audi e de outras marcas bem-sucedidas do grupo, a Porsche vai manter sua identidade e usufruir de sua nova condição de membro do grupo integrado. Os representantes dos empregados da Porsche terão a oportunidade de participar das eleições para o Conselho de Supervisão da VAG assim que a fusão for concluída. O doutor Winterkorn prometeu que as vendas da Porsche, em termos de unidades, serão incrementadas de um modo substancial. Disse que a empresa desejava escrever um novo capítulo na história de um crescimento sustentável que ajudaria na salvaguarda de empregos de alta qualidade na Alemanha. No longo prazo, vai criar novos empregos.

O valor da Porsche, após uma devida conferência e avaliação, foi fixado em 12,4 bilhões de euros. Os 42 por cento que deverão ser adquiridos pela Volkswagen equivalem a 3,3 bilhões de euros. Para conseguir este dinheiro, a Volkswagen não iria tocar em nenhuma reserva, mas pretendia lançar novas ações no mercado durante os primeiro semestre de 2010 – se os acionistas aprovarem a medida e se o Emirado do Qatar assumir a função de terceiro maior acionista. Restam muitas dúvidas neste acordo.

A operação de distribuição da Porsche Holding Salzburg, maior empresa do ramo na Europa, com 474.000 unidades vendidas em 2008, foi avaliada em 3,55 bilhões de euros. O acordo previa a manutenção da empresa em sua forma atual até 2011, com representantes de membros das duas famílias ocupando funções diretivas, sem alterações. Trocando em miúdos: as famílias Porsche e Piëch vão usar o dinheiro proveniente da venda da Porsche Holding Salzburg (criada em 1948 para proteger Louise Piëch) para aumentar o capital (em ações ordinárias e preferenciais) e assim obter alguma melhoria na lamentável situação financeira da Porsche. O aumento do capital vai se fazer sem que os herdeiros da dinastia Porsche precisem, como diz o ditado popular, enfiar a mão no bolso, mas vão precisar renunciar a parte de seus direitos nas decisões da empresa.

Os membros da dinastia Porsche continuarão sendo os maiores acionistas da Volkswagen, com o uso das contribuições de Wendelin Wiedeking, Wolfgang Porsche e equipe, que totalizam 50 por cento das ações. O estado da Baixa Saxônia vai continuar sendo o segundo maior acionista da Volkswagen, com direito ao veto de minoria. Além disso, a Baixa Saxônia estará explicitamente citada nos artigos legais da associação das duas empresas e do novo grupo e terá o direito de indicar dois membros para o Conselho de Supervisão. Outra provisão é a oportunidade de investimento substancial para empregados do grupo automobilístico integrado no mundo inteiro. Esta participação dos empregados será regulamentada pelos conselhos dos empregados da Volkswagen e da Porsche. Isto lembra totalmente as iniciativas de Heinz Nordhoff em 1961.

Definir tal ocorrido como fusão é um eufemismo. O acordo cuida de uma absorção da Porsche, que hoje em dia é dona de um pouco mais do que 50 por cento da Volkswagen, com opções para algo em torno de 25 por cento. Ao mesmo tempo, acabou criando um gigantesco débito e não conseguiu terminar o que havia começado. Até hoje não se sabe se o Qatar vai comprar as opções futuras da Volkswagen. As quantias eventualmente envolvidas têm sido mantidas secretas.

O preço das ações da Volkswagen estava em 226 euros, o equivalente a 323,02 dólares quando a declaração do plano de integração foi publicada. As ações da Porsche Automobil Holding SE, bastante deprimidas, conseguiram um aumento de 1,5 por cento (44,60 euros) no mercado em Frankfurt.

Um olhar sobre o passado e estimativas para o futuro

Engendradas pela equipe do doutor Wiedeking em nome do crescimento e da independência, maquinações financeiras que geraram uma aquisição tipo "pulga comeu elefante", com armas transnacionais, criou uma verdadeira guerra antigovernamental, com aliados na Comissão Econômica Europeia; a crise econômica mundial agiu como aliado traiçoeiro. Para funcionar, a curto prazo só no berro, como a

Blitzkrieg; a longo prazo, criou imenso buraco econômico e administrativo. Talvez uma conclusão possa se basear no ditado popular que diz que quanto maior a árvore, maior o tombo. Como Ferdinand Porsche, o doutor Wiedeking foi recepcionado e adulado por autoridades. Acostumou-se a frequentar ambientes de elites; mas não das "divindades". Seguir o Princípio de Davi no mundo cheio de Golias pode ser difícil; talvez impossível.

A história da Porsche mostra exemplos da história corporativa, que acontecem tanto como sucessos ou tragédias; mas se repetem como farsas. Wendelin Wiedeking conseguiu entrar na mística Porsche, algo que é meio arriscado, justamente pelo componente místico. Mas não podia entrar no legado, na família; ensinamentos de história corporativa precisam incluir história das personalidades, além da técnica. Ousar comprar a Volkswagen agindo como um *corporate raider* mostrou coragem; mas os limites entre coragem e temeridade são tênues. A caça virou caçador.

Consequências quase tão lamentáveis como o suicídio do senhor Merckle não param de acontecer. Em junho, denúncias formais e reclamações dirigidas ao órgão institucional encarregado da regulamentação do mercado financeiro, BAFIN, relatavam a manipulação fraudulenta de informações em todo o processo de aquisição de ações e nomeava especificamente Wiedeking e sua equipe. Por lei, o BAFIN teve que divulgar minucioso exame da movimentação do valor de ações da Volkswagen no mercado financeiro; em julho, investidores no mundo inteiro ficaram sabendo que a Porsche era proprietária de um pacote que incluía 50 por cento de opções de ações preferenciais da Volkswagen já vendidas ao Emirado do Qatar. A polícia alemã, acompanhada por promotores públicos chefiados por Claudia Krauth, invadiram a sede da Porsche, em Stuttgart-Zuffenhausen, e levaram todos os computadores da área financeira. O porta-voz da Porsche negou parte das afirmações da imprensa e esclareceu que "Wiedeking e Härter estavam suprindo os promotores de todas as informações solicitadas por estarem de acordo com a investigação".

Seguiu-se uma verdadeira onda de fúria entre investidores no mundo inteiro. No início de agosto, Henning Gebhardt, diretor da empresa DWS, a maior investidora institucional alemã, exigiu ações do governo alemão e afirmou para o *Financial Times*:

"É urgente mudar as leis na Alemanha quanto a manter segredo no mercado do opções. Desde o ano passado conversei com o ministro das Finanças, que afirmou que o governo vai fazer alguma coisa. Ainda estamos esperando que isto ocorra". Muita água vai correr nestes processos; se a ex-diretoria da Porsche poderia não ter base ética, tinha base legal para fazer o que fez. "A pressão para vender ficou insuportável. Muito apertada, a bolha nas ações da Volkswagen vai continuar por muitas semanas".

A investigação mostrou a origem da oscilação séria no valor acionário da Volkswagen na bolsa de valores. Ainda em agosto, coincidindo com a divulgação do plano de aquisição da Porsche, as ações caíram 40 por cento, o equivalente a 144 euros, um dos valores mais baixos de sua história. No total, significou a diminuição de 20 bilhões de euros como valor de capitalização da empresa. Para se ter uma ideia do desastre: o valor atual de todas as ações da BMW é menor do que isto, o que explica a pressa na elaboração e divulgação do plano. Como uma ação VAG valia, em novembro de 2009, 110 euros, ainda não deu certo. Em 2010, oscilou entre 70 a 100 euros.

A Volkswagen acabou sendo a empresa que mais ganhou com os incentivos governamentais para a renovação da frota automobilística, criados como parte das medidas para lutar contra a recessão industrial de 2008 e 2009. Analistas financeiros previam que a situação podia piorar muito quando estes incentivos terminassem. Previsões de financistas não estão exatamente em alta, e a ideia pode ser tomada com reservas, como todas as ideias de previsão em qualquer campo.

Famílias poderosas geralmente têm vidas paradoxais, felizes e muito sombrias. As riquezas imateriais das pessoas produzem, se as contingências externas forem favoráveis, as riquezas materiais. Riquezas materiais são fáceis de serem percebidas, mas as imateriais podem ser vistas apenas nas tendências artísticas, científicas e tecnológicas, a aplicação prática da ciência.

As famílias Porsche e Piëch se notabilizaram, como poucas, por suas riquezas e habilidades tecnológicas em engenharia, projeto e administração. Aproximaram-se dos misteriosos poderes da criação humana.

Enfatizamos a importância que Ferdinand Porsche conferia à sua família e o modo cuidadoso que tentou criar seus dois filhos. Se esta família não foi exatamente genial, tem sido notavelmente criativa. Outras consequências da fascinação grupal que a criatividade exerce, criando ramos nesta família – admiradores, seguidores e até mesmo fanáticos –, têm sido enfocadas pelos estudiosos da mente humana. Paradoxalmente, trazem sensações de felicidade a todos os envolvidos, e também intenções ligadas à apropriação ávida e invejosa, de efeitos destrutivos. O legado e a dinastia automobilística Porsche cresceu e cortejou a falência em pelo menos cinco ocasiões ao longo de oitenta anos, no envolvimento com o governo nacional-socialista; no desaparecimento de Heinz Nordhoff; e no final das administrações Fuhrmann, Bohn e Wiedeking, o que dá uma média de uma a cada quinze anos. Consequências destrutivas ocorrem também entre os membros naturais destas famílias poderosas, e o mesmo ocorre com os filhos de pais geniais e criativos. Diz-se que os pais constroem, os filhos usufruem e os netos destroem. No caso da Porsche não foi assim: a família cresceu, se multiplicou e aumentou sua riqueza e seu poder. Sempre houve algum membro da família que supervisionava tudo.

A independência perdida é relativa: as famílias Porsche e Piëch acabaram ficando virtuais donas da Volkswagen. Não surpreende a defesa que a empresa está fazendo das atitudes de Wendelin Wiedeking. Provavelmente ela contém aspectos de gratidão, além de outros fatores mais objetivos, ainda desconhecidos. Ninguém sabe que surpresas o futuro pode proporcionar.

Em junho de 2010, a Volkswagen – leia-se Ferdinand Piëch – desembolsou 5,8 bilhões de dólares para comprar 49,9 por cento da Porsche, coisa que havia negado a Wiedeking. Em 1º de outubro, um funcionário da Volkswagen e fiel colaborador de Ferdinand Piëch assumiu a direção da Porsche: o engenheiro Matthias Müller, de 57 anos, natural de Chemnitz – a cidade onde nasceu o DKW, na Alemanha Oriental. Michael Macht, agora com 49 anos, obteve justo *upgrade*: membro da Diretoria da VAG. Wolfgang Porsche elogiou publicamente as medidas de seu primo: "Matthias Müller garantirá nossa integração, mantendo e expandindo a posição máxima da Porsche na VAG". E fez um agradecimento: "Michael Macht se desincumbiu da liderança da Porsche em um período crucial, com habilidade e enorme experiência, restabe-

À esquerda: atual diretor-geral da Porsche, vindo da Volkswagen, Matthias Müller. À direita: a alegria e a paz voltaram à empresa, fato atestado por Jens Torner, cujo trabalho integra a história e o cotidiano da empresa.

leceu solidamente nossa companhia, em curto tempo". A paz estava feita, não faltando sequer o supremo beneplácito de Uwe Hück: "Desejo o melhor para Michael Macht na Volkswagen. Sei que nós, na Porsche, estaremos perto dele, que vai continuar a utilização plena de nossas fábricas em Zuffenhausen e Leipzig. A partir de inúmeras conversas que tenho tido com Matthias Müller, sei que ele vai manter a posição única e independente da Porsche no futuro [...] é o homem certo para representar nossa força de trabalho. Vamos lhe dar nosso apoio total. Já o percebemos como um "homem da Porsche", que nos capacitará a dar aceleração total na fábrica..."

Para comemorar tudo isso, a Porsche lançou o terceiro Speedster de sua história, na série 911 (ou 997/2).

O sonho de Ferdinand Porsche, a união da Porsche e da Volkswagen sob o comando da Porsche, acabou valendo, como diria o poeta, para uma noite de verão. Ferry Porsche teve vida mais longa e ainda mais produtiva – mas não criativa – do que seu pai; e tinha também alguns sonhos, que de vez em quando viravam pesadelos, como a absorção da Porsche pela Volkswagen. A grande ironia desta história é que o sonho de Ferdinand e Ferry Porsche foram realizados por Ferdinand Piëch, com quem Ferry jamais se entendeu.

A saga da Porsche continua, assim como a dinastia.

CAPÍTULO 15
O 356 E O 911

"Dirigindo em sua forma mais pura". Esse era o lema da Porsche na época de ouro de seus produtos. Honesto, pois o comprador do 356 tinha exatamente isso, acabou sendo substituído por uma expressão que dizia a mesma coisa: "A essência da direção". Se o mito Porsche, em relação à pessoa de Ferdinand Porsche, foi erigido cuidadosamente com instintos comerciais, o mito Porsche surgiu por paixão e respeito a produtos honestamente benfeitos. O modelo 356 era poderoso, fundamental instrumento para manutenção comercial da marca, extraordinariamente elevado por vitórias sem rival em competições, e possuía desenvolvimento tecnológico que proporcionava pura satisfação a seus donos. Independente de moda ou propaganda, podia contar apenas com a divulgação boca a boca, fruto dos elogios de seus proprietários.

Até os anos 1970, nenhum Porsche era o mais rápido; nem o mais veloz; nem de estilo estonteante ou moderno; nem o mais econômico; ou o mais estável; ou com equipamentos auxiliares e acessórios deslumbrantes. Ferrari, Jaguar, Maserati, Aston Martin, Corvette e outras grandes marcas alcançavam o status de supercarros que o Porsche não tinha, pelo menos até o lançamento do Turbo e do 959.

Mas o Porsche conciliava todas essas qualidades como nenhum outro, com uma vantagem que até hoje nenhum deles conseguiu. Nenhum outro carro clássico permaneceu tanto tempo no mercado como o Porsche. Cerca de um terço da produção total do 356 ainda está rodando. O dado impressiona não apenas pela proporção total, meio século depois, mas porque boa parte deles foi usado, abusado e outras coisas mais, em competições de todos os tipos. Por causa disso, é dificílimo comprar um Porsche com baixa quilometragem. Quais seriam os carros projetados nos anos 1930, como o 356, que ainda estão rodando em condições de igualdade no tráfego moderno? Poderíamos citar exemplos de "burros de carga", como o Chevrolet de seis cilindros Stovebolt, base do nosso Opala, o Hindustan (um Morris dos anos 1950). Os Porsches de Stuttgart, agora construídos industrialmente, ainda que com cuidado artesanal, não eram lançados anualmente.

Os Porsches 356 eram lançados sem seguir temporada; em qualquer mês do ano, ditado por aperfeiçoamentos mecânicos ou de carroceria, no decorrer de um ano, provenientes das necessidades observadas em competições automobilísticas.

Este capítulo mostra um aroma do legado automobilístico de Ferdinand Porsche nos modelos 356, 911 (reeditado várias vezes depois de 1989), 912 e 914. Os modelos 924, 928 e 966, da época Fuhrmann, não são considerados legados de Ferdinand Porsche e merecem um volume à parte. Vamos nos deter, em termos de especificações técnicas, apenas nos modelos finais e mais desenvolvidos das séries 356 e 911.

Um fruto do perfeccionismo suábio: a maravilhosa linha 356

Max Hoffman, empresário de origem austríaca que lançou o Porsche nos Estados Unidos, ficou surpreso quando seu patrício Ferry confessou um desejo: colocar cinco carros por ano naquele mercado. Hoffmann não se interessava em nada menos do que dez carros por mês! Cada unidade era muito cara: um Porsche conversível, de 1,3 litro, custava mais do que um Cadillac de 5 litros e motor V-8.

Mas Hoffman apresentou o Porsche como uma joia, uma propaganda honesta. Cada motor levava a assinatura do mecânico que o havia montado na região alemã da Suábia, onde se localiza a cidade de Stuttgart, caracterizada há centenas de anos pela habilidade e desenvolvimento na fabricação de verdadeiras joias mecânicas de precisão.

A quantia de 77.000 joias mecânicas intituladas Porsche 356, fabricadas durante dezessete anos de paz e prosperidade crescente, deixaram no pó da história o indizível sofrimento do povo alemão. O Porsche 356 apresentou uma razoável gama de modelos e nove tipos diferentes de estilo de carroceria. Teve denominações que não eram apenas combinações de números e letras, como o Continental, exclusivo para o mercado americano durante o ano de 1955, ou o America Roadster, também durante apenas um ano, em 1952. O nome Speedster é sobejamente conhecido; houve apenas um cupê (chamado na época, informalmente, de "baratinha") e cinco conversíveis. O número do carro, 356, corresponde ao sistema de classificação da Porsche; um tanto confuso e aleatório, mas que funcionava.

À esquerda: as joias mecânicas da Porsche, em 1936. No centro: linha de produção em Stuttgart-Zuffenhausen. À direita: restauração no Museu Porsche.

1951: 356 Pré-A cupê, com vidro dianteiro bipartido e lanternas traseiras retangulares, geralmente sem grades dianteiras.

Podemos adotar três critérios de classificação complementares para o Porsche 356, que possibilitaram tornar possível a identificação com facilidade do modelo na rua, na exposição ou, quem sabe, durante a compra. Os porschistas de longa data podem achar divertido ler mais uma vez sobre o assunto de seu interesse, nem que seja apenas para tentar descobrir algum engano do autor! As três classificações possíveis são: Tipos da Fábrica, Tipos de Carroceria e Tipos de Motor. Caberia também discriminar as transmissões e suas modificações, mas isso não é um fator de identificação, a não ser para os restauradores. Vamos começar com os Tipos de Fábrica, classificados como 356, 356 A, 356 B, 356 C e 356 SC.

Todos tiveram suas variantes Carrera, cujo capô traseiro até 1958 tinha mais ranhuras de ventilação e um escapamento único. Prontos para correr e vencer!

Os modelos 356, 356 A e 356 B tiveram versões mais potentes, chamadas de S (nos primeiros) e S-90 (no terceiro).

A evolução do 356

Nos anos de 1950 a 1952, a carroceria dos cupês foi gradualmente aperfeiçoada ao longo dos anos. As lanternas traseiras retangulares foram substituídas por quatro circulares. Os primeiros 356 tinham o para-brisa dividido em duas peças, por problemas tecnológicos na Alemanha do pós-guerra.

Entre 1952 e 1955, o para-brisa foi dobrado ao meio, sem a divisão, mas com friso central no próprio vidro. As rodas passaram a apresentar aro 16.

À esquerda: ilustração negra de 1951.
À direita: 356 Pré-1 cupê em 1952.

À esquerda: Ferry Porsche e as lanternas em gota. No centro: o 356 A Carrera de 1937. À direita: o 356 B T-5 de 1960, à frente, e o 356 A de 1959.

Em 1956, algumas modificações foram feitas no modelo 356 A: para-brisa panorâmico curvo; janela traseira maior; drástica modificação do chassi; painel completamente remodelado, com perda do ressalto central e ganho de revestimento almofadado de segurança. E, finalmente, rodas aro 15.

Em 1957 foi feita uma mudança nas lanternas traseiras, em forma de gota, com a qual Ferry Porsche jamais se reconciliou, mas que o público adorou.

Em 1958 e 1959 o 356 A virou 356 A T-2 (a letra e o número acrescentados indicam a referência da carroceria). Como novidades, temos o cinzeiro abaixo do painel e os cabriolés com quebra-ventos. Outra mudança, muito apropriada ao gosto dos americanos, foram as garras traseiras do para-choques envolvendo os canos de escapamento. A modificação acrescentou elegância ao modelo, apesar da pouca praticidade.

Em 1960 e 1961 houve a introdução do 356 B T-5, com modificações mais radicais de estilo: lanternas dianteiras elevadas; para-choques reforçados, com garras americanizadas, maciças e de belo efeito. O capô passou a apresentar uma alça triangular alongada.

Em 1962 e 1963 o 356 B T-5 foi substituído pelo 356 B T-6, com capô dianteiro sem o contorno afilado, agora esquadriado, que provia mais espaço para a retirada do estepe, capô traseiro alargado, vidros dianteiro e traseiro consideravelmente aumentados e **grade traseira dupla**. O visual do carro se sofisticou muito.

Entre 1964 e 1966, introduções foram feitas no 356 C, que passou a ter um painel mais ergonômico, com ressalto inferior para um rádio, e freios a disco nas quatro rodas; foi o mais desejável da série SC, a mais potente.

Em maio de 1966, o modelo para de ser produzido, após de ter tido até uma série de conversíveis para a polícia sueca.

À esquerda: o 356 B-T5 cupê na imprensa brasileira, em 1964. No centro: comparações do T5 e T6 com o Roadster à esquerda e o cupê à direita. À direita: o 356 B-T5 de 1961 (branco) e o 356 B-T6 de 1962 (escuro).

Especificações do Porsche 356 SC

Fabricado: entre 1964 e 1966.
Tipos: cupê e conversível.
Cilindros: quatro.
Diâmetro e Curso (mm): 82,4 e 74.
Volume (cm³): 1.582.
Razão de compressão: 9,5:1.
Potência máxima (SAE): 105 a 5.800 rpm (95 CV DIN).
Torque máximo: 12,3 mkgf a 4.300 rpm.
Carburadores: Solex, 2 (duplos), descendentes, 40 PJJ-4.
Válvulas no cabeçote: operadas com tuchos e balancins.

Bomba de gasolina: mecânica.
Sistema elétrico: 12 volts (em 1964, 6 volts).
Transmissão: quatro marchas sincronizadas mais ré.
Pressão nos pneus: 26 (dianteira) e 28 (traseira) para direção rápida ou esportiva; 23 (dianteira) e 26 (traseira) para direção normal.
Capacidade do tanque de combustível: 52 litros, com 5 litros de reserva.
Peso líquido: 905 kg; máximo, com carga: 1.250 kg.
Velocidade máxima: 185 km/h.

Aceleração (dados da época, em km/h), partindo da imobilidade (s):

Aceleração	Tempo mínimo	Tempo máximo
0-50	3,7	4,6
0-60	4,5	5,9
0-80	7,7	9,2
0-100	11,2	13
0-110	13,9	15,9
0-130	19,0	21
0-140	25	30
0-160	34,8	41

À esquerda: duas fotos do modelo 356 SC. À direita: catálogos referentes ao cupê e ao cabriolet.

Tipos de carroceria

Podemos dividir os Porsches 356 em três grandes grupos: cupês, conversíveis e hardtops.

Grupo A – Cupês: o Porsche por excelência. Até hoje muitos porschistas fanáticos lamentam a descontinuação desse modelo em 1966. Fabricado na Reutter até 1961; vimos seu envolvimento com a Porsche. Em 1962, devido ao crescimento da demanda, a Karmann de Osnabrück também passou a fabricá-los, com diferenças sutis; a qualidade é comparável. Todos trazem orgulhosamente emblemas da fábrica que os fizeram, colocado em partes diferentes do veículo, como no batente da porta esquerda, ou no exterior, posicionado no para-lamas direito.

Grupo B – Conversíveis: os amantes do Porsche consideravam-no de segunda categoria por não se prestar tão bem para competições. Hoje são mais procurados; sempre foram mais caros e, talvez, mais divertidos. Na década de 1950, um carro de corrida era aberto, inclusive pelo peso menor. Conversíveis – ou *kabriolet*, em alemão: foram fabricados inicialmente por Reutter e Heuer. Para acrescentar uma certa confusão, a Heuer também tinha outro nome, Gläser, de 1950 a 1952. Muito caro quando novo, eram fabricados com enorme meticulosidade. Isso fez com que houvesse tentativas de diminuir seu custo, principalmente para o mercado americano: o contraste com os enormes e confortáveis produtos

À esquerda: um raro anúncio da fábrica de carrocerias Karmann. Ao centro: o 356 C conversível. À direita: o 356 A Coupe, 1958.

de Detroit sempre criavam um choque custo-benefício, o que dificultou a inserção do Porsche nos Estados Unidos, que provaria ser o mercado mais importante do 356. Até 1955, os Porsches eram admirados por poucos e não tinham importância no mercado geral dos Estados Unidos; mas os pilotos de corrida eram fanáticos pela marca. O primeiro tomou o nome de America Roadster, com estilo mais próximo aos esportivos ingleses, com traseira alongada e elegante concavidade na linha da porta, diferenciando-o dos modelos normais da Porsche. Lembrava o Jaguar XK 120, sensação da época, do qual tomou emprestado o para-brisa dividido ao meio e removível, com hastes cromadas de boa altura. É o modelo mais raro desse período, com apenas dezesseis unidades Heuer em alumínio.

Outra tentativa de lançar conversíveis mais baratos e com acabamento simplificado viria em 1954, por sugestão de Max Hoffman, ao lançar o modelo Speedster, palavra inventada que lembra, em inglês, *spider* (aranha, monopostos de rodas descobertas), acrescida da palavra *roadster* (designação geral para carros abertos "estradeiros"). O nome deste modelo foi um dos nomes mais bem-sucedidos da história do automóvel, fruto da inigualável capacidade da Porsche em lançar nomes. Apresentava para-brisa bem baixinho e vidro em curva composta e panorâmica, o máximo na época, circundado por uma das mais elegantes e bem-feitas esquadrias jamais feitas. Era rápido como um foguete: 0 a 100 km/h em 10 segundos, com 1.500 cm^3. Tinha capota hipersimplificada, sem vidros laterais, possuindo apenas moldura com plástico e alguns com friso longitudinal do lado. Foi um sucesso

 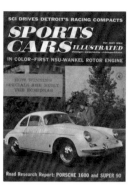

À esquerda: o Roadster 356 B 1961. À direita: a imprensa norte-americana, francesa e inglesa dispensavam atenções especiais ao 356 B, 1960.

instantâneo, alvo de enorme cobiça, e até hoje é o Porsche clássico mais procurado; com custo de 150.000 a 300.000 dólares. Parou de ser fabricado em 1959; feito lado a lado com o conversível Reutter normal.

O Speedster coexistiu com o Conversível D durante 1958, quando a Porsche oferecia três conversíveis: o Reutter normal, o Speedster e o D, modelo parecido com o Speedster, com a moldura do para-brisa de desenho semelhante, mas com o vidro mais alto e menos inclinado; as portas receberam vidros e mecanismos de acionamento por manivela. Mais pesado e luxuoso que o Speedster, era menos eficiente em competições; o Speedster parou de ser fabricado em 1959. A letra D referia-se ao fabricante, Drauz, e o modelo durou dois anos, suplantado por uma mistura do D com o Speedster, o Roadster, no final de 1959. Foi fabricado lado a lado com o conversível Reutter até 1962.

Os conversíveis, do final de 1950 até meados de 1961, foram feitos na Drauz. E de 1961 em diante não eram mais alemães, pois a manufatura passou a ser feita na respeitada empresa belga D'Ieteren.

Grupo C – os Hardtops: durante alguns anos, foi possível obter conversíveis Reutter com uma capota rígida para o inverno, provida de vidros laterais. Em 1961 e 1962, a Karmann foi encarregada de produzir um modelo com essa capota soldada à carroceria: um verdadeiro laboratório para os planos de Butzi Porsche, que nessa época desejava ardentemente que o 911 fosse um três-volumes (ou notchback, como dizem os americanos e os ingleses, em contraste com o fastback, típico do cupê Porsche). Não vendeu muito. Embora raro, é o Porsche clássico mais barato, mas tem seus admiradores, que o apreciam por ser diferente e mais equilibrado.

No alto: o interior do Roadster, semelhante ao do Speedster. Embaixo: o Speedster 1957, com teto duro e rodas raiadas.

À esquerda: o 356 T6 (1963) com hardtop fixo –, um três-volumes favorecido por Ferry Porsche e rejeitado pelo mercado. À direita: o 356 B (1961) com hardtop removível.

Tipos de motor

Os primeiros Porsches usavam os motores Volkswagen, com algumas modificações, que seriam facilmente vistas como "venenos", como se diz no Brasil. O 1100 era idêntico ao do Volkswagen, exceto pelos cabeçotes mais trabalhados e pela dupla carburação. Logo foi introduzido o 1300, altamente elaborado, com carcaça própria de três peças (duas no Volkswagen, até 1966). Foi tendo sua capacidade elevada até 2 litros. O mais popular foi o 1600. Durante algum tempo adotou virabrequins roletados fabricados pela Hirth, apoiados sobre rolamentos em vez de mancais lisos comuns, para obter maior regime de rotação do motor e consequentemente mais potência. Com ruído fantástico e inesquecível, provaram ser uma complicação dispensável. Bons teoricamente, eram, na prática, problemáticos. A evolução desses motores é fascinante e daria um livro inteiro – basta dizer que eles foram desenvolvidos nas competições, com lições que duram até hoje. Sempre com quatro cilindros contrapostos arrefecidos por ar, tiveram na versão Carrera projetada por Ernst Fuhrmann duplo comando de válvulas nos cabeçotes, sua versão mais fantástica, que projetou a Porsche no cenário das corridas. Um Carrera 1500 ou 1600 e um Carrera 2000 eram carros que podiam acompanhar o trânsito moderno em uma autoestrada, quarenta anos depois de sua criação com facilidade. Por falar em trânsito moderno, o 356, uma caixa lacrada com portas que fechavam como se fosse uma geladeira, apresentava uma *finesse* no dirigir jamais alcançada.

À esquerda: o motor Porsche 1600 – na aparência, ao longe, lembra o do Volkswagen. Visto de perto é mais "parrudo", e seu funcionamento, incomparavelmente mais suave. À direita: o motor Carrera de 2.000 cm^3 com ventoinha axial instalado em um 356 BT-6.

Motor boxer arrefecido a ar

[1] 1892: motor de cilindros contrapostos. [2] 1933: motor Franklin. [3] 1934: motor Tipo 32 NSU. [4] 1937: motor 985 cm^3 de quatro cilindros e 23,5 cv. [5] 1950: primeiro motor do modelo 356. [6] 1952: motor do Tipo 528-1, 1,5 Super. [7] 1952: motor do Tipo 528-1, 1,5 Super, com proteções e condutos de arrefecimento. [8] 1953: motor do cupê. [9] 1954: motor mala. [10] 1959: motor Corvair de seis cilindros. [11] 1959: motor Ferrari 250. [12] 1961 e 1964: motores aplicados aos modelos 356 B Super 90 e 356 SC. [13] 1962: motor Carrera 2000. [14] 1964: motor de quatro cilindros, instalado na nova carroceria do 911. [15] 1964: motor de quatro cilindros, instalado na nova carroceria do 911. [16] 1967: motor de 2 litros. [17] 1969: motor de oito cilindros. [18] 1970: motor de doze cilindros no 917. [19] 1970: motor de dezesseis cilindros. [20] 1973: motor 930, de 3 litros Turbo. [21] 1975: 911 motor 901/05, de 3 litros. [22] 1977-1999: motor turbo 3,3 de 300 cv. [23] 1977: motor V-8, no 928. [24] 1979: motor 911. [25] 1980: motor do Gol. [26] 1981: motor do Gol 1600. [27] 1986: motor Carrera 3,2. [28] 1986: motor do 959. [29] 1988: o mesmo motor do 1986, em visão lateral explodida. [30] 1988: motor M64 para o modelo 964. [31] 1992: motor do 968. [32] 1994: motor M64 de 3,6 litros no 993. [33] 1996: motor Boxster de seis cilindros. [34] 1997: motor 997 a água. [35] 1999: motor biturbo para o 996. [36] 2001: motor M96-70 para o 996 e o GT 2. [37] 2001: motor V-8 para o Cayenne. [38] 2003: motor do Carrera GT, com dez cilindros. [39] 2003: motor mexicano 1200 com injeção a ar. [40] 2007: motor boxer de seis cilindros arrefecido a água.

Os modelos 911 e 912

As empresas automobilísticas fabricavam quase tudo de que precisavam. Os desenhos eram feitos pela Porsche, as carrocerias pela Reutter e os câmbios eram feitos pela Getrag.

Em 1959, Ferry Porsche e seus colaboradores decidiram que chegara a hora de renovação. Trocou a estabilidade financeira pela vida tal como ela é. O Porsche, agora no modelo 911 (projeto 901), iria se tornar ainda mais conhecido e respeitado. Este ciclo, iniciado em 1963, com a participação de dois netos de Porsche, Butzi e Ferdinand Piëch, como estilista e engenheiro respectivamente, terminou em 1997. Nunca houve um carro que tenha tido tanto desenvolvimento em torno de um único tema de modo tão bem-sucedido. Compôs a história de maior êxito de todos os carros esporte jamais fabricados. Tentativas de extingui-lo quase extinguiram a própria Porsche; pode-se dizer que o legado de Ferdinand Porsche terminou quando se extinguiu o arrefecimento a ar em 1997.

Foi um carro clássico feito por mais tempo do que qualquer outro, inclusive se comparado ao Morgan, mas diferente dele por nunca ter se tornado um antediluviano. Todos os competidores foram renovados ou extintos havia anos ou décadas: Shelby-Cobra, Corvette Stingray, Jaguar XK-E, Aston Martin. Mas o Porsche, como o Volkswagen, continuou basicamente o mesmo carro, com motores traseiros "de popa" de seis cilindros. Penúltimo representante da doutrina Porsche, teve poucas concessões aos tempos mais modernos e intimidantes, como pneus cada vez mais largos e para-choques de segurança. Quando finalmente parou de ser feito, os carros eram desenhados por computador, diferente do 911, que havia sido feito com réguas de cálculo e curvas francesas. Uma engenharia soberba deu-lhe as qualidades atemporais que só encontramos na música, na ciência e nas artes. O carro partira de 200 km/h, disponível apenas aos pilotos muito experientes, para proporcionar uma velocidade de 230 km/h para pilotos medianos, com supressão das dificuldades de estabilidade. O tempo necessário para alcançar 100 km/h diminuiu em 4 segundos. Sempre foi bem-sucedido em competições e, como o 356, continua capaz de enfrentar condições de tráfego modernas; diferente do 356, compensa sua rudeza (principalmente entre 1970 e 1986, com câmbio que lembrava o de um caminhão) com extrema potência.

O ancestral do 901: Tipo 695, numa versão de Butzi Porsche, recém-saído da universidade. Novos tempos, sem o romantismo selvagem, exigiam formação mais sólida...

A história deste carro pertence a uma outra geração; depositária fiel do legado de Porsche, sem qualquer interferência dele. Todos os herdeiros imediatos de Porsche trabalharam nele. Seu lançamento foi marcado por uma controvérsia, pois a Peugeot, que parecia ter feito uma espécie de juramento perpétuo contra a Porsche, argumentou que o número "0" era propriedade sua no mercado francês e exibiram uma patente disso. A

... Que no caso não implicou em perda da criatividade. Butzi integrou o "espírito" de Komenda do 356 à leveza harmônica dos italianos, com suaves toques do estilo norte-americano.

Porsche, que jamais aprofundava processos advocatícios, logo cedeu: o Tipo 901 virou 911. Outros fabricantes já haviam usado números de três algarismos com um "0" e jamais foram molestadas, como a Chrysler e a General Motors. A Peugeot teve um acompanhante estranho: o fanático do 356, que torceu o nariz para o 901.

Tacos de golfe

Ferry Porsche adorava seu produto, mas tinha uma restrição. Não podia levar seus tacos de golfe – que adorava jogar com o seu chefe de competições, Huschke von Hanstein –, um fator que o levou a fazer um novo carro para a Porsche. História romanceada, mas com um fundo de verdade, outro fator relevante para o ocorrido foi sua ideia de que o motor de quatro cilindros e a carroceria do 356 haviam chegado ao máximo de desenvolvimento. Não havia mais lugar para aumentos da área envidraçada; nem espaço para outros equipamentos. A carroceria formava um monobloco em prol de rigidez e flexibilidade, o que impedia desenvolvimentos. Na época, o carro não era visto como uma maravilha de desenho, status que ganhara apenas em alguns setores, como no Museu de Arte Moderna de Nova York. Ferry Porsche sabia que tendências estéticas mais modernas precisariam ser respeitadas, mas Erwin Komenda, mais engenheiro de carrocerias do que estilista, não respeitava essa visão. O estilo do 356 evoluiu muito desde seu estabelecimento no Volkswagen K 60 "Berlim-Roma", por influência de Pininfarina, com quem Komenda teve contato. Conseguiu polir o carro às custas de atenção e trabalho; tinha gênio aerodinâmico, mas faltava-lhe gênio estético.

No alto: Butzi desde a adolescência, tinha um olhar estético. Embaixo: o novo carro teria que oferecer o desempenho do Carrera.

Ferry Porsche teve a sorte de ter tido um filho bafejado pela habilidade estética, Butzi, que teve a sorte de ter nascido em uma família estimuladora. Dele veio o Tipo 754-7, um sedã de três volumes que conservava o estilo do 356, com para-lamas altos em relação ao capô – Ferry fazia questão de que o motorista tivesse acesso visual aos cantos do carro. Tinha também traseira em forma de fuselagem, bancos para dois adultos e duas crianças, espaço para bagagens e tacos de golfe; maior área envidraçada e espaço para o grupo motopropulsor; além de características que deveriam prover melhor dirigibilidade por distribuição de peso mais favorável. Ferry estabeleceu o padrão e determinou que o modelo deveria apresentar o desempenho do Carrera 2 e ser um 356 mais desenvolvido, com 2 litros e 200 km/h atingidos com suavidade. A manutenção difícil do Carrera 2 de comandos de válvula duplos exigiu a adoção de um motor de seis cilindros. Sua estrutura foi feita em aço, do mesmo modo que a do 356, com suspensão traseira por braço semiarrastado com barras de torção montadas transversalmente. À frente, apresentava sistema McPherson com barras de torção longitudinais, diferente dos braços arrastados duplos superpostos do 356, que deu o tom logo seguido na Volkswagen. Seus eixos traseiros eram diversos do 356, com juntas universais internas e externas: adeus aos semieixos oscilantes que causavam sobresterço exagerado. Mas o 911 continuou tendo seu próprio sobresterço, que exigiu uma condução diversa da anterior. A direção ZF com pinhão e cremalheira diminuiu a suavidade, o que tornou o conduzir mais indócil.

O 911 passou por desenvolvimentos tão grandes, e por tanto tempo, que a palavra "desenvolver" não expressou a magnitude de tais modificações. Algumas novidades deram muito trabalho, como a forma de acionamento das árvores do comando de válvulas. Coroas e pinhões, usados em carros de corrida, eram excessivamente ruidosos e comprometiam a durabilidade. Começava a era das correias dentadas, inaugurada pelo Glas 1300 GT, mas surgiu um problema nos tensionadores, que deveriam corrigir continuamente a tensão da correia. Era alto o risco de perda de tensão, que levava ao rompimento da correia e causava sérios danos ao motor. Piëch escolheu a famosa corrente inglesa Renolds para acionar os comandos, uma escolha que se mostraria certa com o tempo, mas o engenheiro saiu sem resolver outros problemas de desenvolvimento. O material das guias da corrente lançava farpas, e os microamortecedores hidráulicos com óleo interno que faziam parte do sistema tensor vazavam, o que causava o mesmo problema do rompimento da corrente e danificava

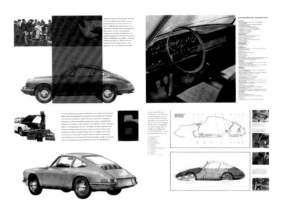

Algumas páginas do primeiro catálogo, um raro artigo para colecionadores.

o motor inteiro quando estava acima de 4.000 giros. Apenas em 1984 outros metais nas guias e microamortecedores integrados ao sistema de óleo sob pressão do motor resolveram a questão. A carburação múltipla tinha caixas de ar suscetíveis a incêndios; a adoção de dois carburadores Weber triplos, feitos especialmente para a Porsche no modelo 911 S, foi um passo intermediário. A introdução da injeção de combustível – em sua fase inicial, da Bosch – mecânica causou muitos problemas, resolvidos apenas depois do aperfeiçoamento da eletrônica, com a injeção multiponto. A dirigibilidade dos primeiros 901 desapontou muito, pois apresentava traseira ululante e dianteira flutuante, que quase ameaçava decolar como um avião de trem de pouso tradicional; as soluções de Hans Tomala, que logo fora dispensado, pareciam de fundo de quintal: 22 kg de chumbo internos ao para-choques dianteiro. Foram necessários dez anos para se descobrir a geometria ideal de suspensão, tamanho e pressão dos pneus, além de defletores de ar (*spoilers*) que finalmente colocassem o 911 nos eixos. O sobresterço, típico da doutrina Porsche, visto ambivalentemente como treino para alguns pilotos e praga para outros, foi solucionado em 1989, com eletrônica embarcada, ou computação de mecanismos de feedback, que tornou a saída de traseira uma coisa do passado. O motorista de hoje trocou perícia e diversão por segurança e velocidade. Se quiser as primeiras, é melhor participar de provas de Porsches clássicos!

O Porsche proporcionava ao consumidor mais abastado as facilidades que se tornariam normais para a classe média depois de dez ou quinze anos. Por isso, ganhou a reputação de avançado tecnologicamente.

Como o 356, o 911 não era o carro do futuro; era o carro do presente, enquanto os outros eram desatualizados. A pequenez da Porsche criou uma saída: um projeto inicial que fosse muito bom.

O 911 acabou sendo visto como ícone do belo; suas várias versões tornaram-se um grande objeto de desejo, mais do que o 356. Ganhou

A difícil montagem da vigia no Targa.

quinze vezes a corrida de Le Mans em sua classe, marca jamais alcançada, nem pela Ferrari. O 911 venceu pelo menos uma vez todos os grandes ralis em que foi admitido; mas os de longa extensão em terrenos impossíveis viraram sua especialidade, e cobriu a marca de glória e vendas. Salvou a Porsche da falência nos anos 1980 e manteve a filosofia do 356: não era um carro superior aos outros em tudo, mas era o mais harmônico e equilibrado.

Os motores foram de 2 até 3,6 litros, sempre arrefecidos a ar. Introduziu a turboalimentação como proposta comercial. As transmissões ofereciam cinco marchas, opcional, uma velha reivindicação no 356. A famosa transmissão Sportomatic de quatro marchas, uma delícia para o consumidor comum e motivo de horror para os puristas, apareceu em 1967, o que eliminou o pedal da embreagem e permitiu trocas manuais.

Os nomes Targa e Carrera tornaram-se habitualmente citadas pela língua comum; por sua vez, equipamentos como as rodas de liga leve Fuchs, de cinco raios, viraram mania universal. A capota Targa, um semiconversível, em homenagem à corrida italiana que tanta glória havia dado à Porsche, foi, como o 911, obra de Ferdinand Alexander "Butzi" Porsche. Foi o único carro no mundo que conseguiu ter toda a sua carroceria trocada e manter as mesmas linhas, para acomodar, em 1990, aparelho de ar-condicionado, uma necessidade cada vez maior em um planeta em aquecimento.

O Tipo 912

Modelo em escala 1:43 do Porsche 912.

Nascido 902, era o 911 com o quatro-cilindros do 356 C, em apenas uma opção, de 90 cv (entre o 356 C "Damen", de 70 cv, e o 356 SC, de 95 cv). Ninguém sabia se o caro e complexo 911 seria bem-sucedido no mercado. O 912, com instrumentação e acabamento mais simples, serviria como modelo de entrada. Serviu bem nessa missão; depois, em épocas de restrição financeira provocadas pela primeira crise do petróleo, voltou com um motor Volkswagen modificado, o dois-litros do Volkswagen 411. Não é possível descrever este carro por meio de palavras; assim como o 356, apenas a experiência de possuí-lo ou dirigí-lo pode dar uma ideia realista.

A série 911

Podemos dividir a série 911 refrigerada a ar em três modelos principais: 901/911, de 1963 (ainda 901; 911 em 1964) até 1988; 964, de 1989 a 1992, e 993, de 1993 a 1997.

O modelo 901 e as primeiras séries 911 tinham distância entre-eixos de 2,21 m; aumentada para 2,27 m, para melhorar dirigibilidade e espaço interno.

O 930, ou Turbo, foi lançado em 1975 e evoluiu depois para o 930 Turbo Carrera, produzido de 1976 até 1985. Distinguia-se pelo motor extremamente potente e tinha carroceria com para-lamas mais largos para abrigar rodas e pneus em prol da estabilidade.

À esquerda: modelo 911 de 1966 no encontro do Porsche Club organizado em 2002 no Brasil por Francisco de Barros Filho e Dener Pires. No alto, à direita: o dois-litros montado.

Não havia nenhum carro com essa aparência nas ruas; pintado de vermelho semelhante ao usado pelos carros de bombeiro, tão extravagante que atraía multas mesmo se estivesse parado. O desenho fez tanta sensação que logo foi oferecido em toda linha: Turbo-look, mesmo sem turbocompressor.

Os modelos Carrera R e RS (Renn e Renn Sport) foram oferecidos a partir de 1973, com desempenho alcançado pelos modelos de série produzidos dez anos depois. Iniciou mais uma moda, a *whale-tail*, um defletor, erroneamente chamado de aerofólio, aplicado ao capô traseiro, cuja forma lembrava a barbatana da cauda de uma baleia, para ajudar na "dança de rumbeira do motor de popa". Ajudava notavelmente a dirigibilidade acima de 180 km/h. Foi bastante alargado e encompridado em 1975, com borda de poliuretano oferecida em toda a linha.

À direita: Butzi, em sua melhor época, criou o 911 e o Targa. Os primeiros tinham plástico traseiro rebatível, fonte de muitos problemas, inclusive de formação de bolhas no teto.

Em 1975, perdeu a delicadeza original com o acréscimo de comprimento dado pela modificação nos para-choques, empetecados com ponteiras plásticas da moda; em compensação, tinha mais segurança em pequenas batidas; como tudo no Porsche, eram muito bem-feitas e não entortavam nem descoloravam. A dirigibilidade dianteira beneficiou-se da adição de defletor, de belo efeito estético. Outras pequenas modificações faziam a delícia dos aficionados, como os faróis de longo alcance. A aparência do carro, que nunca se modificava, fazia um modelo bem-conservado, com dez ou quinze anos, ficar quase idêntico ao zero-quilômetro.

Carrera RS 2,7: Reviveu o nome, embora não fornecesse um motor tão especial quanto o Carrera original. Desempenho de 1990 em 1972, apresentava a especilidade da Porsche em estar décadas à frente em performance. Introduziu o defletor em forma de barbatana, logo apelidado de "whale tail". O logotipo tradicional desenhado por Strengel nas faixas laterais era uma concessão ao gosto americano, típico da Ford e da GM. Apresentava também rodas Fuchs "colour-coded". Enfim, mais um clássico instantâneo da Porsche.

As variações básicas podem ser notadas através das ilustrações; agrupáveis do seguinte modo:

1963-1964: 901.
1965-1968: 911.
1967: 911 R (portas e capô plásticos, com janelas em acrílico), com 210 cv.
1967-1968: 911 S, um dos 911 mais cobiçados em épocas próximas ao seu lançamento; hoje em dia é o segundo mais procurado. O nome S (Super) designava motores especiais. Apresentava distância entre-eixos de 2,21 m.
1969-1973: 911 S, com distância entre-eixos de 2,27 m.

Os modelos S na Porsche

No início, todos os carros eram especiais, pois quase não havia diferença entre eles. Só em 1908, quase vinte anos após a invenção do automóvel, Henry Leland conseguiu fazer uma porção de Cadillacs idênticos. Seu teste foi o percurso costa a costa nos Estados Unidos; além da desmontagem e montagem dos carros depois de misturar as peças. A fama insuperável obtida pelo Cadillac quanto à sua qualidade não tinha precedentes e deu origem ao primeiro significado de fabricação em série. O segundo seria dado poucos meses depois: a grande série, a economia de escala de Henry Ford, que adaptou o método de atividades repetitivas, até então usado apenas nas fábricas de enlatados de carne. O automóvel virou um instrumento de consumo de massa; as duas acepções da expressão "fabricar

1- As corridas realizadas em montanhas e estradas eram dominadas pela Porsche, promovendo o nome da empresa e a qualidade de seus modelos. O percurso ilustrado nesta primeira figura é o circuito Pequena Madonie. 2- Pôster que comemora as excelentes classificações da Porsche no campeonato de subida de montanha, feito por Erich Strenger. 3- Von Hanstein, Von Trips e Joakim Bonnier com o Porsche Zagato. 4- Joakim Bonnier na segunda vitória geral em 1960, superando carros de maior cilindrada. 5- O RS de oito cilindros derivado do Zagato, de 1961. 6- Edgard Barth no RS 61 Grandmother. 7- Graham Hill pilotando o RS 61. 8- Vitória de Sepp Greger na classe GT, pilotando um 356 B Carrera, em 1964. 9- Em 1966, um Simca Abarth acidentado e dois Carreras 6 na pista. 10- A corrida foi vencida por Gerhard Mitter, sucessor de Barth. 11- Alfa Romeo 33 vencendo o Larrousse na Targa Florio de 1971. 12- Gunther Klass no Carrera 6, ultrapassando Biscaldi, que dirigia um Dino Ferrari. 13- Carrera 6 voando, na foto mais famosa da época. 14- Maior vitória do 908, em 1970, ocupando as quatro primeiras colocações.

em série" implicaram uma diminuição dos custos. Quando Ferdinand Porsche projetou o Löhner Porsche, em 1900, uma unidade do enorme veículo custava tanto quanto cinco grandes residências, como no caso dos aviões particulares de hoje em dia.

Apesar do barateamento da produção, muitos carros continuaram a ser especiais para quem podia pagar. Na segunda metade do século do automóvel, o Porsche foi um deles, tal o cuidado e esmero quase perfeito em sua fabricação. Fabricado em série, sem dúvida, mas não podia ser classificado como um *Fuoriserie*, designação de prestígio para estilistas e fábricas. Se dependesse deles, todos iriam à falência. Especial, qualidade de específico, individual e único; mesmo se fosse de série, um rebanho anônimo, fabricantes e consumidores arranjavam um modo que o individualizasse.

À esquerda: o protótipo do 911 S de Peter Falk e Herbert Linge, no Rali de Monte Carlo em 1965. No centro: o 911 S em Interlagos, 2000. À direita: três modelos especiais em Interlagos: o 911 S, o 356 A 1500 e o Karmann-Ghia.

Com o tempo, os modelos únicos formaram, eles mesmos, pequenas séries também. Algumas fábricas começaram a adotar a denominação "especial" para os produtos que tivessem alguma característica marcante. Na década de 1930, 1940 e começo da década de 1950, modelos mais simples e baratos foram chamados de especiais, como o Buick Special. Na década de 1950, especial começou a designar modelos mais potentes e velozes, sempre derivados dos carros de série, usados muitas vezes para competições. "S", assim, passou a ser uma inicial que queria dizer especial, nas línguas alemã (speziell), francesa (spécial) e inglesa (special), as línguas faladas nas pátrias do automóvel. No Brasil, especial era tratado como "super", por superar as séries normais. Assim, o "S" designava tanto "Special" como "Super".

O primeiro Porsche S, de Super, foi o 1500 da série 356, fabricado em 1952. Equipado com um virabrequim roletado (ao invés de mancais lisos, usava rolamentos nas partes móveis) da Hirth (já utilizados no Auto Union P-Wagen), produzia 70 cv, 10 a mais do que o 1500 normal, com níveis de ruído inacreditáveis. Música para proprietários, insuportável para quem assistia às corridas e torcia por outra marca. O modelo virou objeto de respeito e cobiça. Em 1953, o mesmo virabrequim criou o 1300 S. Outros marcariam as séries especiais dos já fantasticamente cobiçados Porsche normais, se é que um Porsche podia ser chamado de normal... Bem, a fábrica o chamava assim. Outros S foram os Carrera GS de 1955, o Super 90 das séries 356B e o SC do 356 C.

O 901 era um Porsche especial se comparado ao tradicional 356, com seis cilindros ao invés de quatro do 356. Mas todos esperavam um S; e havia indícios que ele iria nascer. Em janeiro de 1965, Herbert Linge e Peter Falk, dois engenheiros da Equipe de Desenvolvimento do 911, comandada por Ferdinand Piëch, chegaram em quinto lugar no Rali de Monte Carlo. Em maio de 1965 surgiu uma versão para a Targa Florio. Muitos na imprensa especializada diziam que algo especial estava no forno. Nove meses, praticamente uma gestação, e foi difícil descrever a excitação no lançamento de 911 S para alguém de nossos tempos, em que tudo vem muito mais rápido.

Em julho de 1966, apareceu o motor 901/02, com 160 cv, 6.600 rpm, torque de 18,4 mkgf a 5.200 rpm, árvores de comando de válvulas iguais aos do 904 Targa Florio, válvulas maiores, pistões forjados e "cabeçudos" que aumentavam a taxa de compressão de 9 para 9,9:1 sem precisar rebaixar os cabeçotes; carburadores Weber, de 40 mm, como nas Ferrari! A impressão de potência era reforçada pelos dutos de ar em vermelho, uma das tacadas geniais de marketing da Porsche, que viraria tradição. Velas frias e modificações no escapamento permitiam ao motor girar até 7.300 rpm.

O 911 S introduziu algo que criaria um furor nos imitadores: rodas de liga-leve, incrivelmente complicadas, chamadas no Brasil de "xerife", com cinco raios polidos, largos e em forma de estrela. Sua função era mais séria do que apenas estilo: diminuíam o peso "não suspenso" e aumentavam o fluxo do ar para resfriar os freios. Criadas pela Fuchs, tinham tala 5 pol. inicialmente. O 911 S foi o primeiro carro esporte a usar amortecedores Koni, até então de competição. Alcançava 224 km/h, 20 km/h a mais do que o 911; 20,5 segundos para chegar a 160 km/h, o suficiente para emparelhar com o Jaguar E, de 3,8 litros! Seu acabamento era quase perfeito, mas tinha alguns defeitos: o uso urbano podia encharcar as velas, mas isto era fácil de corrigir com uma boa acelerada para subir o giro. Cantava pneus se acelerado com entusiasmo em segunda e terceira marcha, acima de 3.000 rpm.

Os sucessos dos S em competições vieram rápido, no Rali de Monte Carlo e nas várias provas de velocidade no mundo inteiro. O 911 S continuou na Série B do 911, introduzida em 1968, com distância entre-eixos estendida para 2,27 m, o que beneficiou a dinâmica do S; com rodas com tala 6 pol. Os carburadores eram coisa do passado: adotou injeção mecânica Bosch, o que aumentou 10 cv na potência. Era um sistema problemático, mas resolveu os incêndios causados pela explosão nas caixas de ar; adotou-se o bloco de magnésio do 901/02 Targa Florio de 1965. Apresentava também discos de freios ventilados mais grossos, o que aumentava a bitola do carro; pinças maiores, em alumínio; para-lamas de pequenas abas acomodavam a bitola maior e davam um aspecto mais musculoso ao S. O proprietário do S podia optar entre duas suspensões: barras de torção ou braços hidropneumáticos autoniveláveis. A maioria ficou sem a novidade controversa, que acabou sendo abandonada nos modelos menos esportivos T e E por atrapalhar seu desempenho, embora propiciassem pequena melhora do conforto. Um radiador de óleo suplementar montado no para-lamas dianteiro direito deixava o motor mais durável; o capô do motor era de alumínio. Os S ficaram mais nervosos, ágeis e desejáveis. O motor se chamava, agora, 911/2.

A série D, de 1970, teve um S com ainda mais 10 cv: 180 cv ao todo; 6.500 rpm (mais durabilidade, portanto, com 300 rpm a menos do que no motor de 170 cv), obtidos às custas do aumento de cilindrada do motor, agora de 2,2 litros. O desempenho não mudou, mas o carro ficou mais elástico e dócil. A série E, de 1971, vinha com o motor 911/53, de 2,4 litros, 190 cv a 6.500 rpm, torque de 22 mkgf a 5.200 rpm. Ao invés de 7 segundos, o dono do 911 precisava de apenas 6,5 segundos para alcançar 100 km/h, aceleração fenomenal para a época, com velocidade máxima de 232 km/h e taxa de compressão diminuída de 9.8 para 8.5:1. Todas essas características que eram fruto da crise do petróleo e da mudança radical de filosofia construtiva. Tinha duas heranças do 908 de corridas:

Os substitutos do S: a linha SC (1982) e, na evolução arrefecida a líquido, os modelos 997 Turbo, GT2 e Carrera GT de dez cilindros especiais do segundo milênio.

caixa de marchas 915 com opção surpreendente para quatro marchas e um *spoiler* transversal, contínuo, abaixo do para-choque dianteiro, depois adotado para os outros modelos. Nas corridas, descobriu-se empiricamente que o defletor represava o ar e diminuía o temido levantamento da dianteira em altas velocidades, perigoso em carros com motor traseiro. Tais características eram aplicação direta para o consumidor de uma conquista proveniente de competições, algo em que a Porsche sempre foi um exemplo para a indústria. Na série G, foi lançado em 1973 o motor 911/93. A complicada injeção mecânica cedeu lugar à mais simples Bosch K-Jetronic, ainda mecânica – e proporcionou melhora no consumo durante a primeira crise do petróleo. O primeiro mandamento norte-americano de potência era adotado pela Porsche, que abandonou temporariamente o refinamento termodinâmico para obter melhoras de desempenho. O consumidor estava menos esportivo e desejava toneladas de torque em baixas rotações; o mercado tinha menos dinheiro para gastar em combustíveis inferiores e mais caros. A Porsche procurava se adaptar, e o S sofria; ficou com 175 cv, 5.800 rpm e 24,8 mkgf a 4.000 rpm. Neste momento, podemos dizer que o 911 S começou a fenecer; junto com modificações estéticas nos para-choques, a potência caiu para 165 cv, para diminuir emissões gasosas.

A série I, de 1975, marcaria a decadência do S, o que coincidiu com o sério erro mercadológico de Fuhrmann, que levou ao fim os motores arrefecidos a ar. A política de lançamentos desordenada tinha inesperada vantagem: o 911 teimava em não morrer. Mas S estava condenado e encerraria um ciclo que será sempre lembrado pelo amante da marca. Em 1977, a série K iria reviver outro nome ilustre, o SC, com 3 litros. Espiritualmente, o modelo realmente super da Porsche seria o Carrera RS, com 210 cv, e logo depois, o 930 Turbo.

1969-1973: 911 E e T (mais barato).
1973: Carrera 2,7 R e RS (o 911 mais procurado no mercado de clássicos).
1974: 911.
1975-77: 911 (com para-choques e lanternas traseiras maiores).
1976-77: 930 Turbo Carrera.

1978-1982: 911 SC (o nome SC fizera história, como o 356 mais potente e cobiçado; voltou a ser usado no 911, quando a potência passou a 200 cv, depois de vários aumentos nos anos anteriores).
1980-1985: 930 Turbo (apenas para os modelos europeus. Nos Estados Unidos, apenas o Turbo Look, com motores normais por legislações governamentais).
1984-1986: 911 Carrera 3,2 (245 cv nos modelos europeus).
1986-1988: 930 Turbo nos Estados Unidos, outra vez.
1986: Tipo 959, o *Überporsche*.
1987-1988: 911 Carrera 3,2 (com o câmbio G50, o mais desenvolvido dos 911 originais).

Tipos de carroceria do 911

A série 911 apresentava três tipos de carroceria. Podemos citar primeiramente o cupê. Outro modelo de carroceria disponível para o veículo é o falso conversível, ou Targa (com pequena capota removível e dobrável; vigia traseira, inicialmente de plástico, foi modificada para vidro, que exigia uma difícil técnica de instalação). Na série 993, o Targa passou a ter um teto retrátil-corrediço de vidro.

Por fim, citamos o modelo de carroceria conversível (a partir de 1982), com uso da tecnologia do 356 B Roadster.

Dados técnicos:

911, 911 E, 911 L, 911 S e R, 911 T (1964-1971)

Motor horizontal oposto com seis cilindros, arrefecido a ar forçado por turbina.
Comando de válvulas no cabeçote, em cada setor de três cilindros, com válvulas inclinadas.
Taxa de compressão, de 8,8:1 até 10,3: 1 (modelo R).
Carburadores: 911, Solex 40; 911 E, L, T, S dois Weber 40, 911 R, dois Weber 46.
Cilindrada de 1.991 cm³.
Potência (cv a rpm):
  911 T: 125 a 5.800.
  911 L e E: 148 a 6.100.
  911 S: 180 a 6.600.
  911 R: 210 a 9.000.
Transmissão:
  1965: cinco marchas.
  1966: quatro ou cinco marchas (opcional).
  1967-1968: quatro ou cinco marchas e Sportomatic de quatro.

911 2,7 cupê (1974).

911 T, 911 E, 911 S 2,4 litros e Carrera 2,7 (1972-1973)

Cilindrada:
911 T, E e S: 2.341 cm³.
Carrera 2,7: 2.680 cm³.
Taxa de compressão: T, de 7,5:1 a 8,5:1, conforme o ano.
E: 8,1:1.
S e Carrera: 8,5:1.
Carburadores: T, Zenith 40 ou injeção Bosch K-Jetronic.
911 E, S e Carrera: Bosch.
Potência (cv a rpm):
911T: 140 a 5.600.
911 T (a partir de 1973): 157 a 5.600.
911 E: 189 a 6.200.
911 S: 210 a 6.500.
Carrera 2,7: 230 a 6.300.

Carrera RS 1973: em São Paulo no Porsche Polo Day, em 2002.

911, 911S Carrera, Carrera RS e RSR (1974)

Cilindrada:
911, 911 S e Carrera: 2.687 cm³.
Carrera RS e RSR: 2.993 cm³.
Alimentação: Bosch.
Potência (cv a rpm):
911: 143 a 5.700.
911 S e Carrera: 187 a 5.800.
Carrera RS: 220 a 6.500.
Carrera RSR: 320 a 8000.

Carrera RSR: expansão do RS, com aerofólios, pneus e spoilers mais ousados.

911, 911 S, 911 SC e 930 Turbo (1975-1977)

Cilindrada: 1.975 cm³.
911, 911 S, Carrera, 911 SC: 2.687 cm³.
Turbo: 2.993 cm³.
Alimentação: Bosch K-Jetronic.
Potência (cv a rpm):
911: 143 a 5.700.
911S: 167 a 5.800.
SC Carrera: 200 a 6.300 (nos Estados Unidos: 157 a 5.800).
Turbo 248 a 5.500.
Cilindrada em 1976-1977:
911: 2.687 cm³.
SC Carrera 3, Turbo, Turbo Carrera: 2.993 cm³.
Potência (cv a rpm):
911: 165 a 5.800.
Carrera 3,0: 200 a 6.000.
Turbo: 260 a 5.500.

O Porsche número 250.000 foi completado em 1977.

911 SC e 930 Turbo (1978-1984)

Cilindrada:
911 SC: 2.993 cm³.
Turbo: 3.299 cm³.
Alimentação no Turbo: turbocompressor KKK.
Potência (cv a rpm):
911 SC: 180 a 5.500.
930: 204 a 5.500.
Em 1986, o Porsche era garantido por dois anos, sem limite de quilometragem, ou cinco anos e 80 mil km para o motor e a transmissão, e ainda dez anos para a carroceria, contra ferrugem.

O 930 Turbo.

911 Carrera 3,2 (1984-1989)

Tipos cupê, conversível e falso conversível (Targa).
Cilindros: seis.
Diâmetro e Curso (mm): 96 e 74,4 (superquadrado).
Volume (cm³): 3.164.
Taxa de compressão: 10,3:1.
Potência máxima (SAE): 241 cv a 5.900 rpm (95 cv DIN).
Torque máximo: 28,6 mkgf a 4.800 rpm.
Alimentação: Bosch Jetronic.
Válvulas no cabeçote, operadas com correia dentada e limitadores de tensão.
Bomba de gasolina: mecânica.
Capacidade do tanque: 82 litros.
Sistema elétrico de 12 volts.
Transmissão de cinco marchas sincronizadas, mais ré
Pressão dos pneus (lb/pol²): 26 (dianteira) e 28 (traseira) para condução rápida ou esportiva; 23 (dianteira) e 26 (traseira) para condução normal.
Peso vazio: 1.210 kg; máximo, com carga, 1.530 kg.
Velocidade máxima: 243 km/h (com catalisador)

No alto: o Cabriolet.
Embaixo: o Turbo
"slant nose".

Aceleração (dados da época, em km/h), partindo da imobilidade (s):

Aceleração	Tempo mínimo	Tempo máximo
0-50	3,7	4,6
0-60	4,5	5,9
0-80	7,7	9,2
0-100	11,2	13
0-110	13,9	15,9
0-130	19,0	21
0-140	25	30
0-160	34,8	41

Rodando no 959

Pouquíssimos jornalistas testaram o 959. Paul Frère foi um deles. Falecido em 2008, com 91 anos, por complicações em acidente com um Porsche 964, cujos airbags salvaram-lhe a vida, em 1996. É citado aqui pelo reconhecimento de seu papel na manutenção do mito Porsche. Dentre uma verdadeira legião de jornalistas desinteressadamente fanáticos pelo carro, como John Bolster na Inglaterra e Henry Manney nos Estados Unidos, Frère, belga dos Flandres de nascimento, foi um dos maiores amigos da Porsche. Talvez apenas um outro piloto de competição da época do 356, Dennis Jenkinson, vencedor das 24 Horas de Le Mans e Mille Miglia, tenha tido tal experiência e amizade com a marca. Frère deve ter sido o piloto que mais conhecia o 911, fora da fábrica; ombreando-se a Walter Röhrl, internamente. Escreveu o livro mais adequado sobre o 911, editado em várias ocasiões (embora não seja o mais luxuoso, título que vai para o livro de Tobias Aichele).

Ao dirigir o 959 em uma autoestrada, teve que aplicar os freios por causa de um Mercedes-Benz, numa lenga-lenga de 200 km/h. Três segundos depois do desatento deixar a pista livre, o 959 alcançou 300 km/h. Manteve o motor a 4.000 rpm, mas por dez vezes o bólido prateado teimava em chegar aos 300 km/h. Não queria testar a velocidade máxima em uma obra tão cara; a prudência mandou-o parar nos 320 km/h.

Custava 200.000 dólares, o mesmo valor de sete Porsches normais, se é que este adjetivo vale para um Porsche. Os 283 veículos produzidos não deram nenhum lucro à empresa, mas deram aos donos, que rapidamente venderam pelo dobro do preço. Treze deles entraram um tanto ilegalmente nos Estados Unidos, pois ficou de segunda época nos testes de emissão de gases segundo regulamentação governamental. O estado de Montana era o único em que o 959 podia trafegar; tinha também o benefício da ausência de limite de velocidade máxima durante o dia. Frère achou que o 959 criava novas dimensões na motorização. O dono se sente totalmente em casa, com um ambiente familiar: mesmo volante de direção do 911, mesmos bancos, mesmo painel de instrumentos, tudo *low profile*. Havia pouca instrumentação específica, como controle de torque. A suspensão variava em altura (eletrônica e automaticamente) conforme as condições do piso. O relógio analógico cedera lugar ao indicador digital do controle de torque no console central. Seu velocímetro era calibrado até ameaçadores 340 km/h, não apenas 260 km/h. Tinha marcha lenta e direção muito mais suaves do que as do 911, mas colocar a primeira marcha dava a ideia de que o piloto estava sentado sobre um tipo de canhão, cujo torque o catapultava a experiências desconhecidas. Como o Ferrari F40, era um carro de corrida equipado com carroceria adequada a todo tipo de intempéries. Frère enfrentou um único problema, quando pensava no preço do carro. Concluiu que apenas uma pessoa que morasse na Alemanha poderia possuí-lo, por causa das velocidades permitidas nas autoestra-

Paul Frère, entusiasta maior da Porsche e de seus veículos, testou todos os tipos, inclusive os de corrida, até seu falecimento por velhice em 2008.

das alemãs. O jornalista tinha mentalidade mais típica de quem havia passado pela guerra, pois prezava alguma frugalidade. Sua opinião era que um Porsche normal fornecia tudo o que um dono poderia querer. Bem... Alguém que quisesse ter um carro onde o acionamento da última marcha demandasse 260 km/h teria apenas uma opção: o 959. Pensando melhor, talvez alguém quisesse um carro que tivesse torque e potência para se comportar como se tivesse apenas uma marcha, sem jamais ter que usar as outras cinco. Ele mesmo achava tudo isso uma mera questão de desperdício, assim como ter um carro construído para enfrentar competições como Le Mans ou Paris-Dakar, sem que jamais fosse submetido a elas. Realmente, depois de mais de vinte anos, apenas a fábrica havia submetido um 959 a essas condições.

Os dados de aceleração e desaceleração pareciam ter vindos de outro planeta, ou de uma nave interplanetária: 1,27 g quando freado a 190 km/h, por exemplo. Frère achou que o carro, como o 911, não era exatamente silencioso: "Seja lá qual for o futuro do 959, não há dúvida de que a Porsche produziu o carro mais rápido e mais avançado tecnologicamente jamais oferecido para ser usado em estradas e ruas... Mais fácil e dócil de ser dirigido do que um Volkswagen Polo".

Ron Grable, na revista Motor Trend, experimentou outro 959. Foram usados adjetivos a rodo, sempre os mesmos:

"O carro mais tecnicamente sofisticado do planeta [...] um nível de tecnologia indisponível em qualquer outro lugar [...] uma cornucópia de pensamento inovador e execução, idem [...] ficaria feliz em levar adiante uma campanha, "importe o 959 para os Estados Unidos".

O Porsche continuava a oferecer toda essa qualidade, como havia oferecido durante toda a vida da fábrica, e continua oferecendo até hoje, enquanto outras marcas podiam apenas fabricar produtos que necessitavam de cuidados de manutenção e reparos muito especiais. Esse ainda é o grande diferenciador da marca alemã. Quanto ao seu papel inovador, o Porsche 959 continuava a ser, como o Volkswagen Sedan e os Porsches 356 e 911, um carro de seu tempo e mostrou o caminho a ser seguido por todos. A própria Porsche precisou de dez anos para aproveitar as lições do 959 no 963, ainda que simplificadamente. Avanços do 959 aparecem em produtos de outras indústrias hoje em dia.

959 (1987-1988) – o Überporsche

Cilindros arrefecidos com ar por turbina.
Cabeçotes arrefecidos por água.
Cilindrada: 2.847 cm³.
Taxa de compressão: 8,5:1 e 13,5:1, com turbo máximo.
Alimentação: dois turbocompressores arrefecidos a água e dois intercoolers ar-ar.
Potência: 450 cv a 6.500 rpm.
0 a 100 km/h em 3,6 segundos, com velocidade máxima sempre acima de 320 km/h.
Tração nas quatro rodas.
Venceu o Rali Paris-Dakar, em 1986.

No alto, à esquerda: as variações do 959 – Rally, normal (se é que este carro pode ser visto assim) e de competição. Embaixo, à esquerda: quase igual ao 911, com lembranças discretas do duplo turbo. À direita: um dos 959 Paris-Dakar foi parar no Museu Schlumpf, em Mulhouse, na França.

Comportamento na estrada: o 959 foi o carro mais cobiçado dos anos 1990 e, na opinião de quase todos os jornalistas especializados do mundo, o melhor carro esporte jamais fabricado; por isso merece uma nota especial neste livro. Tinha tração nas quatro rodas, que tanto atraía Ferry Porsche; vinha equipado com uma complicação que nenhum outro carro, antes ou depois, jamais teve; funcionava também de um modo jamais alcançado. O 959 tinha o "coração" de um dos vários automóveis de corrida absolutamente fantásticos da Porsche: o 956, consagrado várias vezes campeão em Le Mans. Esteticamente, um anacronismo modernista, com sofisticados equipamentos aerodinâmicos sob a forma de aerofólios e defletores aplicados sobre as linhas do 911 de Butzi Porsche. Helmut Bott, encarregado do projeto com o apoio de Peter Schutz e Ferdinand Piëch, queria mostrar até que ponto se podia chegar quando toda a tecnologia disponível estivesse a bordo do 911. A dinastia Porsche em sua última ação, que levou a doutrina Porsche ao clímax.

O modelo Carrera 4

No início, as trevas iconoclásticas de Fuhrmann. No segundo dia, falou-se: "Faça-se a luz", e a Porsche decidiu continuar a chamar o seu carro de 911; mas internamente o modelo era chamado de Tipo 964. Inicialmente havia apenas o cupê, com motor totalmente novo, de 3,6 litros e ignição de duas velas por cilindro. O modelo alcançava 260 km/h e acelerava 0 a 100 km em 5,8 segundos; e tinha tração nas quatro rodas, aplicação quase direta do sistema Piëch para o Audi Quattro, testado no 959 e no Conversível de 1982 de Schutz. Daí seu nome, Carrera 4. Apresentava um outro nível de desempenho, com sistemas eletrônicos de bordo para o controle das duas embreagens, que transmitia a força para o eixo que mais necessitasse dela durante a marcha. Como sempre, o Porsche trazia inovações técnicas que antecediam em dez ou quinze anos aquilo que outras marcas depois ofereceriam, muitas vezes usando licenças da própria Porsche. Subaru (o "Porsche" japonês, com motor boxer!) e Mitsubishi fizeram fama com esse mesmo sistema.

Aprendendo com a experiência: o 964 era um carro totalmente novo, extinguindo as doenças da velhice do 911 original. Mas sua aparência é quase idêntica à do primeiro 911.

Para-choques mais resistentes e modernos diferenciavam o novo carro, mas suas proporções eram exatamente iguais às do 911 normal. Possuía também um sistema de ar-condicionado integrado, necessário para mercados no Oriente Médio e nos Estados Unidos. Anteriormente, o ar-condicionado era uma adaptação inadequada e problemática. Os defletores em formato de barbatana de baleia foram suprimidos, pois eram considerados por muitos amantes da marca como ultrajantes. Foram substituídos por um mecanismo móvel, elegantemente disfarçado na grade de ventilação do motor, visível a partir de 80 km/h, por um mecanismo hidráulico que levantava o defletor. A ação era superior à da barbatana fixa. Cerca de 85 por cento do carro era totalmente novo.

O 964 abandonava mais uma característica da doutrina Porsche: a suspensão, agora por molas helicoidais. Atestado de obsolescência? Talvez não; o que havia melhorado muito eram as condições das estradas, que tornavam o sistema de barras de torção pouco útil naquilo que ele poderia oferecer.

Por via das dúvidas, o antigo 911 continuou a ser fabricado em 1989.

O sistema de tração nas quatro rodas, excelente para estradas com neve ou lama, provou ser pouco vendável e forçou a Porsche a oferecer uma opção com tração normal, a traseira, a partir de 1990. Introduziu-se o câmbio Tiptronic, nova fonte de renda para

A evolução do Cabriolet no final do século XX: 964 e 993.

O Speedster, outro clássico instantâneo, chegou a ser oferecido pela série 964, em pequenas quantidades.

Weissach. A alavanca tinha duas opções de posição; sendo que à direita o piloto podia executar as trocas manualmente, embora sem embreagem, pois o câmbio era automático convencional. Freios ABS e airbags completavam o carro.

O velho soldado, o 911 anterior, prosseguia, inclusive com uma versão mais leve: o 911 Club Sport, sensação entre pilotos amadores; com o mesmo motor anterior, de 217 cv. Alcançava 100 km/h em 5,6 segundos, sem ar-condicionado, isolamento acústico e outros equipamentos considerados supérfluos em competições. O 911 Turbo também prosseguiu com as mesmas características do ano anterior. Em 1991, ganhou a nova carroceria, com 315 cv e um intercooler para aumentar a densidade da mistura ar-combustível: 33 cv a mais. As lições do 959 foram com certeza aplicadas aos modelos de série.

Em 1993, o Speedster reaproveitou um nome herdado da série 356. Foi creditado a Helmut Bott, com para-brisa mais estreito e inclinado, além de uma capota de plástico que lhe deu um certo ar de corcunda, posicionada sobre os bancos traseiros. É o modelo mais cobiçado das séries 964 e 993.

O modelo 993

Cilindrada: 3.600 cm³.
Potência: 282 cv a 6.300 rpm.
Defeitos no motor e na suspensão do 964 sanados: alimentação com injeção de combustível e controle de abertura das válvulas de admissão Variocam de três estágios, por ressonância; sensores eletrônicos para o ar de arrefecimento; válvulas com tuchos hidráulicos, distribuidor duplo. Houve uma modificação das linhas puras do 911, ainda mantidas no 964. "Ferry não vai mais conseguir ver os para-lamas do carro",

O 993 Turbo, semelhante ao 959.

falou de modo crítico, com sutil ironia, o já envelhecido Butzi Porsche. Verdade seja dita: o trabalho de Harm Lagaay foi feito com maestria; com um ar mais musculoso nos para-lamas traseiros e para-lamas dianteiros inspirados no 959 que Lagaay desenhara para Tony Lapine, suavemente inclinados. Tinha aparência similar à de um atleta bombado, surgida nos desenhos de Bill Mitchell para a General Motors nos anos 1950, decidi-

O 356 e o 911 283

À esquerda: 1 milhão de Porsches, comemorado com uma versão para a polícia rodoviária de Stuttgart.
À direita: o 993 Targa, de 1995.

damente exageradas, mas sempre causando *frisson* nos verdadeiros sustentáculos da Porsche: *yuppies*, *baby-boomers*, jovens do mercado financeiro e demais milionários.

Foi o canto do cisne da doutrina Porsche. O mais eficaz Porsche jamais construído até então, capaz de enfrentar as condições de trânsito pelos próximos cinquenta anos no mínimo, caso não se coloque motor a explosão como um criminoso ambiental. Todas as facilidades modernas, o esmero no acabamento, a eletrônica de bordo e os airbags tornaram este o Porsche arrefecido a ar mais útil jamais oferecido. O Turbo, agora com 21 anos de desenvolvimento, trazia o desempenho do 959 por menos da metade do preço de quatro anos antes (os Estados Unidos já estavam com alguma taxa de inflação). Estes Porsche foram fabricados em quantidades muito maiores do que o 356 e os primeiros 911, fato que talvez precisasse ser notado pelos proprietários que imaginavam fazer um bom investimento. Em 1996, Hans Riedel apresentou, orgulhosamente, o dado de 17.900 unidades fabricadas em 1995. Um aumento de 50 por cento, quando o mercado de carros esporte havia encolhido os mesmos 50 por cento, entre 1991 e 1996.

A Porsche determinara que no ano seguinte a fabricação de motores arrefecidos por líquido. Revolução às avessas?

Mille Miglia

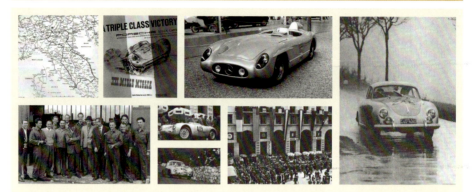

Mille Miglia: uma volta de 1.000 milhas, saindo de Bréscia e indo até Roma por Ravena, voltando pela Toscana ao ponto inicial. Podiam correr equipes de fábrica e qualquer motorista, com qualquer carro – outra prova que cobriu a Porsche de respeito e glórias, no centro automobilístico da terra, a Lombardia italiana. Foi proibida em 1958, pois Ferrari, Maserati e Mercedes podiam alcançar mais de 240 km/h, ultrapassando Fiats de 500 cm^3: um dos melhores testes de resistência e velocidade para a indústria. Mercedes-Benz 300 SLR, Porsche modelos 550 e 356 prateados defendiam a volta dos alemães ao convívio internacional, na permanente chuva de primavera. Em 1955, Richard von Frankenberg e o conde Von Obendorff venceram na classe 1300, com o 356. Em 1956 o 356 se desempenhou muito bem e quase entrou em Florença; em 1957, Paul Strähle e Herbert Linge venceram Alfa, Fiat e Osca na classe 1600, com média de 131 km/h.

Nürburgring e Avus

Nürburgring, como o perigoso Circuito de Avus, com uma curva parabólica, movimentava mais torcedores do que jogos de futebol. Tornaram-se trampolins para a fama do Porsche como carro de competições. Em 1956, Umberto Maglioli deu o maior trabalho para Eugenio Castellotti e sua Ferrari com o triplo de cilindros e o dobro de potência. Em 1964, o 904 de 2 litros e quatro cilindros emocionou espectadores, conseguindo tempos idênticos aos de Fangio. O Carrera 6, em 1966, literalmente voava. Em 2008, Bernard Dumas e Lieb Tiemann foram campeões com o GT3 RSR. Richard von Frankenberg tinha um 550 especial e resolveu utilizá-lo em Avus. Salvou-se por obra e graça de uma árvore: atirado para fora do carro na parabólica, ficou desacordado sobre um galho, enquanto o carro se espatifava no pátio de estacionamento abaixo.

Rali

As provas de regularidade de marcha dentro da Europa incluíam trechos com neve. Na mais famosa, os concorrentes saíam de várias cidades e rumavam para Monte Carlo, capital de Mônaco. Parte de sua fama provinha da sofisticação da audiência e dos organizadores; na foto, Huschke von Hanstein e esposa recebem o príncipe espanhol dom Juan Carlos. Igualmente concorrido era o Rali dos Alpes, que terminava em Cannes. Os dois tornaram-se mais uma especialidade da Porsche, principalmente nos anos 1960 e 1970. Em 1963, H. Walter e E. Stock venceram o Rali de Monte Carlo, na classe até 2 litros, com um Carrera 356 B. O 904 e principalmente o 911 S elevaram o prestígio da Porsche, vencendo em três anos seguidos. O hoteleiro Böhringer e o indefectível Herbert Linge na prova de 1965, e Bjorn Waldegaard e Lars Helmer no 911 S de 235 cv na prova de 1969.

Por dentro dos Porsches

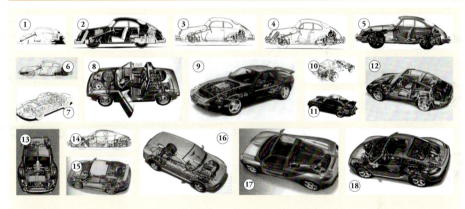

As "radiografias", ou visões "fantasmas" em plantas baixas ou de elevação, expandidas em três dimensões, de alguns aspectos internos dos automóveis tornaram-se comumente utilizadas pela indústria alemã, tanto para propaganda como para execução dos projetos.

[1] 1938: o Volkswagen 985 cm^3; [2] 1952: o 356; [3] 1958: o 356 A, carroceria T2; [4] 1961: o 356 B; [5] 1964: o 356 C; [6] 1963: o mais famoso modelo da Porsche, o 911 cupê; [7] 1964: o 904 cupê; [8] 1969: o 914 Volkswagen-Porsche com o motor T de seis cilindros; [9] 1980: o 928; [10] 1981: um 924 evoluído: o 944; [11] 1988: o proprietário do 911, a partir de 1986, podia desfrutar de excelentes ilustrações caso consultasse o manual, como se vê nesta edição de 1988; [12] 1989: o 964; [13] 1995: o 993 Biturbo; [14] 1997: o 996 em uma planta elevada em duas dimensões, utilizada pelos engenheiros; [15] 1997: o Porsche 997, versão modificada do 996; [16] 2001: o Porsche Cayenne, SUV de 2001; [17] 2004: estrutura do chassi do Carrera GT; [18] 2009: o Porsche Cayman.

Le Mans

O traçado e a competição mais famosa do mundo, dedicada a carros esportivos que podiam andar nas ruas, a única que conseguiu rivalizar com a Fórmula 1, realizada no oeste da França. Organizada por Charles Faroux, Georges Durand e Emile Coquille, em 1923, sempre teve rígidos regulamentos e premiava índices que podiam ser utilizados como campo de provas para os fabricantes. A primeira metade do século passado viu alguns reinados, principalmente de Bugatti e Bentley – hoje, marcas coirmãs da Porsche.

Na segunda metade, Ford, Jaguar e Aston Martin tentaram, mas não conseguiram imperar sobre a Ferrari. Façanha conseguida apenas pela Porsche, em termos de número de vitórias. A campanha se iniciou com a iniciativa de Veuillet e Mouche. Inscreveram um 356/2 feito na Áustria, em 1951.

POSFÁCIO

Dirigindo um Porsche 997 na Grand-Am Continental Tire Series

A Rolex Grand-Am abrange dez corridas em circuitos dos Estados Unidos e do Canadá, fazendo uma espécie de giro turístico no norte do continente. Faz parte dela a Continental Tire Series, patrocinada pela indústria de pneus Continental, reservada para automóveis esportivos, que competem no mesmo fim de semana. Orientada para veículos semelhantes aos usados diariamente por qualquer motorista, consiste em duas classes, denominadas ST e GS, que compartilham a pista ao mesmo tempo. Por exemplo: a Classe ST (turismo) inclui Mini-Cooper, Mazda RX (motor Wankel), Mazda 2, BMW 330, KIA, Volkswagen Golf etc. Na Classe GS (esportivos) competem Porsche 997, Ford Mustang, Dodge Charger, Chevrolet Camaro, BMW série M (seis e oito cilindros), Audi S4 Turbo e Subaru Turbo. A ideia dos organizadores é equalizar os competidores, instituindo limites em vários dispositivos técnicos ou especificações. Por exemplo: peso do veículo, equipamentos limitadores de potência para os grandes motores V-8, especificações diversas para o turbocompressor (no Audi e no Subaru). O meu Porsche 997 de seis cilindros desenvolve 380 cv e é colocado para competir com o Ford Mustang, um V-8 de 460 cv. A desvantagem na potência (60 cv) é compensada pela diferença no peso (o Porsche pesa 90 kg a menos). Pessoalmente, minha preferência seria mais potência em vez de redução de peso. No entanto, quando o assunto é dirigir, o Porsche 997 é um carro fantástico. Se ampliarmos um pouco o significado da palavra "peso", o Porsche é um peso-pe-

Piloto Marcelo Abello

sado. Talvez seja o mais pesado dentre todos os carros, no que diz respeito à sua tradição em corridas. Conquistou todas as vitórias concebíveis em todos os tipos de competição esportiva por mais de meio século. Creio que não há nenhum outro que tenha alcançado tanto.

Se considerarmos que o Porsche 997 é um automóvel totalmente adaptado ao dia a dia, podendo ser usado na rua, veremos que a Porsche constrói em Stuttgart um engenho pronto, que pode sair direto do salão da concessionária e fazer bonito em qualquer corrida. A transmissão, o motor e a embreagem parecem eternas, sendo realmente blindadas contra quebras. O 997 dispõe dos melhores freios de toda a indústria; em função da curta distância entre-eixos, foi feito para ser pilotado, mais do que simplesmente dirigido – o que fornece ao carro o caráter de um "puro-sangue". E isso nos conduz a uma outra face: talvez seja o veículo mais difícil de ser conduzido na Continental Tire Series. Se você estiver em alta velocidade – quero dizer algo acima de 230 km/h – precisará evitar qualquer tipo de embate contra o volante de direção; apenas sinta e siga o movimento natural, sem tentar "ultrapassar" aquilo que a própria direção do carro vai lhe "ensinando". O piloto do Porsche precisa estar mais para um dançarino com sua dama do que para um domador. Como nos puros-sangues, o Porsche deve ser tratado com suavidade, quase doçura, mas ao mesmo tempo com firmeza.

Dirigi os Porsches arrefecidos por ar e depois por água – o 996 e o 997 – em circuitos famosos, como Laguna Seca (Califórnia) e Trois-Rivières (Canadá), que é um circuito de rua, e naqueles que também abrigam a Fórmula 1, como Mosport (Canadá) e Watkins Glen (Nova York). O meu preferido, por combinar a história do próprio circuito com a da Porsche, é o Autódromo Internacional de Daytona (Daytona International Motor Speedway). No autódromo de Daytona, de acordo com a cronometragem oficial, consegui chegar à velocidade máxima de 274 km/h antes de ser obrigado a frear para poder enfrentar com certo *aplomb* a Curva 1. O Porsche 997 tem uma suspensão dianteira que lhe dá um comportamento um tanto "alegre", tornando a aproximação dessa curva uma verdadeira aventura. Ela obriga o piloto, que vinha chutado na sexta marcha, a engatar direto a segunda marcha, pulando a quinta e a terceira. Não há tempo para reduzir as marchas gradativamente. Entre frear e cambiar as marchas, você sente que vai precisar utilizar toda a sua habilidade para dirigir esta máquina maravilhosa: um carro que proporciona prazer o tempo todo, mesmo fora das pistas.

Marcelo Abello é piloto amador há mais de quarenta anos. Nos Estados Unidos, pilotou um Porsche pela primeira vez e nunca mais deixou a marca.

REFERÊNCIAS BIBLIOGRÁFICAS

Livros

Aichele, T. *Porsche 911 Forever Young*. Indianapolis: Beeman Jorgensen, 1995.
Allen, M. T. *The Business of Genocide: The SS. Slave Labor and the Concentration Camps*. Chappel Hill: The University of North Carolina Press, 2002.
Ayçoberry, P. *The Social History of the Third Reich: 1933-1945*. Versão britânica de J. Lloyd. Nova York: The New Press, 1999.
Baranowski, S. *Strength Through Joy: Consumerism and Mass Tourism in the Third Reich*. Cambridge: The Cambridge University Press, 2004.
Barber, C. *The Birth of Beetle*. Yeovil: Haynes Publishing, 2003.
Batchelor, D.; Leffingwell, R. *Illustrated Porsche Buyer's Guide*. Osceola: Motorbooks Int., 1997.
Bentivegna, S.; Teixeira, A.; Pennino, F. *Ciência ilustrada: automóveis de 50* (anuário automobilístico). São Paulo, 1950.
Boschen, L.; Barth, J. *The Porsche Book*. Londres: PSL Publishing, 1979.
_____. *Porsche Specials*. Wellingborough: Patrick Stephens, 1984.
Bracher, K. D. *The German Dictatorship*. Nova York: Penguin Books, 1991.
Conradi, P. *Hitler's Piano Player*. Nova York: Carrol & Graf Publ., 2004.
Conradt, D-M. *Porsche 356. Driving in its Purest Form*. Indianapolis: Beeman Jorgensen, 1993.
Cornwell, T. *Hitler's scientists*. Nova York: Viking Press, 2003.
Cotton, M.; Upietz, U.; Zentgraf, E. *Porsche at Le Mans*. Duisburg: Grupp C Motosport Verlag, 2002.
Fest, J. *Speer: the Final Verdict*. Orlando: Harvest Books, 2001.
Fest, J. *The Face of the Third Reich*. Nova York: Penguin Books, 1979.

Frankenberg, R. von. *Porsche – The Man and His Cars.* Henley: Foulis, 1969.
Frei, N. *Adenauer's Germany and the Nazi Past: The Politics of Amnesty and Truth.* Nova York: Columbia University Press, 2002.
Frère, P. *Porsche Racing Cars of the Seventies.* Nova York: Arco Publishing Co., 1980.
Fujimoto, A. *Porsche Museum.* Tóquio: Car Styling, 1980.
Goldensohn, L. *The Nuremberg Interviews.* Nova York: A. A. Knopf, 2004.
Gregor, N. *Daimler-Benz in the Third Reich.* Yale: The University Press, 1998.
Grunberger, R. *A Social History of the Third Reich.* Nova York: Penguin Books, 1991.
Hanfstaengl, E. *Hitler: The Missing Years.* Nova York: Arcade Publ., 1994.
Hildebrand, R. *German Post-War History.* Berlim: Verlaghaus at Checkpoint Charlie, 2002.
Hopfinger, K. H. *The VW Story.* Londres: GT Foules, 1975.
Jenkinson, D. *Porsche 356.* Londres: Osprey, 1982.
_____. *A Passion for Porsches.* Yeovil: Haynes Publishing, 2001.
Johnson, B. *Porsche 356. A Pictorial Guide.* Indianapolis: Beeman Jorgensen., 2005.
Kaes, G. "Ferdinand Porsche". In: H. Etzöld (editor). *The Beetle: the Chronicles of the People's Car.* Londres: Foulis (Haynes).
Kershaw, I. *The Nazi Dictatorship. Problems and Perspectives of Interpretation.* Londres: Edward Arnold, 1991.
_____. *Hitler:1989-1936 Hubris.* Nova York: WW Norton, 1998.
_____. *Hitler:1937-1945 Nemesis.* Nova York: WW Norton, 2000.
Klemperer,V. *Os diários de Viktor Klemperer.* São Paulo: Companhia das Letras, 1999.
Kubizek, A. *The Young Hitler I knew.* Londres: Greenhill, 1953.
Laban, B. *Classic Porsches: Generation of Genius.* Londres: Salamander Books, 1992.
Langworth, R. W. *Porsche: a Tradition of Greatness.* Lincolnwood: Publications International, 1983.
Leffingwell, R. *Porsche Legends.* Osceola: Motorbooks Publicantions, 1993.
Levi, P. *Survival in Auschwitz.* Nova York: Touchstone, 1996.
Ludvigsen, K. *The Battle for the Beetle.* R B Bentley Publishing, 2000.
_____. *Porsche: Excellence Was Expected.* Vols I, II e III. Cambridge: Bentley Publishing, 2003.
_____. *Porsche Spyder 1956-1964.* Wisconsin: Iconografix, 2007.
Miller, S.; Merrit, R. F. *Porsche brochure and sales literature.* Naples: MeM publ., 2005.
Mommsen, H.; Grieger, M. *VW und Seine Arbeiter im Dritten Reich.* Dusseldorf: Econ Verlag, 1996.
Nelson, W. H. *Small Wonder. The Amazing Story of the Volkswagen Beetle.* Boston: Little Brown, 1965. Reeditado por Robert Bentley Books, Cambridge, 1988.
Nicholas, L. H. *The Rape of Europe.* Nova York: Vintage Books, 1995.
Pasini, S.; Solieri, S. *Porsche 356.* Modena: Edizioni Rebecchi, 1987.
Pidoll, U. *VW Käfer: Ein Auto schreibt Geschichte.* Hamburgo: Nikol, 1994.
Porsche, F.; Bentley, J. *We at Porsche.* Yeovil: Haynes Publishing Co., 1976.
Porsche, F.; Molter, G. *Cars Are My Life.* Londres: PSL Publishing Londres, 1989.
Post, D. *VW: Nine Lives Later.* Arcade Motor Books, 1966.
Railton, A. *The Beetle: A Most Unlikely History.* Pfäffikon: Eurotax, 1985.

Rhodes, R. *Masters of Death: the SS Einsatzgruppen and the Invention of the Holocaust*. Nova York: Vintage Books, 2003.

Rürup, R. *Berlin 1945: A Documentation*. Berlim: Verlag Willmuth Arenhövel, 1995.

_____. *Topography of Terror: Gestapo, SS and Reichssicherheitshauptampt on the "Prinz Albrecht Terrain": A Documentation*. Berlim: Verlag Willmuth Arenhövel, 2003.

Schrager, J. E. *Porsche 356. Buying, Driving and Enjoying*. Stillneter: RPM Auto Books, 2001.

Schuler, T. *VW KdF-Wagen 1934-1945*. Indianápolis: Beeman Jorgensen, 1999.

Scrogham, C. *Porsche 356 Carrera*. Indianápolis: Beeman Jorgensen, 1996.

Sebatés, F.; Morel, J. *La Cox: Une voiture en or*. Paris: Massin Ed., 2003.

Sereny, G. *Into That Darkness*. Nova York: Vintage Books, 1983.

_____. *Albert Speer: His Battle with Truth*. Nova York: Vintage Books, 1996.

_____. *The Healing Wound*. Nova York: WW Norton, 2000.

Shirer, W. *The Rise and Fall of the Third Reich*. Penguin Books, 1963

Smelser, R. *Robert Ley. Hitler's Labour Front Leader*. Oxford: Berg, 1998.

Speer, A. *Por dentro do Terceiro Reich*. São Paulo: Círculo do Livro, 1976.

Strache, W. *100 Years of Porsche Mirrored in Contemporary History*. Munique: Halwart Schrader, 1975.

Taylor, J. P. (editor). *História do Século XX (1900-1975)*. São Paulo: Editora Abril.

Thompson, P. (editor). *Ferdinand Porsche Design Dinasty 1900-1998*. Londres: Design Museum, 1998.

Toogood, M. *Porsche Catalogs*. Londres: The Apple Press, 1991.

Van der Vat, D. *The Good Nazi: the Life and Lies of Albert Speer*. Londres: Phoenix Press, 1997.

Vieira, J. L. *A história do automóvel*, vol. 1. São Paulo: Editora Alaúde, 2008.

Wallace, W. *Porsche 356 1948-1965*. Wisconsin: Iconografix, 1998.

Weber, L. (editor). *Porsche Chronicle Publications*. Lincolnwood: Publications Int., 1995.

_____. *Porsche: The Essence of Performance*. Lincolnwood: Publications Int., 2000.

Weitmann, J. *Porsche Story*. Nova York: Arco Publishing Co., 1971.

White, P. *Conqueror's Road. An Eyewitness Report of Germany, 1945*. Cambridge: The Cambridge University Press, 1945.

Wiersch, B. *Der Käfer Chronik*. Bieleteld: Delius Klasing Verlag, 2007.

Periódicos automobilísticos

Auto Motor und Sport (Stuttgart, Motor Presse), 1960-2009 (internet).
Autoesporte (São Paulo, Efece Editora), 1964 a 1969.
Automobiles classiques, Anos 1990 (Paris, CAR Global Network), 1992- 2002.
Autopassion (Boulogne, Franca), 1995-2002.
Car and Driver (HPM), 1965-2000.
Car Classics (North Hollywood), 1975-1980, depois publicada como *Collectible Cars and Car Classics* (Roswell), 1981-1995.

Christophorus, 1953-2000.
Classic and Sports Cars (Middlessex, Haymarket Publ.),1982-2005.
Clubnews Magazine (São Paulo, Porsche Club Brasil), 1998-2009.
Flat 6 Magazine (Abbeville), 1996-2001.
Mechanix Illustrated (Fawcett Publ.), 1951-1961, publicada no Brasil como *Mecânica Ilustrada* por M. Beerens 1957 e 1959.
Motor (Londres), 1935-1970.
Panorama (Porsche Club of America), 1998-2008.
Popular Mechanics e sua edição em espanhol, *Mecánica Popular* (Chicago), 1948-1960.
Porsche 356 Club Magazine (Yorba Linda), 2004-2007.
Porsche Press Releases, catálogos e prospectos para compradores, distribuídos pela própria fabrica, 1964-2009.
Quatro Rodas (São Paulo, Editora Abril), especialmente artigos de Expedito Marazzi, 1960-1969.
Quattroruote (Editora Mondadori), 1955-1975.
Retroviseur (SARL Retro-Viseur, Paris), 1990- 2003.
Revista de Automóveis (Rio de Janeiro), 1953-1960.
Road and Track (Hachette Phillipachi Media Publ.), 1952-2009.
Science and Mechanics (Chicago, ABC Publ.), 1951-1964.
Sports Car Illustrated (HPM),1958-1960.
The Autocar (Haymarket Consumer Media),1934-1990.
Throughbred and Classic Cars (Londres, IPC Publ.),1975-2005.
Velocidade (São Paulo, Anésio Amaral), 1950-1962.
Volkswagen Press Releases e também um livro dedicado aos 50 anos da marca.

Enciclopédias e anuários automobilísticos

Amaral, A. *Auto-Magazine*. São Paulo, 1950-1953.
Baldwin, N. et al. *The World Guide to Automobiles*, 1987.
Enciclopédia do Automóvel. São Paulo: Editora Abril, 1975.
Georgano, N. *The Beaulieu Encyclopedia of the Automobile*. Londres: The Stationery Office, 2002.
Logoz, A. *Auto Universum* (anuários). Zurique: International Auto Parade, 1957-1967.
Heitz, R. (e outros editores). *Auto-Katalog*. Stuttgart: Vereinigte Motor Verlag, 1963-2008.

Para conhecer outros títulos da Editora Alaúde, acesse o site **www.alaude.com.br**, cadastre-se, e receba nosso boletim eletrônico com novidades